FTA・TPPの政治学

貿易自由化と安全保障・社会保障

大矢根 聡・大西 裕 編

有斐閣

は　じ　め　に

　環太平洋経済連携（TPP）協定は，日本において大きな政治問題になった。国会や新聞・雑誌などで支持と反対の意見が衝突し，世論も大きく割れた。TPPは日本経済を活性化し，日米同盟を強化する。そうではなく，TPPは日本の職や食を脅かし，農業に頼る地方経済に壊滅的な打撃を与える――こうした主張が浮上し，議論になったのである。これほど政治問題化した対外経済交渉は，近年では稀であろう。

　それは，日本に特有の現象でもなかった。交渉をリードしたアメリカにおいてさえ，反対論は根強く，政治家や産業界などの意見が分かれた。2016年現在の大統領選挙においても，TPPについて候補者が異なる立場を表明している。外交関係でも，日中間や米中間などで時にTPPをめぐる軋轢が，時に微妙な駆け引きが生じた。なぜ，これほどの政治・外交問題に発展したのだろうか。

　TPPは自由貿易協定（FTA）の一形態であり，各国間の貿易を自由化し，そのために国内制度の相互調整にも踏み込む措置である。その主眼は，各国間の経済的な相互利益を拡大する点にあり，その限りにおいて，むしろ対立を抑制する効果をもつ。もちろん，関係国のすべての企業や産業が同等の利益を獲得できるはずはなく，それらの国際競争力や調整コストによって一定の利害対立が生じるのは避け難い。

　しかしFTA・TPPをめぐる対立は，それ以上の程度と広がりを伴っている。企業や労働組合，官僚や政治家，非政府組織（NGO）などの声に耳を傾けると，彼ら・彼女らの期待と懸念は実に多様な領域に及んでいる。販売や投資などの経済環境のみでなく，保険や医療などの社会環境，対外的な協力強化や脅威への対抗などの国際環境，特許や著作権などに関する技術・文芸環境なども，関心の対象に入っているのである。それぞれの論点について，FTA・TPPによる好影響と悪影響が想定され，議論は必ずしもかみ合っていない。

共通する点があるとすれば，不安だろうか。先進国が経済的に相対的衰退を迎え，中進国が高度に成長しながらも頭打ちの様相をみせ，また発展途上国も期待した発展を実現できそうにない。右肩上がりの経済成長と，それに伴う社会福祉の充実や政治的な安定化，ひいては国際的な協調が展望しにくくなっている。そのような中で，今後に対する不透明さが増し，確かな理念やビジョンも見出しにくくなっていよう。FTA・TPPは，こうした状況における一つの打開策として浮上した。しかし同時に，これらの措置は，新たな副作用や逆作用の懸念も刺激している。

　本書は政治学的な分析の書である。FTA・TPPを支持するか反対すべきかは論じない。どのように政治問題化しているのか，それはなぜなのか，という様相と要因を把握する。そのために，客観的かつ包括的に関係者の利害や考え，行動をとらえ，政治的現象の全体像を描き出し，関係者間の対立と協調のダイナミズムを明確化する。

　その際に本書は，従来の政治学的な研究とはやや異なる観点をとる。FTA・TPPのような貿易政策について，従来の研究は経済的利益に照準を合わせていた。経済的利益の相違が関係者の政治的な立場と相互関係を定め，それが各国の政策や対外交渉に反映すると想定したのである。しかしすでに述べたように，近年のFTA・TPPは経済にとどまらない，それ以上の現象である。そこで本書では，経済的利益を中心にしながらも，一方では国際的な安全保障に着目し，他方では国内的な社会保障を視野に入れる。アジア太平洋地域の主要国において，産業団体や農業団体，官僚や政治家，NGOなどがどのような利害や関心を念頭に置いて，どのような政治行動をとっているのか。それが，政策決定・交渉上のどのような推進力と抵抗力になっているのか。そこに成立している政治的力学を明確化する。

　TPPは基本合意に至ったが，今後，交渉参加国が国内で承認を得るための批准手続きをとり，国際協定として発効するかどうかという局面に入る。それと同時に，TPPの参加国をさらに拡大し，第2弾のTPP交渉を開始するかどうかも検討課題になろう。他方では，TPP以外にどのようなFTAを推進していくのかも，重要な選択になる。こうした動きを方向づけるのも，本書で解明する政治的力学であろう。

はじめに

　本書は３部構成をとっている。第Ⅰ部では，本書の分析視角を検討し，経済的利益に加えて安全保障と社会保障を視野に入れる必要性と，そのための視点を提示する。第Ⅱ部では，アジア太平洋地域の主要国について，特にTPPに参加し推進している国と，非参加国であるものの深いかかわりをもつ国を念頭に置いて，日本とアメリカ，中国，韓国，オーストラリア，東南アジア諸国連合（ASEAN）を取り上げる。また第Ⅲ部では，日本を軸とする２国間の外交関係に目を移し，日米と日中，日韓の２国間関係を検討する。これらの２国間の外交関係には構造的変化が生じており，それがFTA・TPPをめぐる動きにも影を落としているからである。今後のFTA・TPPを考えるうえでも，その次元を視野に入れる必要があると思われる。

　本書は，一般財団法人アジア太平洋研究所（APIR）において実施した研究プロジェクト「環太平洋経済協力をめぐる日・米・中の役割」（2012-13年度），および「日本の対アジア太平洋外交政策と通商政策のあり方」（2014年度）の成果の一部である。執筆者である西山，三宅，湯川，冨田の各氏，また編者の大矢根，大西は研究プロジェクトのメンバーであり，第Ⅲ部を執筆した木宮正史，井上正也の両氏は，研究会において研究報告をしてくださった。また岡本次郎氏は，第Ⅱ部のオーストラリアに関する章を執筆してくださった。

　研究会では，ほかにも多くの研究者，官庁や産業界の実務家が参加し，あるいは報告をして，非常に有益な情報や知見を提供してくださった。あらためてお礼申し上げたい。また研究会，および関連するシンポジウムや調査に関しては，APIR関係者の方々から多大なる支援をいただき，また本書の出版についても助成していただいた。心より深謝申し上げたい。

　本書が刊行に至ったのは，有斐閣書籍編集第２部の岩田拓也氏の緻密な編集と執筆者に対する巧妙な誘導があったためにほかならない。執筆者一同，感謝を表したい。

　　2016年2月1日

編　者

執筆者紹介 （執筆順）

大矢根　聡（おおやね　さとし）　〔編者。序章，第1章，第3章，第9章担当〕
　神戸大学大学院法学研究科博士後期課程単位取得退学。博士（政治学）。
　現在，同志社大学法学部教授，アジア太平洋研究所上席研究員（国際関係論，国際政治経済学）。
　主な著作に，『国際レジームと日米の外交構想——WTO・APEC・FTA の転換局面』（有斐閣，2012 年），『コンストラクティヴィズムの国際関係論』（編著，有斐閣，2013 年），ほか。

大西　　裕（おおにし　ゆたか）　〔編者。第2章，第6章担当〕
　京都大学大学院法学研究科博士後期課程中途退学。博士（法学）。
　現在，神戸大学大学院法学研究科教授，アジア太平洋研究所上席研究員（行政学，公共政策論，アジア政治経済）。
　主な著作に，『韓国経済の政治分析——大統領の政策選択』（有斐閣，2005 年），『先進国・韓国の憂鬱——少子高齢化，経済格差，グローバル化』（中公新書，2014 年），ほか。

西山　隆行（にしやま　たかゆき）　〔第4章担当〕
　東京大学大学院法学政治学研究科博士課程修了。博士（法学）。
　現在，成蹊大学法学部教授（比較政治学，アメリカ政治）。
　主な著作に，『アメリカ型福祉国家と都市政治——ニューヨーク市におけるアーバン・リベラリズムの展開』（東京大学出版会，2008 年），『アメリカ政治——制度・文化・歴史』（三修社，2014 年），ほか。

三宅　康之（みやけ　やすゆき）　〔第5章担当〕
　京都大学大学院法学研究科博士課程単位認定退学。博士（法学）。
　現在，関西学院大学国際学部教授（中国政治，国際政治学，比較政治学）。
　主な著作に，『中国・改革開放の政治経済学』（ミネルヴァ書房，2006 年），「コンゴ（ブラザヴィル）共和国をめぐる中台国交樹立競争」益田実・池田亮・青野利彦・齋藤嘉臣編『冷戦史を問いなおす——「冷戦」と「非冷戦」の境界』

（ミネルヴァ書房，2015年），ほか。

岡本 次郎（おかもと　じろう）　　　　　　　　　　　　〔第7章担当〕
オーストラリア国立大学大学院政治学・国際関係論研究科博士課程修了。Ph. D.（政治学・国際関係論）。
現在，下関市立大学経済学部教授（国際政治経済学，東アジア経済論など）。
主な著作に，*Whither Free Trade Agreements?: Proliferation, Evaluation and Multilateralization*（編著，IDE-JETRO, 2003），*Engaging East Asian Integration: States, Markets and the Movement of People*（共編著，ISEAS, 2012），ほか。

湯川　拓（ゆかわ　たく）　　　　　　　　　　　　　　〔第8章担当〕
東京大学大学院総合文化研究科博士後期課程修了。博士（学術）。
現在，大阪大学大学院国際公共政策研究科准教授（国際政治学，東南アジア国際関係，マルチエージェント・シミュレーション）。
主な著作に，「レジーム・セキュリティと国際制度――国際規範の国内的起源」『国際政治』164号（2011年），"International Policy Diffusion at the Systemic Level: Linking Micro Patterns to Macro Dynamism,"（with Iku Yoshimoto, and Susumu Yamakage），*Journal of Theoretical Politics*, 26(2)（2014），ほか。

冨田 晃正（とみた　てるまさ）　　　　　　　　　　　　〔第9章担当〕
東京大学大学院総合文化研究科博士後期課程修了。博士（学術）。
現在，明治学院大学法学部助教（国際政治経済学，アメリカ政治）。
主な著作に，「経済グローバル化による社会集団の選好への作用――アメリカ通商政策における企業と労働組合を例に」『国際政治』156号（2009年），「米国通商政策における利益集団と制度の交錯――貿易交渉権限を巡る議会と大統領の攻防」『国際政治』184号（2016年），ほか。

井上 正也（いのうえ　まさや）　　　　　　　　　　　　〔第10章担当〕
神戸大学大学院法学研究科博士後期課程修了。博士（政治学）。
現在，成蹊大学法学部准教授（日本政治外交史）。
主な著作に，『日中国交正常化の政治史』（名古屋大学出版会，2010年），「日本から見た廖承志の対日工作――自民党親中国派を中心に」王雪萍編『戦後日中関係と廖承志――中国の知日派と対日政策』（慶應義塾大学出版会，2013年），

ほか。

木宮 正史（きみや　ただし）　　　　　　　　　　　〔第 11 章担当〕
　東京大学大学院法学政治学研究科博士課程単位取得退学。政治学博士（韓国高麗大学）。
　現在，東京大学大学院総合文化研究科教授（朝鮮半島地域研究，国際政治）。
　主な著作に，『国際政治のなかの韓国現代史』（山川出版社，2012 年），『日韓関係史 1965-2015 Ⅰ 政治』（共編著，東京大学出版会，2015 年），ほか。

目　次

序　章　FTA・TPPの政治学 — 1

1　貿易自由化の軌道　1
2つの軌道——FTA・TPPとGATT・WTO（1）　　政治学の視角（3）

2　FTA・TPPの4局面　5
FTAの導入（1990年末〜）（5）　　連鎖的進展（2000年代前半〜）（7）　　広域FTAの構想（2000年代半ば〜）（8）　　広域FTAの交渉（2010年代〜）（11）

3　本書の構成　12

第Ⅰ部　分析視角

第1章　経済的要因と安全保障・社会保障要因——分析視角（1） — 21

1　FTA・TPP展開の要因　21
政治的要因の分析へ（21）　　推進勢力と反対勢力の座標軸（22）

2　経済的利益との矛盾　24

3　要因としての安全保障と社会保障　25
FTAと安全保障（26）　　FTAと社会保障（28）

4　エゴセントリックな要因からソシオトロピックな要因へ　29

5　2国間バッファー・システム　30

第2章　対外経済政策と国内社会保障——分析視角（2） — 37

1　貿易政策と再分配政策　37

2　2つの政策過程の伝統的理解　38
貿易政策の伝統的理解（38）　　社会保障政策の伝統的理解（39）

3　貿易政治理解の変容　40
個人を基礎にした貿易政治理解へ（40）　　ストルパー＝サミュエルソ

ン・モデル（41）　　リカード＝ヴァイナー・モデル（42）　　2つのモデルの限界（43）

4 福祉政治理解の変容　43
　　福祉政治の脱階級政治化（43）　　言説制度論の福祉政治への適用（45）

5 両政策過程を連結させる　46
　　労働の移動可能性への注目（46）　　社会保障政策のあり方への注目（47）

第Ⅱ部　主要国のFTA・TPP政策

第3章　日　　本——安全保障の期待と社会不安 ———————————— 53

1 日本のFTA政策の特徴　53
　　政策の推進と遅れ（53）　　経済的利益／利益集団政治の観点（54）

2 GATT・WTOからFTAへ——静かな転換の試み　55
　　少数の官僚のイニシアティブ（56）　　政治問題化の回避（57）

3 FTAの推進——農業・労働移入への対応　58
　　産業界の積極姿勢と農業の抵抗自制（58）　　日本政府の対外交渉の制度化（60）

4 広域FTA構想——対中対応方式の模索　61

5 TPP交渉参加——政治問題化と言説政治　62
　　民主党政権による検討（62）　　自民党・安倍政権による決定（63）
　　TPP支持の言説——安全保障と経済成長（65）　　TPP反対の言説——農業と社会の不安，アメリカの影（67）

6 自由貿易主義の相対化　70

第4章　ア メ リ カ——自由貿易への支持低下と党派対立 ———————————— 75

1 自由貿易に対する支持の低下　75

2 アメリカの貿易政策の特徴　78
　　戦略的考慮（78）　　グローバルな貿易ルールの確立（80）　　アメリカの貿易政策の現状と政治過程（82）

3 オバマ政権の貿易政策の特徴　83
　　概観（83）　　アジア太平洋地域経済圏におけるアメリカの位置づけ（83）
　　経済成長戦略（85）　　中国への対応（86）

4　貿易政策をめぐるアメリカの政治状況　87

　　　　世論の動向（87）　　有権者の意向とティーパーティ（87）　　アメリカ政治の分極化と自由貿易をめぐる政党政治（91）　　自由貿易をめぐる大統領と連邦議会の行動（92）　　2014年中間選挙後の状況（93）

　　5　自由貿易支持の縮小と自由貿易政治の拡張　94

第5章　中　　国──FTA政策の戦略性 ---------------------------- 97

　　1　FTA政策のグローバル展開　99

　　　　江沢民時代におけるFTA（1989-2002年）（99）　　胡錦濤時代におけるFTA交渉の展開とFTA政策（2002-12年）（100）　　習近平政権におけるFTA交渉の展開とFTA政策（2012年-）（103）

　　2　中国のFTA政策の特徴──安全保障戦略の手段として　106

　　　　歴代政権の見方（106）　　経済面での目標（107）　　安全保障戦略との連関性（107）　　対抗的強国への牽制手段として（108）　　FTAの交渉戦術（110）

　　3　国内の社会不安対策として　111

　　　　共産党独裁制の限界（111）　　独裁体制強化（113）　　経済成長持続への懸念（114）

　　4　中国のTPPへの反応　116

　　　　「陰の主役」中国の存在感（116）　　3つの前提条件（116）　　TPPへの対抗策──日本の取り込み（117）　　TPPへの警戒（118）　　北京APECでの駆け引き（118）

　　5　FTA政策の戦略的推進と国内リスク　119

第6章　韓　　国──自由貿易主義への転換 ---------------------------- 123

　　1　開発主義と自由貿易主義　123

　　　　FTAをめぐるいくつかの説明（123）　　開発主義と輸出第一主義（125）

　　2　歴代政権の貿易自由化政策　126

　　　　蛇行する貿易政策（1）──金泳三政権（126）　　蛇行する貿易政策（2）──金大中政権（127）　　自由貿易主義への関与（129）

　　3　利益集団の変容　132

　　　　利益集団の重要性（132）　　強かった利益集団（133）　　利益集団の弱体

化（1）——盧武鉉政権期（135）　　利益集団の弱体化（2）——李明博政権期（137）

　4　流動化する社会基盤とFTA　　139
　　利益集団弱体化の社会的基礎（139）　　今後の展望（141）

第7章　オーストラリア──経済的利益と地域経済秩序の追求 ……………145

　1　オーストラリアのFTA政策の起源　　146
　　全産業保護政策（146）　　石油危機後の国際環境変化（147）　　経済構造改革の実施（149）　　アジア太平洋地域主義戦略の採用へ（150）　　FTA政策の始動（151）

　2　オーストラリアのFTA政策　　152
　　FTA相手国の選択（152）　　FTAの実際の経済効果（154）

　3　経済的利益以外のFTA政策の目標──対米FTA，対中FTA　　158
　　対米FTA交渉（1）——交渉の概要（159）　　対米FTA交渉（2）——外国投資・社会保障・安全保障（159）　　対中FTA交渉（1）——交渉の概要（161）　　対中FTA交渉（2）——外国投資・社会保障・安全保障（162）

　4　オーストラリアとTPP，RCEP　　165
　　TPP, RCEPの概要（165）　　TPP, RCEPへの同時参加の意味（167）

　5　経済的利益と新たな地域経済秩序の追求　　168

第8章　ASEAN──自己変革と中心性の模索 ……………………………173

　1　FTAをめぐる政治とASEAN　　173

　2　ASEAN経済共同体──制度構築をめぐる政治的要因　　175
　　ASEANにとっての経済協力（175）　　AECの概要と目的（176）　　AEC構築をめぐる政治（178）　　制度と規範の観点から（179）　　国内アクターの観点から（181）

　3　域外経済関係──「中心性」の模索　　183
　　域外協力とASEAN（183）　　「ASEAN+1」FTA──経済と安全保障上の背景（185）　　ASEANとRCEP構想（188）　　ASEANにとってのTPP（189）　　一体性を揺るがすもの（191）

　4　地域機構としてのASEANとその重要性　　193

目　次

第Ⅲ部　2国間関係──バッファー・システムの変化

第9章　日 米 関 係──アメリカの政策機構における均衡化 ･･････････････ 199

1　日米関係の安定の陰で　199
　　静かなる危機（199）　　もう一つのアジアの問題（200）　　広域FTAをめぐる齟齬（201）

2　人的ネットワークとその限定的な役割　203
　　先細る議員交流（203）　　アメリカ議会におけるロビイング（209）

3　アメリカの政策決定メカニズム　210
　　対日批判の「叫び声・ため息」──アメリカ議会・政府関係（211）　　アメリカ政府の分裂構造（212）

4　バッファー・システムの展開　213
　　バッファー・システムの形成──日米経済摩擦とともに（213）　　バッファー・システムの機能低下──1980年代後半の対日強硬姿勢（215）　　システムの形骸化──1990年代前半の対立激化と収束（216）

5　TPPと日中・日韓関係の悪化　218

第10章　日 中 関 係──派閥政治の変容と対外政策 ････････････････････ 225

1　何が日中関係を安定させたのか　225

2　「田中支配」とバッファー・システムの形成　227
　　転換点としての日中国交正常化（227）　　「田中支配」の確立（229）

3　中曾根政権と歴史問題　231
　　歴史問題の浮上（231）　　後藤田正晴と伊東正義（232）

4　「経世会支配」と日中関係　234
　　天安門事件への対応（234）　　天皇訪中（235）

5　ポスト冷戦期の日中関係　236
　　歴史問題の争点化（236）　　橋本龍太郎の苦悩（238）　　最後の経世会内閣（241）

6　小泉政権と経世会の弱体化　243
　　靖国問題の政治過程（243）　　経世会の凋落（244）

7　機能不全に陥るバッファー・システム　246

第11章　日韓関係——非対称的な相互補完から対称的な競合へ　251

1　日韓関係の現在　251
2　日韓摩擦の諸類型　253
歴史摩擦（253）　経済摩擦（255）　安保摩擦（257）　経済摩擦から歴史摩擦，安保摩擦へ（258）
3　日韓バッファー・システム——そのメカニズムと実態　259
日韓の共通性（259）　日韓の非対称性（260）
4　バッファー・システムの現状——その機能と機能不全　262
ルールや利益の共有がもたらす複雑な力学（263）　非対称性に基づく相互補完関係から対称性に基づく相互競合関係へ（265）　共有と対称性との組み合わせ（268）
5　バッファー・システムの「再構築」に向けて　268

事項索引　273
人名索引　276

主要略語一覧

AFTA	ASEAN Free Trade Area	ASEAN自由貿易地域
AIIB	Asian Infrastructure Investment Bank	アジア・インフラ投資銀行
APEC	Asia Pacific Economic Cooperation	アジア太平洋経済協力
ASEAN	Association of South-East Asian Nations	東南アジア諸国連合
CAFTA-DR	Central American Free Trade Agreement	中米自由貿易協定
CECA	Comprehensive Economic Cooperation Agreement	包括的経済協力協定
CEPA	Closer Economic Partnership Arrangement	経済・貿易緊密化取り決め
CEPEA	Comprehensive Economic Partnership in East Asia	東アジア包括的経済連携
EAFTA	East Asian Free Trade Agreement/Area	東アジア自由貿易協定／圏
EAS	East Asian Summit	東アジア・サミット
ECFA	Economic Cooperation Framework Agreement	海峡両岸経済協力枠組み協定
EFTA	European Free Trade Association	欧州自由貿易連合
ESCAP	Economic and Social Commission for Asia and the Pacific	アジア太平洋経済社会委員会
FDI	Foreign Direct Investment	海外直接投資
FTA	Free Trade Agreement	自由貿易協定
FTAA	Free Trade Area of the Americas	米州自由貿易協定
FTAAP	Free Trade Area of the Asia-Pacific	アジア太平洋自由貿易圏
GATT	General Agreement on Tariffs and Trade	関税と貿易に関する一般協定
GCC	Gulf Cooperation Council	湾岸協力理事会
IFA	Independent Financial Adviser	投資円滑化措置
IMF	International Monetary Fund	国際通貨基金
ISDS	Investor State Dispute Settlement	国家と投資家の間の紛争解決制度
NAFTA	North American Free Trade Agreement	北米自由貿易協定
NIEs	Newly Industrializing Economies	新興工業経済群
NSA	National Security Agency	国家安全保障局
OECD	Organisation for Economic Cooperation and Development	経済協力開発機構
RCEP	Regional Comprehensive Economic Partnership	東アジア地域包括的経済連携
SACU	Southern African Customs Union	南アフリカ関税同盟
TPA	Trade Promotion Authority	貿易促進権限
TPP	Trans-Pacific Partnership	環太平洋経済連携
TTIP	Transatlantic Trade and Investment Partnership	環大西洋貿易・投資連携
WTO	World Trade Organization	世界貿易機関

本書のコピー，スキャン，デジタル化等の無断複製は著作権法上での例外を除き禁じられています。本書を代行業者等の第三者に依頼してスキャンやデジタル化することは，たとえ個人や家庭内での利用でも著作権法違反です。

序章

FTA・TPP の政治学

大矢根 聡

1 貿易自由化の軌道

● 2 つの軌道——FTA・TPP と GATT・WTO

　環太平洋経済連携（TPP）協定の交渉が，大筋合意に達した。2015 年 10 月 5 日，アメリカのアトランタで開催された閣僚会議でのことである。

　この協定は元来，シンガポールとニュージーランド，チリ，ブルネイの 4 カ国間で成立していたが，2010 年 3 月にアメリカとオーストラリア，ペルー，ベトナムが参加して拡大交渉が始まっていた。その後も参加国を加え，最終的に日本を含む 12 カ国が交渉に臨んだが，調整は難航し，期限を延長しながらの交渉となった。今回の大筋合意は，交渉参加国の政治日程を考慮すると，ぎりぎりのタイミングであった。顧みると，アジア太平洋地域では 1990 年代末以降，各国が自由貿易協定（FTA）を追求し始め，その動きが大きな潮流を形成していた。今回の大筋合意は，その一つの頂点を示すものでもあった。

　FTA とは，国際貿易の流れを制限する各国の関税や数量規制などを撤廃し，また国際貿易に影響する国内法制を各国間で調整する取り決めである。国際貿易はしばしば自転車に例えられる。自転車が絶えず前進していないと倒れてしまうのと同じように，国際貿易も自由化のために関税や規制を削減し続けていないと，各国で自国産業を最優先する保護貿易主義が台頭し，ゆくゆくは国際貿易が収縮しかねないとされる。国際貿易の収縮は，各国間の外交上の協調関

係の絆を弱め，ひいては政治的緊張の抑制を難しくするのではないか，と経験的に考えられている。特に第二次世界大戦後，各国が貿易自由化の自転車を漕ぎ続けてきたのは，そのためでもある (Bhagwati 1988: 41; Destler 1992: 17)。

その自転車が走る軌道は，かつて「関税と貿易に関する一般協定（GATT）」とその後身の「世界貿易機関（WTO）」によって敷かれていた。これらの協定・機関は多国間交渉（ラウンド）を繰り返し開催し，各国が貿易の国際ルールを定め，また貿易自由化を進める機会を提供してきた。その多国間交渉は，1947年のGATT第1回一般関税交渉以来，2001年から続いているWTOドーハ・ラウンドで，9回目を数える (Barton et al. 2006: 41-48; 大矢根 2014)。しかし今日では，貿易自由化の主たる軌道はもはやWTOではなく，FTAに移っている。FTAの拡大は今や世界的な趨勢であり，TPPの舞台となったアジア太平洋地域も例外ではないのである。

GATT・WTOのラウンドでは，150カ国を数える国が交渉に臨み，貿易自由化を無差別的に推進していた。これに対してFTAでは，2国間もしくは複数国間のみで貿易自由化に取り組む。そのため必然的に，交渉参加国と非参加国の間で貿易自由化の試みが差別的，制限的になる危険性がある。またFTAが一般化すると，WTOの正当性や国際的優位性に傷がつくおそれや，各国政府がGATT・WTOに精力を集中できなくなるおそれもある (Krueger 1995: chap. 5)。

そうした事態を回避するために，GATTは規約24条などを備え，FTAのような地域的取り決めに歯止めを設けていた（佐分 2001; Barton et al. 2006: 52-55)。今日のFTA推進国は，そのGATT規約24条などに抵触しないように，関税削減率を90％程度以上に高め，また「WTOプラス」，すなわちWTOの現段階以上に高度な貿易自由化や国内法制の調整などを進めている。さらには，後で述べるように，FTAを2国間にとどめず，より多くの国家間に拡張しようと試みている。

TPPは，こうした趨勢の延長線上にある。TPPでは，12カ国の先進国と発展途上国が「WTOプラス」を含む21の分野について，「21世紀型」のFTAを標榜して交渉に取り組んだ。そのため先進国，特にアメリカは，ベトナムやマレーシアなどの発展途上国についても，特別な優遇措置ではなく，能力支

援的な前向きの措置をとる方針であった（Inside U. S. Trade, July 6, 2012）。この困難な交渉が大筋合意に到達した事実は，今後の貿易自由化の流れに無視できない影響を及ぼそう。しかもアジア太平洋地域では，TPPと共通性をもつFTAの交渉が，東アジア地域包括的経済連携（RCEP）や日中韓FTAなどとして進行中である。大西洋に目を転じると，環大西洋貿易・投資連携（TTIP）の交渉も進んでいる。

　もっとも，こうした趨勢に対して，不安や批判の声も多い。高度な貿易自由化の結果として，人々の健康を脅かしかねない食品が流入するのではないか。過度に安価な農産物が国内に押し寄せ，農業や地域経済を脅かすのではないか。国際競争力を欠く企業の経営や雇用に，深刻な打撃を与えるのではないか，といった声である（中野 2011; 日本農業新聞取材班 2012; 山田 2013; 原中 2014）。したがって，FTAやTPPに関して各国では，それも推進国たるアメリカや日本などにおいてさえ，世論が賛成派と反対派に大きく分裂している。

　そうだとしても，多くの国がFTAを次々と締結している。TPPが大筋合意すると，その交渉に参加していなかった韓国やタイ，フィリピンなどが参加を次々に表明し，検討している。

● 政治学の視角

　なぜ，各国はGATT・WTOではなくFTAを追求し，これほどまでに推進するのだろうか。本書は，政治学（比較政治学・国際政治学）の観点から，その要因を明確化する試みである[6]。

　政治学の観点からすると，FTAの動きが経済的利益のみでは十分に説明できない点が浮き彫りになる。もちろん，FTAは貿易自由化を推進する装置にほかならない。多くの国において，貿易拡大による経済的利益に期待があるのは確かである。政治学的にいえば，この経済的利益の規模，あるいは利益・不利益の差を軸にして，多様な企業，産業団体，労働団体，官庁や政治家などのステークホルダー（利害関係者）が，FTAの推進派と反対派に分かれる。各国のFTA政策は，その両派の政治的影響力のバランスを反映しており，したがって各国ごとに，FTAを重視する度合いやFTA政策の内容などを異にしていると考えられる。

また政治学の観点からすると，次のような論点も重要性をもつ。推進派と反対派の対立軸が産業セクター（例えば，ハイテク産業 対 伝統産業・農業）なのか，階層（例えば，経営者団体 対 労働組合）なのか。あるいは所得や社会的所属，教育経験などの属性によるのか。また，推進派・反対派の影響力のバランスは，選挙制度や官民関係といった制度，過去の政策アイディア，執政部の形態などに左右されるのか。左右されるとすれば，それはどの程度なのか（第1章・第2章を参照）。

　同時に，FTAをめぐる各国の動きには，経済的利益では説明のつかない政治的作用が垣間見える。例えば，TPPの大筋合意を受けて，アメリカのオバマ大統領は声明を発表し，「中国のような国に世界経済のルールを書かせることはできない。我々がルールを書くべきだ」と述べた。彼は，加えて「21世紀において重要な地域で同盟国との戦略的関係を強化する」とも主張した（Obama 2015）。アメリカの交渉者フロマン通商代表部（USTR）代表も，TPPが安全保障上のリバランス戦略の「支柱の一つ」だと指摘している（Froman 2014; Baru and Dogra 2015: 49-51 も参照）。TPPの安全保障上の効用は，2015年4月に訪米した安倍晋三首相も，アメリカ議会での演説で指摘していた。安全保障上の考慮は，TPPをめぐる動きの随所で確認できる。

　他方で，FTA・TPP反対派は，貿易自由化による食や職に対する打撃など，さまざまな社会不安を指摘している。それは，第1章や第4章で言及するように，世論調査でも確認できる。第二次世界大戦後，自由貿易が各国の社会に及ぼす打撃や負担は，各国政府による雇用対策や失業時の所得補助，職業教育など，各種の社会保障によって緩和されてきた。輸入食品の安全性に関する国内法制も，それに隣接する措置だと考えられる。こうした措置の動揺や未整備が，貿易をめぐる社会不安の背景で作用していると考えられる。

　すなわち本書では，経済的利益に基づく政治的ダイナミズムに加えて，国際的安全保障と国内的社会保障（もしくは社会不安）の次元に着目する。このような観点から，FTA・TPPの展開を左右した政治的要因をより立体的に提示することが，本書の目的である。

　次節では，第1章以降の分析の前提として，アジア太平洋地域におけるFTA・TPPの推移を確認しておこう。その推移は一見複雑であるが，大きく

序　章　FTA・TPPの政治学

見れば4つの局面を移行してきたと考えられる。

2　FTA・TPPの4局面

　アジア太平洋地域におけるFTA・TPPは，次の4局面をたどってきた。第1は，FTAが2国間で導入され始めた局面（1990年代末～）であり，第2は，そのFTAが連鎖的に増大した局面（2000年代前半～）である。第3は，それと並行して，FTAを2国間から複数国家間へと広域化する構想が現れた局面である（2000年代半ば～）。第4の局面では，広域FTAの交渉が始まり，特にTPP交渉が難航しながらも進展した（2010年頃～）。各局面の様子とその特質を確認していこう。

● **FTAの導入（1990年末～）**
　(1) **空白地域としてのアジア太平洋**　　第1は，FTA導入の局面である。アジア太平洋地域において，1980年代半ばまで，FTAはほとんど見られなかった。貿易自由化はGATTを舞台として進んだのである。日本をはじめ，韓国や台湾，東南アジア諸国連合（ASEAN）諸国などは輸出主導型の経済成長政策をとり，顕著な成果を上げていた。それを支えたのは，GATTのラウンドが実現した自由貿易の空間にほかならなかった（Bhagwati 1988: Chap. 1）。
　もっとも，ヨーロッパでは1957年に欧州経済共同体（EEC）が成立し，FTA以上に進んだ地域的取り決めとして，関税同盟や共同市場が実現へと向かった。また，EECに加入しなかったイギリスやオーストリア，デンマークなどは，1960年に欧州自由貿易連合（EFTA）を創設していた。こうしたヨーロッパの動きは，さらに欧州共同体（EC），欧州連合（EU）へと進んだ。これに対して，アジア太平洋地域のアメリカや日本，韓国などは，GATTや経済協力開発機構（OECD）などの場で繰り返し批判を展開した。地域的取り決めが，これらの国々の対ヨーロッパ貿易を阻害し，またGATTの貿易自由化を収縮しかねないと懸念したのである。
　しかし1980年代半ばになると，アジア太平洋地域の一部にFTAが現れた。それは一時的，例外的な動きに終始したものの，85年9月にアメリカとイス

ラエルのFTAが発効し，89年にはアメリカとカナダのFTAが発効したのである (Rosen 2004; Niskanen 1987)。この双方を締結したアメリカのレーガン政権は，1985年9月に「新貿易政策」を発表し，他国の市場開放とFTAを推進する方針を打ち出した (Reagan 1988: 1127)。アメリカにおける貿易赤字の拡大を背景に，連邦議会や産業界で保護貿易主義的な動きが顕著になっており，それを抑制するための措置であった。

この政策に基づいて，レーガン政権は韓国やASEAN諸国，そして日本にもFTAの締結を働きかけた。しかし，要請を受けた国々は，アメリカによる市場開放圧力を懸念し，消極的であった。そのような中で，日本政府が対米FTAの代替策として，アジア太平洋経済協力 (APEC) を提案した。APECはFTAと異なり，交渉に基づいて法的義務のある貿易自由化を図るのではなく，協議を通じて各国が自主的かつ相互的に貿易自由化を進める場であった。貿易自由化の確実な成果よりも，各国間の自発的協力の過程を重視したのである。APECは1989年11月に12カ国で成立した（現在，21カ国・地域）（大矢根 2012a: 120-130）。

(2) **日本からの転換** その9年後の1998年末に，局面が大きく転換した。東アジアの日本やシンガポール，韓国などが，かつて批判していた地域的取り決めに当たるFTAを推進し始めたのである。APECは貿易自由化に一定の貢献をしたものの，1997-98年に勃発したアジア経済危機に対応できなかった。他方でヨーロッパや北米では，地域的取り決めがさらに拡大していた。しかも，特に北米自由貿易協定 (NAFTA) は，GATT規約24条などの主旨に見直しを迫るような，GATTに資する効用を示した。すなわち，NAFTAが「GATTプラス」として実現したサービス貿易や貿易関連投資措置などのルールは，GATTのラウンドで各国に踏襲され，GATTをWTOへと格上げする一つの契機となったのである。同時に，FTA推進国の一部は，FTAと連動させて国内の民営化や競争活性化を進めて，構造改革に成果を上げていた。

こうして，FTAによる貿易自由化が国際的潮流になっていく中で，東アジアはいわば真空地帯になっていた。しかし東アジア諸国においても，この状況を認識し，政策を見直す動きが現れたのである（大矢根 2013: 195-201）。

それは日本に始まり，1999年12月には，シンガポールと両国初のFTA交

渉に乗り出した（第3章参照）。日本は，続いてメキシコ，マレーシア，タイなどとの交渉に臨んだ。また韓国も，日本と同じ頃にFTAを追求する方針を決め，チリとの交渉を開始し，日本との協議にも着手した（磯崎 2009）。中国も 2001 年には FTA を推進する方針を固め，香港やマカオなどと経済・貿易緊密化取り決め（CEPA）を締結していった。こうして 2000 年代に入る頃には，東アジア諸国が次々に WTO と並行して FTA を推進し始めたのである。

● **連鎖的進展（2000年代前半〜）**
(1) **乗り遅れへの懸念**　第 2 の局面では，2 国間 FTA が連鎖的に拡大した。2000 年代半ば，東アジア諸国の動きが波紋を広げてゆき，アジア太平洋地域全体へと伝播していったのである。各国は，FTA 推進の潮流に乗り遅れまいとするかのように，FTA を追求していった。それがまた，先行していたはずのアメリカやメキシコ，チリなどを刺激し，FTA 推進の動きを後押しした。その結果，一方もしくは双方の締結国をアジア太平洋諸国とする FTA は，1999 年に世界の FTA の 25％，2000 年に 5％ に過ぎなかったのに対して，01 年に 45％，02 年・03 年に 40％，04 年に 70％，05 年に 54％ と推移したのである（WTO に通報された地域貿易協定の統計による）。

　このような中，各国で自国の対応の遅れに懸念が強まった。例えば，日本の新聞は社説で FTA の動向を論評し，日本が「遅れをとっている」「取り残される」「進め方に見劣りがする」などと表現し，警鐘を鳴らした（大矢根 2012a: 198）。すでに FTA 路線に舵を切っていたアメリカ政府も，2001 年の貿易政策の報告書では，日本や中国の追い上げを指摘している（USTR 2001）。

　その延長線上で，各国があからさまに競い合う動きも顕在化した。日本政府内で ASEAN との FTA を検討していた 2000 年 11 月，中国が先んじて ASEAN に FTA を呼びかけた。これに対して翌年，日本も ASEAN に交渉を提案したのである（大庭 2003）。その 2 年後には，韓国も ASEAN に対して FTA の調査・研究を提案した。

　こうした FTA の量的拡大と並行して，内容面の高度化も進んだ。FTA の対象が，伝統的な貿易障壁の関税や数量制限だけでなく，貿易関連の投資措置や知的財産権，さらには地球環境や労働基準などの国内法制の共通化などに及

んだのである．ひいては，経済開発や技術支援，テロ対策などの協力もFTAの規程上に見られるようになった（日本貿易振興会経済情報部 2001）．それは，各国がFTA推進を競った反映であると同時に，国際競争力を欠く伝統産業や農業の貿易自由化を回避するために，代替的措置を模索した結果でもあった．

(2) **FTAモデルの提起**　またアメリカは，その先端的な国内産業を背景にFTAの高度化を牽引し，各国が参照すべきモデルを提示した．特にアメリカ・ヨルダンFTAは，「WTOプラス」として両国の労働基準や競争政策などの共通化を盛り込み，アメリカ政府はこれを「世界標準」の基軸に掲げた（USTR 2007: 1,11）．産業競争力を欠く主要国も，独自の内容を備えたFTAを提示し，主導的な役割を演じようとした．FTAが地域的・国際的潮流となる中で，自国に有利なFTAが他の国々を引き付け，それが標準化していけば，自国にとって望ましい地域的・国際的秩序を築けるという展望が見え始めていたのである．

　日本でも，農産物自由化の要求の抑制を念頭に置いて，交渉相手国の知的財産権の制度構築や産業技術向上の支援など，多様な協力措置をFTAに盛り込んだ．また中国は，交渉相手国が発展途上国の場合に段階的アプローチを採用した．すなわち，まず包括的な枠組み協定を締結すると同時に，アーリー・ハーベスト（早めの収穫）として自国市場を相手国に提供する譲歩策を示した．そのうえで，製品貿易協定からサービス・投資協定へと，段階的にFTAの高度化を進める方式を採用したのである（深川 2007; 青木 2006: 388）．

　このように，各国がFTAを連鎖的・競合的に拡大し，高度化させていった．その過程において，主要国は独自のFTAモデルを提起し，それが貿易自由化を超えた地域的・国際的な秩序構想を競う含意を伴い始めたのである[10]．

● **広域FTAの構想（2000年代半ば〜）**

(1) **EAFTA, CEPEA, TPP**　第3の局面では，2国間FTAが拡大しながらも，新たな動きが加わった．FTAの締結国を拡張して広域FTA（メガFTA）とする構想を，主要国が次々に提起したのである．日本や中国，アメリカなどは，これまで追求してきた自国流のFTAモデルをその構想に投影した．中国が提案した東アジア自由貿易協定（EAFTA），日本が提案した東アジア包

括的経済連携（CEPEA），アメリカ提案による TPP などである．

まず EAFTA は，2004 年に中国が ASEAN＋3 という経済協議の場で提案した．ASEAN＋3 は，1998 年に ASEAN 加盟国と日本，中国，韓国の 13 カ国をメンバーとして，東アジアの経済協力を協議し始めた．2001 年に ASEAN＋3 の東アジア・ビジョン・グループ（EAVG）が，また 2002 年には東アジア・スタディ・グループ（EASG）が，地域協力の方針を検討し，報告書に課題の一つとして広域 FTA を記した（EAVG 2001; EASG 2002）．中国は，その具体策として EAFTA を提案したのである．

この ASEAN＋3 にインドとオーストラリア，ニュージーランドを加えた 16 カ国は，2005 年に東アジア・サミット（EAS）を開催した．CEPEA は，この EAS 参加国をメンバーとする FTA であり，日本が 2006 年に提案した．

TPP は，すでに言及したように，2005 年にシンガポールとブルネイ，チリ，ニュージーランドが合意した FTA であった．アメリカがこれに参加する意向を表明し，オーストラリアやペルー，ベトナムなどが同調して，2010 年 3 月に再交渉が始まったのである（Dent 2008: Chap. 4・5・6; 大矢根 2009: 3-15, 2013: 231-238）．

(2) スパゲティ・ボウル問題への対応　このように FTA の広域化構想が浮上したのは，増大してきた 2 国間 FTA が地域貿易の実態と乖離し，実際には利用しにくいという事情を背景にしていた．各国間に多様な 2 国間 FTA が実現し，それらが複雑に絡み合う状況が生まれた結果，どの国家間貿易にどの FTA を適用すべきなのか，利用主体の企業にもわかりにくくなったのである．その様相は，器にスパゲティやさまざまな食材が入って錯綜した姿になぞらえ，「スパゲティ・ボウル問題」と呼ばれた（Bhagwati and Panagariya 1996; Bhagwati 2002）．しかもアジア太平洋地域では，企業が各国特有の利点を活かして，素材や部品の調達，その中間的組み立て，中核的な研究開発や最終的な組み立てのための工場や施設を配置し，国境をまたいで製品を順次完成していくサプライ・チェーン（供給連鎖）を形成していた．多様な 2 国間 FTA は，その実態とも乖離していたのである．こうした問題は，2 国間 FTA を相互に調整し，サプライ・チェーンを網羅した単一の広域 FTA に集約すれば，解消しうる．いわば線としてのスパゲティを，面としてのラザニアやピザに広げる発想であ

る。

　広域FTAを形成するとなると，自国に有利な地域的・国際的秩序の展望が実現可能性を帯びる。そこで主要国は，自らの望む理念や地域秩序イメージを広域FTAの構想に投映し，競い始めた。アメリカはTPPを「21世紀型」のFTAとして，最高度の貿易自由化を企図した（USTR 2014: 3-5; Lim et al. 2012: partⅢ）。他方で中国は，貿易自由化を進めながらも国家主権や政府関与をある程度は維持し，政府が経済発展や社会的安定に役割を果たす余地を残そうとした。そのためEAFTAは，中国の国家資本主義と称される政治経済体制を反映するものと観測された。[11] 日本は，一方では民主主義や市場，人権などの理念を掲げて「自由で成熟した経済圏」を標榜した（『朝日新聞』2006年8月25日）。それは中国を牽制する含意を秘めていた。同時に日本は，農業を中心に国際競争力を欠く産業を抱えており，貿易自由化による悪影響も警戒していた。

　このように広域FTA構想は，2国間FTAを大国主導で調整する意味を伴っていたが，そうした調整は多国間協議を通じても進んだ。その舞台になったのはAPECである。APECメンバーの企業からなる諮問機関，APECビジネス諮問委員会（ABAC）が2004年11月，「スパゲティ・ボウル問題」の解消と貿易自由化の一層の高度化を求めて，広域FTAを提言したのである（ABAC 2004）。

　(3) 到達点としてのFTAAP　広域FTA構想やFTA間調整は，その到達点にアジア太平洋自由貿易圏（FTAAP）を描いている。APECを構成する21のメンバーによる大規模な広域FTAである。このため，ASEAN＋3やASEAN＋6およびEAS，それにAPECは，それぞれの閣僚会議・首脳会議を開催するごとに，EAFTAやCEPEA，TPPなどを排他的に推進するのではなく，FTAAPへの収斂を前提に並行的，相互補完的に検討する考えを確認している（大矢根 2013: 84-98）。広域FTA構想は，一方で競合しながらも，他方ではそれを協調的に収束させる想定のもとで，同時に進行したのである。

　もちろん，その間に中国はTPPを中国封じ込めの装置と受け取り，2011年に中国の兪建華商務次官補が「（TPPの）招待状が届いていない」と批判的に発言し，緊張が生じた。アメリカ政府は，TPPを通じて自由や人権などの価値を国際的に広げる意図を示しており，したがって将来的にTPPに中国を招

き入れる可能性を想定している（USTR 2014: 7-9; Schott et al. 2013: chap. 7）。そうであるからこそ，政治的自由化の促進作用をも期待して，まずは高度の貿易自由化を推進したのである。その後，中国も TPP 加入に関して「開かれた態度」を表明している（張 2006; 外務省 2011）。

● 広域 FTA の交渉（2010 年代～）

　第 4 の局面では，広域 FTA が構想から交渉の段階に入った。2010 年前後になると，広域 FTA の交渉が相次いで始まったのである。すでに述べたように，2010 年 3 月には，アメリカが主導して TPP の拡大交渉が始まった。それに先立つ 09 年 8 月，EAFTA と CEPEA に関する調査報告書が出揃い，それぞれ ASEAN＋3 と ASEAN＋6 において政府間協議に入る方針を決めた。ただし EAFTA と CEPEA については，提案した中国・日本間の外交関係が悪化し，協議は停滞した。そこで 2011 年 11 月，ASEAN が日中両国政府の共同提案を受けて，双方の広域 FTA 構想を調整して RCEP とし，作業部会を設置した[12]。

　2013 年は転換の年となった。2013 年 3 月に日中韓 FTA の第 1 回会合が開催され，5 月に RCEP の第 1 回会合が開かれた。また 7 月には，日本が国内調整を経て TPP 交渉に参加したのである。

　とはいえ，これらの交渉は順調に進んだわけではない。課題は，高度な貿易自由化と国内法制の調整であった。しかも各国は，国際競争力を異にする産業や厄介な政治・経済事情を抱え，交渉には先進国も発展途上国も参加していた。例えばマレーシアは，国内でブミプトラ政策というマレーシア人優遇措置を実施し，それは企業の創設や税制にまで及んでおり，競争政策の共通化に抵触するおそれがあった。またオーストラリアでは，医療費の抑制のために安価なジェネリック医薬品（後発医薬品）を活用する方針をとっており，医薬品開発データの保護期間を典型として，アメリカの求める知的財産権制度の共通化と両立し難かった。

　議論は難航せざるをえず，TPP 交渉は当初 2013 年度中に妥結する予定であったが，延長を繰り返した。2015 年 8 月，最終合意の機会と目されていた閣僚会議も失敗に終わった。そして 10 月 5 日，ようやく大筋合意に漕ぎ着けた

のである。他の RCEP や日中韓 FTA などの交渉も，難航しながら続いている。

　以上のような FTA・TPP の展開をめぐって，本書では以下の構成で検討を進めたい。

3 本書の構成

　本書は3つの部に分かれている。第Ⅰ部では，まず，従来の分析において前提となっていた認識枠組みをあらためて問い直し，本書で用いる分析視角を提示する。それは，今日の国際政治経済の文脈のもとで FTA・TPP を分析する際には，国際的安全保障と国内的社会保障を考慮し，それらと経済的要因との連動をとらえる必要性を主張するものである。それは同時に，経済的要因に特徴的な個別的利益，すなわちエゴセントリック（個人優先的）もしくはポケットブック的（家計簿的）な要因に加えて，ソシオトロピック（社会志向的）な要因を重視することを意味しよう。

　第Ⅱ部では，以上で示した分析視角を念頭に置いて，主要国の FTA・TPP 政策とその規定要因を明らかにしていく。すなわち，第3章で日本，第4章でアメリカ，第5章で中国，第6章において韓国を取り上げる。また第7章でオーストラリア，第8章では ASEAN を取り上げる。

　以上の各国は，程度や変化に相違はあっても，すべて FTA を積極的に推進している。ただし TPP については，対応が分かれる。日米両国は TPP 交渉を主導しているが，中国と韓国は交渉に参加していない。とはいえ，先に言及したように，特に中国は影の主役でもある。オーストラリアも TPP 交渉の有力メンバーであるが，ASEAN ではシンガポールとブルネイ，マレーシア，ベトナムの4カ国が TPP 交渉に参加したのに対して，他の6カ国は参加しておらず，ASEAN の対応は分裂的である。TPP への対応の違いについても，本書で検討したい。

　続く第Ⅲ部では，FTA・TPP から視野を広げ，日本を軸とする主な2国間関係を検討する。第9章は日米関係，第10章は日中関係，そして第11章は日韓関係を対象とする。この3つの2国間関係を取り上げるのは，FTA・TPP の展開が東アジアの中心部，特に日中間，日韓間に奇妙な空白と緊張を伴って

序　章　FTA・TPPの政治学

いるからである。また日中・日韓関係は，日米関係と密接に連関している。

　日米両国はTPP交渉で基本的に協調姿勢をとったとはいえ，両国間にはしばしば緊張が生じた。アメリカ政府関係者が日本側の対応に不満を表明し，また日本が対豪FTAによってアメリカを牽制する場面もあった。日本と韓国は，1990年代末にFTA交渉を開始しながらも，交渉の低迷と中断を重ね，15年以上を経た今も実現していない。異例の展開と見るべきであろう。また日本では，TPPを対中牽制措置と受け取る傾向が強く，中国側もそれを意識し，時に対抗姿勢を示してきた。日中・日韓関係が交錯する日中韓のFTAも，2000年代初めに検討されながら，実現には遠い。

　周知のように，近年の日中関係と日韓関係は，従来とは様相を異にしている。時を接して安倍晋三政権と朴槿恵（パク クネ）政権，習近平（しゅうきんぺい）政権が誕生したものの，日中間，日韓間の首脳会談が実現しない期間が長く続き，それに象徴される関係悪化がFTA・TPP政策にも影を落としたのである。日米関係を含めた3つの2国間関係が構造的に変化し，従来は緊張が生じてもそれを抑制してきたシステムが機能しなくなったのではないだろうか。そこで本書の第Ⅲ部では，これまで2国間の安定性や復元力を支えていた要素を「2国間バッファー・システム（緩衝体系）」と名づけ，それを特定し，その変化を検討した。

　以上のようにして，本書ではアジア太平洋地域のFTA・TPPの動向に関して，それを左右してきた政治力学を浮き彫りにしていきたい。

◀注

1)　TPP（Trans-Pacific Partnership）については，環太平洋パートナーシップ，環太平洋連携，環太平洋戦略的経済連携などの多様な訳語が日本政府機関，メディアなどで用いられ，しかも時期によって変化しているが，本書では「環太平洋経済連携」と訳する。
2)　当初は2013年度中の合意をめざしたものの実現せず，その後，順次期限を延長し，2015年8月の閣僚会議を最終期限としたが，ここでも不合意に終わっていた。
3)　2016年にアメリカで大統領選挙が本格化する予定であり，アメリカ連邦議会の審議期間に90日を要すること，また2017年にはカナダでも選挙があることも考慮すると，これ以上の延長は難しかった。
4)　FTA（自由貿易協定）について，日本政府はEPA（Economic Partnership Agreement，経済連携協定）の語を用いることが多く，EPAはFTA以上に幅広い内容として，サービス貿易や投資，国内経済制度の調和などを含んでいるとしている。しかし，

13

そのEPAの内容も含めてFTAの語を用いるのが学術的には一般的であるため，本書でもFTAの語を用いる。
5) このため，FTAや地域的貿易取り決めを多国間のGATT・WTOにつなげる手段にしようとする議論も少なくない。一例として，Baldwin and Low（2009）。
6) 政治学に基づく分析としては，初期のFTAを対象としたソリース＝スターリングス＝片田（2010）があり，論文にも多くの先行研究がある。それらについては，第1章・第2章を参照。
7) 国際経済学者のバラッサの古典的な議論によると，地域統合は，①FTA（貿易制限の削減・撤廃），②関税同盟（貿易制限の撤廃と共通関税の設定），③共同市場（資本や労働などの移動制限の撤廃），④経済同盟（経済政策の調和），⑤完全な経済統合（経済政策の統一と政治的統合）と，段階的に進むと想定されている（バラッサ 1963）。
8) ただし，FTAを提案したのはアメリカではなく，イスラエルとカナダのほうであった。この時点ではアメリカは受動的であった。
9) この点は，アメリカ政府が大統領経済諮問委員会報告書において提起して正当化を図り，他の国々でも事実上是認されていった（U. S. Council of Economic Advisers 1995: 214-220）。
10) 他の拙稿では，このようなFTA政策の地域的な拡散と相互刺激による国際秩序構想への転化を，政策拡散とその「自省的展開」という観点から論じた（大矢根 2011: 38-41）。
11) 国家資本主義については，Bremmer（2011）を参照。
12) RCEPは，TPPと同様に高度の貿易自由化や国内法制の調整を掲げつつも，TPPとは異なり，発展途上国に対して「特別かつ異なる待遇」や追加的な柔軟な措置を認め，技術協力や能力開発などの規定を伴うとされている（"Guiding Principles and Objectives for Negotiating the Regional Comprehensive Economic Partnership," 2012）。

◁ 引用・参考文献

青木（岡部）まき 2006「東アジアにおける地域貿易協定の特徴――内容の比較と各国のRTA政策からの検討」平塚大祐編『東アジアの挑戦――経済統合・構造改革・制度構築』アジア経済研究所。
磯崎典世 2009「韓国におけるFTA戦略の変遷――多国間主義の推進と挫折」大矢根聡編『東アジアの国際関係――多国間主義の地平』有信堂高文社。
大庭三枝 2003「通貨・金融協力とFTAに見る日本の東アジア地域形成戦略」山影進編『東アジア地域主義と日本外交』日本国際問題研究所。
大矢根聡編 2009『東アジアの国際関係――多国間主義の地平』有信堂高文社。
大矢根聡 2011「アジア太平洋におけるFTAの動態――パターンと要因，展望」山影進編『アジア太平洋における各種統合の長期的な展望と日本の外交（平成22年度外務省国際問題調査研究・提言事業報告書）』日本国際問題研究所。
大矢根聡 2012a『国際レジームと日米の外交構想――WTO・APEC・FTAの転換局面』有斐閣。
大矢根聡 2012b「東アジア・アジア太平洋地域制度とパワー・トランジション――台頭

する中国をめぐる地域制度の重層的空間」『日米中関係の中長期的展望（平成 23 年度外務省国際問題調査研究・提言事業）』日本国際問題研究所．

大矢根聡 2013「地域統合――東アジア地域レジーム間の規範的空間と日中関係」大矢根聡編『コンストラクティヴィズムの国際関係論』有斐閣．

大矢根聡 2014「国際規範と多国間交渉――GATT・WTO 事例の比較分析」『グローバル・ガバナンス』第 1 号．

外務省 2011「APEC 参加エコノミーの TPP 協定についての見解等」．

佐分晴夫 2001「GATT／WTO と地域統合」国際法学会編『国際取引』（日本と国際法の 100 年 7）三省堂．

椎野幸平・水野亮 2010『FTA 新時代――アジアを核に広がるネットワーク』ジェトロ．

清水一史 2014「RCEP と東アジア経済統合――東アジアのメガ FTA」『国際問題』632 号．

ソリース，ミレヤ＝バーバラ・スターリングス＝片田さおり編／片田さおり・浦田秀次郎監訳，岡本次郎訳 2010『アジア太平洋の FTA 競争』勁草書房．

張蘊嶺 2006「東アジア自由貿易協定（EAFTA）の今後の展望と中国の戦略」（http://www.rieti.go.jp/jp/papers/journal/0602/bs01.html）

中野剛志 2011『TPP 亡国論』集英社．

日本貿易振興会経済情報部 2001『世界の主要な自由貿易協定の概念整理調査報告書』．

日本農業新聞取材班 2012『まだ知らされていない壊国 TPP――主権侵害の正体を暴く』創森社．

バラッサ，B.／中島正信訳 1963『経済統合の理論』ダイヤモンド社．

原中勝征・TPP 阻止国民会議編 2014『私たちはなぜ TPP に反対するのか――このままでは日本が食い荒らされる！』祥伝社．

東茂樹編 2007『FTA の政治経済学――アジア・ラテンアメリカ 7 ヵ国の FTA 交渉』アジア経済研究所．

深川由起子 2007「自由貿易協定（FTA）の制度的収斂とアジア共同体」浦田秀次郎・深川由起子編『東アジア共同体の構築――（2）経済共同体への展望』岩波書店．

山影進編 2003『東アジア地域主義と日本外交』日本国際問題研究所．

山田正彦 2013『TPP 秘密交渉の正体』竹書房．

山本吉宣 1997「地域統合の政治経済学――素描」『国際問題』452 号．

渡邊頼純監修，外務省経済局 EPA 交渉チーム編 2007『解説 FTA・EPA 交渉』日本経済評論社．

ABAC (APEC Business Advisory Council) 2004, *Report to APEC Economic Leaders 2004, Bringing the Pacific: Coping with the Challenges of Globalization.*

Aggawal, Vinod K. and Seungjoo Lee, eds. 2011, *Trade Policy in the Asia-Pacific: The Role of Ideas, Interests, and Domestic Institutions*, Springer.

Barton, John H., Judith L. Goldstein, Timothy E. Josling, and Richard H. Steinberg 2006, *The Evolution of the Trade Regime: Politics, Law, and Economics of the GATT and the WTO*, Princeton University Press.

Baru, Sanjaya and Suvi Dogra, eds. 2015, *Power Shifts and New Blocs in the Global Trading System*, The International Institute for Strategic Studies.

Bhagwati, Jagdish 1988, *Protectionism*, MIT Press.

Bhagwati, Jagdish 2002, *Free Trade Today*, Princeton University Press.

Bhagwati, Jagdith and Arvind Panagariya 1996, "Preferential Trading Areas and Multilateralism——Strangers, Friends or Foes?" Bhagwati and Panagariya, eds., *The Economics of Preferential Trade Agreements*, AEI Press.

Baldwin, Richard and Patrick Low 2009, *Multilateralizing Regionalism; Challenges for the Global Trading System*, Cambridge University Press.

Bremmer, Ian 2011, *The End of the Free Market: Who Wins the War Between States and Corporations ?*, Portfolio.

Calder, Kent E. and Francis Fukuyama eds., 2008, *East Asian Multilateralism: Prospects for Regional Stability*, Johns Hopkins University Press.

Dent, Christopher M. 2008, *East Asian Regionalism*, Routledge.

Destler, I. M. 1992, *American Trade Politics*, 2th ed., Institute for International Economics.

EASG (East Asia Study Group) 2002, *Final Report of the East Asia Study Group*.

EAVG (East Asia Vision Group) 2001, *Towards an East Asian Community: Region of Peace, Prosperity and Progress, East Asia Vision Group Report*.

Froman, Michaeal B. 2014, "The Strategic Logic of Trade: New Rules of the Road for the Global Market," *Foreign Affairs*, 93(6), pp. 111–118.

Krueger, Anne O. 1995, *American Trade Policy: a Tragedy in the Making*, AEI Press.

Lim, C. L., Deborah K. Elms and Patrick Low, eds. 2012, *The Trans-Pacific Partnership: A Quest for a Twenty-First Century Trade Agreement*, Cambridge University Press.

Niskanen, William A. 1987, "Stumbling toward a U.S.-Canada Free Trade Agreement," *Policy Analysis*, no. 88.

Obama, Barak 2015, "Statement by the President on the Trans-Pacific Partnership," The White House, Office of the Press Secretary.

Reagan, Ronald 1988, "Remarks at a White House with Business and Trade Leaders, September 23, 1985," *Public Papers of the Presidents of the United States, Ronald Reagan, 1985, Book II*, U. S. Government Printing Office.

Rosen, Howard 2004, "Free Trade Agreements as Foreign Policy Tools: The US-Israel and US-Jordan FTAs," Jeffrey J. Schott, ed., *Free Trade Agreements: US Strategies and Priorities*, Institute for International Economics.

Schott, Jeffrey J., ed. 2004, *Free Trade Agreements: US Strategies and Priorities*, Institute for International Economics.

Schott, Jeffrey J., Barbara Kotschwar and Julia Muir 2013, *Understanding the Trans-Pacific Partnership*, Peterson Institute for International Economics.

U. S. Council of Economic Advisers 1995, *Economic Report of the President: Transmitted to the Congress together with the Annual Report of the Council of Economic Advisers*, U. S. Government Printing Office.

U. S. Department of State 2007, *International Trade: An Analysis of Free Trade Agreements and Congressional and Private Sector Consultations under Trade Promotion*

Authority, U. S. Government Accountability Office.
USTR (United States Trade Representative) 2001, *2001 Trade Policy Agenda and 2000 Annual Report of the President of the united States on the Trade Agreements Program*, U. S. Government Printing Office.
USTR (United States Trade Representative) 2007, *2007 Trade Policy Agenda and 2006 Annual Report of the President of the United States on the Trade Agreements Program*, U. S. Government Printing Office.
USTR, 2014, *2014 Trade Policy Agenda and 2013 Annual Report of the President of the United States on the Trade Agreements Program*, U. S. Government Printing Office.

[第I部]

分析視角

第1章

経済的要因と安全保障・社会保障要因

分析視角（1）

大矢根 聡

1 FTA・TPP展開の要因

● 政治的要因の分析へ

　本書では，アジア太平洋諸国の自由貿易協定（FTA）・環太平洋経済連携（TPP）への対応とその規定要因を分析する。従来の研究は，規定要因として経済的利益に照準を合わせていた。FTA・TPPは貿易自由化を通じて経済的利益を追求する措置であるから，その意味で当然であろう。しかし，その結果として，他の重要な政治的要因を視野から外していないだろうか。その政治的要因は，2国間FTAから広域FTAへと推移する中で，いっそう重みを増しているのではないだろうか。このような問題意識から，本書では経済的利益のみでなく，政治的な国際的安全保障と国内的社会保障の次元に，また，それらと経済的要因との連関に目を向ける。

　まず，経済的利益に基づく要因について，主な議論を見ておこう。FTA・TPPが依拠する自由貿易の考えによれば，各国が生産上有利な製品や提供の得意なサービスに力を傾注し，その製品やサービスを自由に交換し合えば，互いに最大の利益を得られる。いいかえれば，国際貿易を阻害する関税や貿易規制を撤廃し，各国の国内法制を共通化すれば，貿易はあたかも一国内の経済取引のように効率化する。その結果，生産者・生産国は収益を最大化でき，消費者・消費国は最も魅力を感じる製品やサービスを享受できる，と考えられる。

第Ⅰ部　分析視角

　もっとも，このシンプルな経済的想定が，そのまま現実のものとなるわけではない。自由貿易によって倒産を余儀なくされる企業，失業する労働者，荒廃する産地などが不可避的に現れる。また，自然環境の悪化や過酷な労働状況，健康や安全の軽視なども生じかねない。

　したがって，ある国でFTA・TPPが進展しているのであれば，経済的利益を得る勢力が政治的に優位にあるためだと考えられる。この推進勢力を構成するのは，国際競争力をもつ企業や産業，輸入拡大に期待する業者，安価な商品に期待する消費者などである。他方で，FTA・TPPから経済的不利益を被る勢力は，反対派を構成する。国際競争力を欠く企業や産業，雇用の不安を禁じえない労働組合などが，これにあたる。もちろん，ほかにもさまざまな集団が関与するものの，基本的構図は推進勢力と反対勢力，もしくは自由貿易派と保護貿易派の対抗関係としてとらえられる。

　こうした推進勢力と反対勢力は，ともに利益集団として政治的行動をとり，政治家や官庁に働きかける。自らの経済的利益を政府の政策に反映させるためである。その際，両勢力間に量的な相違や政治的影響力の偏差があるため，それらのバランスが政策に帰結すると考えられる（Schattschneider 1935, 1960; Milner 1988）。

● 推進勢力と反対勢力の座標軸

　この推進勢力と反対勢力の座標軸をめぐって，何が推進勢力と反対勢力を分かつのか。何が，どのように，両者の政治的影響力のバランスを左右するのか。それらが，政治学上の重要な論点になる。

　まず，推進・反対勢力を分かつ要因として，産業部門間対立を重視するセクター説と，階層間対立に着目するファクター説（階級説）がある（第2章を参照）。前者は，例えばハイテク産業と農業など，国際競争力に富む産業とそれを欠く産業との間で経済的利害が衝突し，政治的対立が生じると見る（経済学上はリカード＝ヴァイナー・モデルに対応する）。後者は，例えばエレクトロニクス産業における経営者集団と労働組合のように，産業内で異なる生産要素をもつ勢力間で政治的対立が起こると想定する（経済学上はストルパー＝サミュエルソン・モデルに対応する）。このセクター説とファクター説のうち，どちらがFTA

第 1 章　経済的要因と安全保障・社会保障要因

を含む貿易政策のあり方を説得的に説明するのかが，論争的なのである（Milner 1988; Rogowsti 1989; Hiscox 2001, 2002）。

　推進・反対勢力の座標軸は，他の要因によって変動して，一方に有利な状況になり，FTA・TPP 政策を左右する可能性もある。そのような要因として，サブ・ガバメントや制度，アイディア，グローバル化などが着目されてきた。サブ・ガバメントとは，利益集団と政治家，官庁などの堅固な相互関係であり，特定の経済的利益が政府の政策に反映しやすくなる回路となる。制度は選挙制度や官民関係など，またアイディアは政策上の理念や学説などであり，それらが一方の勢力の政治的影響力を強め，主張の説得力を高めるように機能する。さらに，グローバル化（国際化）を背景にして，国内外の勢力が連携を強めるなどして，政治的影響力の構図に変化が生じるのである（Schaede and Grimes 2003; Hody 1996; Milner 1997; Keohane and Milner 1996; Mansfield and Milner 2012; 大矢根 1997, 2004）。

　また近年は，貿易政策を左右する要因として，個人の属性に焦点を合わせて計量分析を試みる研究も増えている。それらが検討したのは，個人の所得や技能，教育などと貿易政策上の選好との因果関係であり，経済的利益との関係が間接的な要素も含まれている（Mayda and Rodrik 2005; Mansfield and Mutz 2009; Chase 2008; Hainmueller and Hisox 2006）。

　以上のような論点が，これまでの FTA・TPP の分析にも表れている。国内外に少なからぬ研究が存在するが，大半の研究は利益集団として産業界の政治行動に照準を合わせ，制度やアイディアなどがどのように作用したのかを，検討している。それらは，それぞれに興味深い知見を提示しているものの，経済的利益を分析の前提に据えている点は，ほぼ共通しているようである（Pekkanen 2005; Yoshimatsu 2005, 2008; ソリースほか 2010; Aggarwal and Lee 2011; 金 2011 など）。本書は，こうした視点の重要性を認めつつも，FTA・TPP をめぐる現象のうち経済的利益では説明のつかない部分に目を向ける。

　なぜ，その必要があるのか。第 1 に，FTA・TPP の展開が，その重要な局面においてさえ経済的利益のみでは説明できないからである[1]。第 2 に，FTA・TPP の展開は国際政治経済の構造的変化を反映していると考えられ，その中で国際貿易と国際的安全保障，国内的社会保障の関係も変化しているか

第Ⅰ部　分析視角

らである。この第1と第2の点を，順次確認していこう。

2　経済的利益との矛盾

　FTA・TPPは，経済的利益を効率的に追求する措置であっても，そのすべての側面が経済的観点から説明できるわけではない。典型的な2つの例を確認しておこう。

　第1は，東アジア諸国がFTAを推進し始めた1990年代末であり，序章で述べた第1局面に当たる。日本や韓国，シンガポールなどが，従来の関税と貿易に関する一般協定（GATT）・世界貿易機関（WTO）純粋主義とでもいうべき政策を転換し，WTOと並行してFTAを追求し始めた。その要因として，しばしばWTOのラウンド（多国間交渉）が停滞した事実が指摘されている。同時に，WTOラウンドでは約150の国が交渉に臨み，合意形成のための交渉コストが高い点，FTAでは利害の合致する2国間で交渉するため，合意が成立しやすい点が論じられている。しかし，ここには矛盾がある。

　まず，日本や韓国，シンガポールなどがFTAを推進し始めた当時，WTOラウンドはまだ進展していた。もちろん，FTAを進め始めた約1年後の1999年11・12月には，WTOラウンドを開始するための閣僚会議が失敗し，大きな衝撃を与えた（Thomas 2000）。それでも2001年11月には，WTOドーハ・ラウンドの開始が決定した。そして，2003年9月のカンクン閣僚会議が不合意に終わるまでの間，各国は多国間交渉に高い優先順位を与えていたのである。[2]

　また，2国間協定の交渉コストは，立場の近い少数国間であるために相対的に低いとされる（Guzman 1998）。しかしFTAとWTOの交渉のうち，いずれの交渉コストが高いかは論争的である。WTOの多国間交渉では，多数の国が多数の争点で交差的に利益の拡大を展望できるため，各国間の連携が成立しやすい。そのため，むしろ交渉コストが低くなる，という指摘も有力である（Zartman 1994: 3-7; Hampson 1995; Davis 2004）。

　したがって，東アジアでFTAの潮流が表れた要因は，経済的利益の観点のみからは十分に説明できそうにない。他の要因が作用していた可能性がある。

　第2の例は，広域FTA構想・交渉が本格化する局面であり，序章で述べた

第 3・4 局面に該当する。広域 FTA が,「スパゲティ・ボウル問題」を背景にして浮上したことは, 序章でも言及した。それが第一義的な要因であると, 多くの論者が指摘している。しかし,「スパゲティ・ボウル問題」や地域貿易の実態と, 広域 FTA の構想が合致しているわけではない。日本やアメリカなどの企業は, 確かにアジア太平洋地域にサプライ・チェーン（供給連鎖）を構築している。しかしその際, 重要な拠点となっている中国やミャンマー, タイなどを, 両国政府が優先した TPP は網羅していない。

その一つの証左として, 例えば日本経済団体連合会（日本経団連）は, 日米の政府が 2008 年頃に TPP 交渉を摸索し始めても, サプライ・チェーンをはじめとする経済的利益を重視してか, むしろ中国や東アジアとの貿易を優先していた。また日米間の貿易については, TPP ではなく, 日米 FTA を推進する意向であった。日本経団連が TPP 支持を明確にするのは, 2010 年に TPP 交渉が動き出し, また同じ頃, 日中関係が大きく悪化してからであった。[3]

ここにも矛盾があり, 日本政府や各国政府は経済以外の要因に基づいて, TPP をはじめとする広域 FTA を推進した可能性がある。

経済的利益に還元しきれない他の要因として, 本書では国際的安全保障と国内的社会保障に着目する。先に述べた第 1 点においても, 日本や韓国などの FTA 推進者は, FTA が自国の安全保障を高め, また少子高齢化対策や構造改革, ひいては社会保障に資すると想定していた（大矢根 2012: 203-207; 磯崎 2009）。また第 2 点についても, 日米やベトナムなどの政府首脳が TPP の安全保障上の効果を指摘しているのである。

3 要因としての安全保障と社会保障

それでは, 国際的安全保障と国内的社会保障とはどのようなものであり, また FTA・TPP とどのように結び付くのか。各章で各国の具体的な動きを検証する前に概観しておこう。

安全保障も社会保障も多義的であり, 明確に定義するのは容易ではない。ここでは, 安全保障とは, 各国において特に重要だとみなされている諸価値を, それを脅かす存在から擁護する行動と定義しておこう。典型的な安全保障措置

は，自国の領土や国民の生命・財産，自由・平等といった価値に対する軍事的脅威に対して，防衛力の強化や同盟関係の形成・強化を図る試みであろう。しかし今日では，脅威が多様化し，他国からの経済的打撃やテロリズム，地球環境の悪化，感染症の伝播なども含まれる。必然的に対応策も多様化し，多国間協力や地域制度の形成と運用，途上国への支援なども該当する（赤根谷・落合 2007；山本 2009）。

また社会保障とは，市民の文化的で最低限の生活を確保するために，政府が市民の収入や雇用，健康や衛生などを阻害する事態を事前に予防し，また事後的に支援する行動を指す。

その社会保障の内容も，医療費の補助・無料化や健康保険の給付，雇用保険や生活保護など多様であり，また各国ごとにかなりの相違がある。今日のアジア太平洋地域では，アメリカやフィリピンなど一部の例外を除いて，遅かれ早かれ少子高齢化が大きく進むものと観測されている。しかし，それに備える社会保障は，財政の悪化や政策の遅れなどによって十分に整備されていない（大泉 2007；上村 2015；駄田井ほか 2010[4]）。

● FTAと安全保障

それでは，FTA・TPPと安全保障，社会保障はどのように関連するのだろうか。実態と理論の双方について概観してみたい。

まず安全保障との関連については，各国がFTAを推進し始めた2000年代初め，WTOの報告書も，FTA推進の一因として安全保障の強化を指摘していた（WTO 2003: 46-68）。実際，アジア太平洋地域の主要国も，安全保障上の理由をFTA推進の根拠にしばしば掲げている。

アメリカでは，特にG. W. ブッシュ政権が9.11テロ事件後に，安全保障の観点を打ち出した。中東FTA構想を提起したのも，その表れであった（USTR 2006: 6）。権威主義的・独裁的な発展途上国とFTAを締結すれば，その国の経済で自由化が進み，社会にも自由主義的な慣行が及び，ひいては政治的な自由化・民主化を誘発する，という考えがアメリカには根強い（USTR 2002: 2-3）。それがテロ対策になり，また新興国の強硬な外交を，その国の内側から柔軟にすると想定したのである。したがって，逆説的ではあるが，

第 1 章　経済的要因と安全保障・社会保障要因

アメリカの連邦議会や産業界は 2000 年代半ば，政府の FTA 政策が安全保障を優先し過ぎ，経済的利益を軽視していると批判した。それは，政策決定体制の見直し論に発展した（USGAO 2004）。

アメリカだけでなく中国でも，FTA は外交関係の強化や資源の獲得などを通じて，安全保障に資するととらえられている（張；China FTA Network）。実際，中国が初期に FTA を締結した相手国は，対中貿易の規模が小さく，経済的効果は限定的であった。[5]　以上のような安全保障の側面は，アメリカや中国に特有ではないだろう。

というのも，FTA 締結や貿易拡大と安全保障とについては，その連関を指摘する理論的知見も蓄積されているからである。相互依存論によれば，貿易や投資を通じて経済関係が緊密化すれば，経済関係を切断したり縮小したりするコストやリスクが高くなる。それが，政治的にも協調関係を維持させる作用に転じるという（Keohane and Nye 2000, 2001）。また逆に，ゴアやマンスフィールドなどの研究によると，FTA のような貿易協定の締結は，安全保障上の同盟国間でこそ成立しやすいという（Gowa 1994; Mansfield and Bronson 1997）。

近年も，貿易の緊密な関係が同盟の形成・維持に作用する点や，逆に FTA のような地域貿易協定の締結国間では，武力紛争が生じにくい点が議論されている（Fordahm 2010; Haftel 2007）。他方で，貿易上の依存関係はその程度が高い国家間でしか政治的協調を促さず，しかも紛争の発生確率は，相互依存よりも一方的依存の状況のほうが大きいという議論もある。さらに，経済的な相互依存は紛争，戦争の歯止めにならないという研究もあり，論争的でもある（ウォルツ 2010：7 章；Copeland 2014; Lu and Thies 2010）。[6]

また，FTA も広域 FTA になると，複数国間の地域制度として外交関係の変化をもたらす場となり，ソフト・バランシングの装置として機能する。ハード・バランシングとしての勢力均衡が，冷戦後に必ずしも機能していないとする議論があり，ソフト・バランシングが新たな安全保障措置として注目されているのである（Paul et al. 2004）。

勢力均衡は，軍事力の強化や同盟の形成などを手段として，脅威となる国の強硬な行動の抑止を図る。これに対してソフト・バランシングは，より穏健な政治的・経済的手段や多国間・複数国間の地域制度などを利用し，脅威の軽減

27

第Ⅰ部 分析視角

を図るのである（Paul et al. 2004）。すなわち，地域制度に脅威となる国をあえて組み込み，協調的行動をとるように説得し，地域規範を遵守するように促す。あるいは逆に，脅威となる国を地域制度のメンバーから外し，牽制して自制的な行動を迫るのである（He 2008, 2009）。特定の国を地域制度に取り込み，地域規範の受容を促すダイナミズムは，コンストラクティヴィズム（構成主義）による分析も指摘している（Johnston 2008）。このようにいくつかの理論が，FTA・TPPの安全保障上の効果を示唆しているのである。

● FTAと社会保障

社会保障とFTA・TPPの関連はどうだろうか。詳細は第2章に譲るが，ここでも実態と理論的知見を簡単に見ておこう。

まず実態において，FTAが貿易や投資，さらには人の移動を拡大すれば，一方では，社会保障にプラスに作用する。海外市場の拡大や経済活動の活性化は財政赤字を軽減し，また海外の保険・医療企業や労働者が到来すれば，社会保障が拡充するかもしれない。海外からの労働者の受け入れは，これに抵抗感の強い日本においてさえ，少子高齢化対策として議論された。少子高齢化，社会保障の限界や制度整備の遅れなどは，アジア太平洋地域の各国に広く見られる問題でもある。

しかし他方では，FTAによる輸入や労働移動が，企業の倒産や失業を招き，社会保障の負担拡大を引き起こす危険性もある。海外の保険・医療企業の流入によって，国内の産業や保健・医療制度が動揺しないか，懸念も生じている。

理論的知見として，貿易と社会保障との連関について，どのような指摘があるだろうか。各国の社会保障の規模と貿易や国内総生産（GDP）の規模の間には，明白な相関関係が見られないとされる。他方でグッドマンらは，東アジア諸国では経済発展を優先する経済・開発政策に社会保障を従属させ，しかし経済発展の効果によって雇用や収入が拡大して，社会保障を代替したと論じた。ただし，この経済成長が低迷すれば，社会保障も打撃を受けざるをえない。しかし，FTAが経済成長を刺激すれば，再び社会保障に資する可能性もある（Goodman et al. 1998; Goodman and Peng 1996）。

またギャレットは，グローバル化によって社会の流動性やリスクが高まれば，

政府が積極的政策をとる必要が生じるなどして，各国の経済政策が共通して「底辺への競争」に陥ってはいないと論じた。これは，FTAによるグローバル化が，各国の社会保障の縮減を招くわけではないことを示唆している（Garrett 1998）。

以上に見てきた通り，FTA・TPPが国際的安全保障や国内的社会保障と密接に関連していることは，実態的にも理論的にも確かであろう。

4 エゴセントリックな要因からソシオトロピックな要因へ

安全保障と社会保障は，単に経済的利益と異なる政治的次元だというだけではない。双方は，政策に作用する要因として，その性格を異にしている。経済的利益は，個人や企業，産業などの個別的利益である。ステークホルダー（利害関係者）は，その利益を自らの収入・収益の増減として客観的に把握しやすいと考えられ，それに基づいて行動するものと想定されている。これに対して安全保障や社会保障は，個人を超えた社会的現象としての色彩が濃い。人々はそれを社会全体，国家全体を揺さぶりかねない問題として漠然と懸念し，それに基づいて行動をとる。すなわち，経済的利益は個々の人や組織に基づくエゴセントリック（個人優先的）もしくはポケットブック的（家計簿的）な要因である。対照的に安全保障・社会保障は，社会全般にかかわるソシオトロピック（社会志向的）な要因だといえる（Mansfield and Mutz 2009）。

ソシオトロピックな関心は，エゴセントリックな経済的利益のように数字や物理的な形で表しにくく，客観的にとらえにくい。突発的な現象や危機などによって，潜在的な不安が一気に表出する場合も多く，それがメディアの報道や印象的な言説によって喚起されるケースもある（Mansfield and Mutz 2009）。顧みればFTA，特にTPPについては，その推進者も反対者も刺激的な言説を用いて主張を訴えた。日本では，一方で「亡国」「アメリカの陰謀」「TPPおばけ」といった言説が，他方で「第3の開国」「興国」といった言説が浮上した。またアメリカでは，ティーパーティ運動において自由貿易がアメリカの国益を侵害し，発展途上国を利しているという，日本の「アメリカ陰謀論」からすると，あまりに対照的な主張が散見された。[7]

第Ⅰ部 分析視角

　したがって，ソシオトロピックな要因を分析する際には，政府や産業界，労働組合や非政府組織（NGO）などの提示する主張や理念も，視野に入れる必要があるだろう。経済的利益を想定した分析とは，その素材や観点が異なってくるのである。このような言説は，環境が変化し，従来の政策や観念が安定性や信頼性を失う状況において，特に作用しやすいと考えられる（Schmidt 2002, 2006）。各国が急速にFTAを追求し始め，神経質なほどに競い合っている状況，あるいは「スパゲティ・ボウル問題」を前にして，妥当なFTAが明確ではない状況，さらには中国やインドなどの新興国が台頭し，先進国が相対的衰退を示している状況などにおいて，新たな言説は安定期とは異なる重要性を帯びよう。

　本書の第Ⅱ部では，以上にみてきた視点から，アジア太平洋地域の主要国についてFTA・TPP政策とその規定要因を検討する。そうすることによって，経済的要因とともに，軽視されがちな安全保障・社会保障要因を自覚的に扱い，分析の地平を拡張する。

5　2国間バッファー・システム

　分析上の地平の拡張は，本書の第Ⅲ部でも試みる。第Ⅱ部では，主要国のFTA・TPP政策を直接的に，いわば分析のレンズを接近させてとらえる。これに対して第Ⅲ部では，レンズを対象から少し離し，FTA・TPPにとどまらない2国間関係を広角レンズ的に把握する。というのも，アジア太平洋地域のFTAの動向には，他の地域に見られない現象が伴っているからである。

　FTAは近接した国家間で成立し，地域で拡大していく場合が多い。しかしアジア太平洋地域では，その中核に空白がある。貿易関係が緊密な日本・韓国・中国間に，FTAが成立していないのである。もちろん中韓FTAは，2015年6月になって署名に達した。しかし日韓FTAは，1990年代の初め以来，交渉が何度も低迷，中断し，実現の見通しが立っていない。日中韓FTAも2000年代初期から検討されたが，交渉の実現は13年になってからであり，なお未成立である。

　この空白は，FTAを超えた外交関係全般の問題であり，そこに日中間，日

第1章　経済的要因と安全保障・社会保障要因

韓間，ひいては日米間の構造的変化が作用しているのではないだろうか。というのも，特に日中間・日韓間では多分野の交渉・協議が停滞し，首脳会談さえ実現しない時期が続いたからである。日米間でも，かつてのように経済紛争を次々に処理し，またアメリカ政府の要請に応じて日韓・日中関係を円滑化するのは難しくなっている。こうした構造的変化の要因として，本書は2国間の「バッファー・システム（緩衝体系）」に着目する。

かつて日中間，日韓間，また日米間の外交関係が大幅に悪化しなかったのは，対立が生じなかったためではない。日中国交回復に注力した大平正芳首相は，かつて次のように語った。「日中関係は成功の歴史よりも失敗の歴史の方が多かった」「日中両国民の間には共通点よりも相違点が多く，相互の理解は想像以上に難しい」（大平・田中 1978, 2001: 254-255）[8]。従来も日中間，日韓間，日米間では歴史問題や経済対立が浮上した。それが重大な局面に発展しなかったのは，水面下で対立の激化を抑え，両国間の共通利益を再確認させる仕組みが存在し，復元力が働いたためであろう。それをバッファー・システムと名づけて，とらえたい。

こうした2国間関係の政治力学は，近年の政治学では案外看過されがちである。つまり一方では，比較政治学や政治外交史が，各国ごとの個性的な現象や政治力学を詳細に解明してきた。他方では国際関係論が，2国間関係を超えた国際構造を論じてきた。しかし，2国間関係の政治力学は，比較政治学・政治外交史と国際関係論との狭間で，関心の対象から脱落しがちなのである。とはいえ，異なる政治的メカニズムを備えた国同士が接触すれば，何らかの軋轢が生じかねない。それが緊張をはらんだ国際的状況においてであるなら，なおさらであろう。にもかかわらず，2国間関係が比較的安定して推移していたのなら，何らかの調整，対立緩和のメカニズムが存在し，それが制度化していた可能性が高い。

本書では，日中間，日韓間，日米間にどのようなバッファー・システムが存在し，それが従来どのように機能していたのか。また，それが何を契機として，どのように変化しているのかを考察する。

第 I 部　分析視角

──────────────────────────────── ◀ 注

1) ステークホルダーは元来，経済的利益を自ら客観的に把握し，それに則した行動をとるとは限らない，という問題もありうる。久野によれば，有権者の選好には，FTA・TPP による直接的な経済的利益と合致していないケースが認められる（久野 2011a, b）。また，FTA・TPP による経済的利益の計測結果も論争的であり，例えば NAFTA によるアメリカの経済的得失に関して相当に異なる分析があり（経済産業省 2001: 167-170），日本でも TPP による経済的利益について，2010 年に内閣府と経済産業省，農林水産省が異なる試算を発表した。
2) ドーハ・ラウンドの難航の背景については，Jones（2009）; Narlikar（2003）を参照。
3) この点については，李彦銘（慶應義塾大学）が 2015 年度アジア政経学会全国大会（立教大学，2015 年 6 月 14 日）における報告「東アジア地域統合をめぐる日中のアイディアと規範──日本経済界の視点から」でも指摘していた。
4) 社会保障の整備は，「中進国の罠」（中所得国の罠）を免れるためにも，重要な意味をもつとされる。経済発展を遂げて中進国に到達しても，いっそうの産業構造の高度化に失敗すると以後の経済成長が頭打ちになるおそれがあり，そのためには技術開発や教育などとともに社会保障も重要な意味をもつと考えられる。「中進国の罠」については，Gill and Kharas（2007）; カンチューチャット（2014）を参照。
5) 中国の貿易において，FTA 締結国の占める比率は低い。輸出において ASEAN は 9%，台湾は 2%，コスタリカとチリは 1% であり，ペルー，ニュージーランド，マカオは 1% に満たない。輸入においても ASEAN が 11%，台湾は 7%，ペルーとチリは 1%，マカオ，コスタリカは 1% に達しない（2012 年度統計）。
6) これらの議論の一部は多湖淳氏（神戸大学）にご教示いただいた。
7) アメリカの自由貿易をめぐる世論については，第 4 章を参照。
8) この点は福永文夫氏（獨協大学）にご教示いただいた。

──────────────────────────────── ◀ 引用・参考文献

赤根谷達雄・落合浩太郎編 2007『「新しい安全保障」論の視座──人間・環境・経済・情報〔増補改訂版〕』亜紀書房。
磯崎典世 2009「韓国における FTA 戦略の変遷──多国間主義の推進と挫折」大矢根聡編『東アジアの国際関係──多国間主義の地平』有信堂高文社。
ウォルツ，ケネス／河野勝・岡垣知子訳 2010『国際政治の理論』勁草書房。
大泉啓一郎 2007『老いてゆくアジア──繁栄の構図が変わるとき』中央公論新社。
大平正芳・田中洋之助 1978『複合力の時代』ライフ社。
大平正芳／福永文夫監修 2011『大平正芳全著作集 4』講談社。
大矢根聡 1997「日米半導体摩擦における『数値目標』形成過程──『制度』の作用と政策決定の交錯」『危機の日本外交──70 年代』（年報政治学）。
大矢根聡 2004「東アジア FTA：日本の政策転換と地域構想──『政策バンドワゴニング』から『複雑な学習』へ」『国際問題』528 号。
大矢根聡 2012『国際レジームと日米の外交構想──WTO・APEC・FTA の転換局面』有斐閣。

第 1 章　経済的要因と安全保障・社会保障要因

大矢根聡 2014「国際規範と多国間交渉――GATT・WTO ラウンド事例の比較分析」『グローバル・ガバナンス』第 1 号．
上村泰裕 2015『福祉のアジア――国際比較から政策構想へ』名古屋大学出版会．
カンチューチャット，ヴィラユース 2014「『中所得国の罠』をめぐる議論――現状分析と将来予測」『国際問題』633 号．
金ゼンマ 2011「東アジア FTA と国内政治――韓国の事例から」松岡俊二・勝間田弘編『アジア地域統合の展開』勁草書房．
久野新 2011a「TPP 参加をめぐる有権者の選好形成メカニズム」『KEIO/KYOTO GLOBAL COE DISCUSSION PAPER SERIES』DP2011-032．
久野新 2011b「自由貿易をめぐる選好形成メカニズムとその国際比較―日本およびアジア太平洋諸国のデータを用いた実証分析」『KEIO/KYOTO GLOBAL COE DISCUSSION PAPER SERIES』DP2011-033．
経済産業省通商政策局情報調査課 2001『通商白書』2001 年版，ぎょうせい．
ソリース，ミレヤ＝バーバラ・スターリングス＝片田さおり編／片田さおり・浦田秀次郎監訳，岡本次郎訳 2010『アジア太平洋の FTA 競争』勁草書房．
駄田井正・原田康平・王橋編 2010『東アジアにおける少子高齢化と持続可能な発展――日中韓 3 国の比較研究』新評論．
山本武彦 2009『安全保障政策――経世済民・新地政学・安全保障共同体』日本経済評論社．
張蘊嶺「东亚合作需要创新」中国社会科学院世界経済政治研究所のサイトに掲載（中国語）http://www.iwep.org.cn/info/content.asp?infoId=4536

Aggarwal, Vinod K., and Seungjoo Lee, eds. 2011, *Trade Policy in the Asia-Pacific: The Role of Ideas, Interests, and Domestic Institutions*, Springer.
Chase, Kerry A. 2008, "Moving Hollywood Abroad: Divided Labor Markets and the New Politics of Trade in Services," *International Organization*, 62(4), pp. 653-687.
China FTA Network（http://fta.mofcom.gov.cn/english/index.shtml）
Clark, Ian 2005, *Legitimacy in International Society*, Oxford University Press.
Copeland, Dale C. 2014, *Economic Interdependence and War*, Princeton University Press.
Davis, Christina L. 2004, "International Institutions and Issue Linkage: Building Support for Agricultural Trade Liberalization," *American Political Science Review*, 98(1), pp. 153-169.
Esping-Andersen, Gøsta 1990, *The Three Worlds of Welfare Capitalism*, Princeton University Press（岡沢憲芙・宮本太郎監訳『福祉資本主義の三つの世界――比較福祉国家の理論と動態』ミネルヴァ書房，2001 年）．
Fordahm, Benjamin O. 2010, "Trade and Asymmetric Alliances," *Journal of Peace Research*, 47(6), pp. 685-696.
Fordham, Benjamin O. and Katja B. Kleinberg 2012, "How Can Economic Interests Influence Support for Free Trade?" *International Organization*, 66(2), pp. 311-328.
Garrett, Geoffrey 1998, "Global Markets and National Politics: Collision Course or Virtuous Circle ?" *International Organization*, 52(4), pp. 787-824.

第Ⅰ部　分析視角

Gill, Indermit S. and Homi J. Kharas 2007, *An East Asian Renaissance: Ideas for Economic Growth*, World Bank.

Goodman, Roger and Ito Peng 1996, "The East Asian Welfare States: Peripatetic Learning, Adaptive Change, and Nation-Building," in Gøsta Esping-Andersen ed., *Welfare States in Transition: National Adaptations in Global Economies*, Sage Publications.

Goodman, Roger, Gordon White and Huck-ju Kwon 1998, *The East Asian Welfare Model: Welfare Orientalism and the State*, Routledge.

Gowa, Joanne 1994, *Allies, Adversaries, and International Trade*, Princeton University Press.

Guzman, Andrew T. 1998, "Why LDCs Sign Treaties That Hurt Them: Explaining the Popularity of Bilateral Investment Treaties", *Virginia Journal of International Law*, no. 38.

Hainmueller, Jens, and Michael J. Hiscox 2006, "Learning to Love Globalization: Education and Individual Attitudes Toward International Trade," *International Organization*, 60, pp. 469-498.

Haftel, Yoram Z. 2007, "Designing for Peace: Regional Integration Arrangements, Institutional Variation, and Militarized Interstate Disputes," *International Organization*, 61 (1), pp. 217-237.

Hampson, fen O., with Michael Hart 1995, *Multilateral Negotiations: Lessons from Arms Control, Trade, and the Environment*, The Johns Hopkins University Press.

He, Kai 2008, "Institutional Balancing and International Relations Theory: Economic Interdependence and Balance of Power Strategies in Southeast Asia," *European Journal of International Relations*, 14(3), pp. 489-518.

He, Kai 2009, *Institutional Balancing in the Asia Pacific: Economic Interdependence and China's Rise*, Routledge.

Hiscox, Michael J. 2001, "Class Versus Industry Cleavages: Inter-Industry Factor Mobility and the Politics of Trade," *International Organization*, 55(1).

Hiscox, Michael J. 2002, *International Trade and Political Conflict: Commerce, Coalitions and Mobility*, Princeton University Press.

Hody, Cynthia A. 1996, *The Politics of Trade: American Political Development and Foreign Economic Policy*, University Press of New England.

Johnston, Alastair I. 2008, *Social States: China in International Institutions, 1980-2000*, Princeton University Press.

Jones, Kent 2010, *The Doha Blues: Institutional Crisis and Reform in the WTO*, Oxford University Press.

Keohane, Robert O., and Helen V. Milner, eds. 1996, *Internationalization and Domestic Politics*, Cambridge University Press.

Keohane, Robert O. and Joseph S. Nye. Jr. 2000 "Globalization: What's New ? What's Not ? (And So What ?)," *Foreign Policy*, No. 118, pp. 104-119.

Keohane, Robert O. and Joseph S. Nye. Jr. 2001, *Power and Interdependence*, 3rd ed., Longman.

Lu, Lingyu, and Cameron G. Thies 2010, "Trade Interdependence and the Issues at Stake in the Onset of Militarized Conflict: Exploring a Boundary Condition of Pacific Interstate Relations," *Conflict Management and Peace Science*, vol. 27(4), pp. 347–368.
Mansfield, Edward D. and Rachel Bronson 1997, "The Political Economy of Major-Power Trade Flows," Edward D. Mansfield and Helen V. Milner. eds., *The Political Economy of Regionalism*, Columbia University Press.
Mansfield, Edward D., and Diana C. Mutz 2009, "Support for Free Trade: Self-Interest, Sociotropic Politics, and Out-Group Anxiety," *International Organization*, 63(3), pp. 425–457.
Mansfield, Edward D., and Helen V. Milner 2012, *Votes, Vetoes, and the Political Economy of International Trade Agreements*, Princeton University Press.
Mayda, Anna, Marria and Dani Rodrik 2005, "Why Are Some People (and Countries) More Protectionist than Others?" *European Economic Review*, 49, pp. 1393–1430.
Milner, Helen V. 1997, *Interests, Institutions and Information: Domestic Politics and International Relations*, Princeton University Press.
Milner, Helen V. 1988, *Resisting Protectionism: Global Industries and the Politics of International Trade*, Princeton University Press.
Narlikar, Amrita 2003, *International Trade and Developing Countries: Bargaining Coalitions in the GATT and WTO*, Routledge.
Paul, T. V., James J. Wirtz and Michael Fortmann, eds. 2004, *Balance of Power: Theory and Practice in the 21st Century*, Stanford University Press.
Pekkanen, Saadia M., 2005, "Bilateralism, Multilateralism, or Regionalism? Japan's Trade Forum Choices," *Journal of East Asian Studies*, 5(1), pp. 77–103.
Rogowski Ronald 1989, *Commerce and Coalitions: How Trade Affects Domestic Political Agreements*, Princeton University Press.
Schaede, Ulrike and William Grimes, eds. 2003, *Japan's Managed Globalization: Adapting to the Twenty-First Century*, M. E. Sharpe.
Schattschneider, Elmer E. 1935, *Politics, Pressures and the Tariff: A Study of Free Private Enterprise in Pressure Politics as Shown in the 1929–1930 Revision of the Tariff*, Englewood Cliffs.
Schattschneider, Elmer E. 1960, *The Semisovereign People: A Realist's View of Democracy in America*, Holt, Rinehart and Winston.
Schmidt, Vivien A. 2002, *The Futures of European Capitalism*, Oxford University Press.
Schmidt, Vivien A. 2006, *Democracy in Europe: The EU and National Politics*, Oxford University Press.
Thomas, Janet 2000, *The Battle in Seattle: The Story behind and beyond the WTO Demonstration*, Fulcrum Pub.
USGAO (United States General Accounting Office) 2004, *International Trade: Intensifying Free Trade Negotiation Agenda Call for Better Allocation of Staff and Resources*, U. S. Government Printing Office.
USTR (United States Trade Representative) 2002, *2002 Trade Policy Agenda and*

第 I 部　分析視角

2001 Annual Report of the President of the United States on the Trade Agreements Program, U. S. Government Printing Office.

USTR (United States Trade Representative) 2006, *2006 Trade Policy Agenda and 2005 Annual Report of the President of the United States on the Trade Agreements Program*, U.S. Government Printing Office.

Wilkinson, Rorden 2006, *The WTO Crisis and the Governance of Global Trade*, Routledge.

WTO (World Trade Organization) 2003, *World Trade Report 2003: Trade and Development*, WTO.

Yoshimatsu, Hidetaka 2005, "Japan's Keidanren and Free Trade Agreements: Societal Interests and Trade Policy," *Asian Survey*, 45(2), pp. 258–278.

Yoshimatsu, Hidetaka 2008, *The Political Economy of Regionalism in East Asia:Integrative Explanation for Dynamics and Challenges,* Palgrave Macmillan.

Zartman, I. William 1994, *International Multilateral Negotiation: Approaches to the Management of Complexity*, Jossey-Bass Inc.

第2章

対外経済政策と国内社会保障

分析視角（2）

大 西　　裕

1 貿易政策と再分配政策

　第1章では，各国の自由貿易協定（FTA）政策を規定する要因として，経済的要因と安全保障・社会保障要因に着目する必要性を述べた。本章では，FTAのような対外経済政策と国内社会保障との関連性をさらに検討しておこう。FTAのような貿易自由化は輸出入を活発にする効果をもたらすため，相手国の商品との競合関係が生産者の利害に直結し，消費者の利害にも大きく影響する。問題はそれだけにとどまらない。ほとんどの国は，多かれ少なかれ社会保障政策をはじめとする経済的利益の再分配政策をとっている。そのあり方の違いがFTA交渉に影響を与え得るし，交渉結果に対応してとられる政策にも影響を与えるからである。

　そこで本章は，貿易政策と再分配政策，とりわけ社会保障政策との間に理論的にも政策的にも関係が認められることを示唆する。従来，2つの政策分野では，理論的には全く異なる分析モデルが形成されてきた。しかし，両分野はいずれも国民経済に強い関係をもつ以上，全く異なると考える必然性はない。むしろ両分野を架橋する分析モデルが必要とされているのである。

第Ⅰ部 分析視角

2 2つの政策過程の伝統的理解

　貿易政策と社会保障政策が，伝統的にはどのように分析されてきたのか，簡単に振り返っておこう。

● 貿易政策の伝統的理解

　貿易政策は，典型的な利益集団政治の産物と考えられることが多かった。貿易政策の課題は，貿易をはじめとする対外経済活動の自由をどの程度認めるかである。国際経済秩序を構造主義的にとらえる見解が有力であった1980年代までは，開発途上国においてはリカードに代表される自由貿易主義とリストに代表される保護貿易主義以来の論争が重要性を有していた。しかし，この時代においても先進国間の経済秩序については自由貿易主義が基本とされており，1980年代以降は構造主義的開発経済学の衰退によって全世界的に自由貿易主義が支配的なパラダイムとなった。

　しかし，貿易の自由化は，それまで貿易障壁によって保護されてきた産業に対し不利益を与える。逆に，自由化は国際競争力のある産業にとっては他国の市場への進出を可能にし，利益を与える。それゆえにどの産業を，どの程度自由化するかは，産業間，さらには業界団体をはじめとする利益集団間の対立を生じさせ，典型的な利益集団政治になると考えられてきた。

　利益集団政治として貿易政策をめぐる政治をとらえ，国家間交渉との関係を整理したのが，パットナムの2レベル・ゲームである（Putnam 1988）。彼は，貿易自由化交渉を，政府が交渉可能な範囲を決定する，利益集団などとの国内交渉（レベル1）と政府間交渉（レベル2）に分け，ゲーム理論の用語をアナロジー（類推）として用いながらレベル1とレベル2の間の関係の中で貿易自由化交渉が行われると説明した。2レベルゲーム・モデルは，貿易自由化交渉を描写するのに優れていたため，その後広く使用されているが，数理的な厳密さを伴わないため，正確には分析モデルとはいいがたい。しかしそれはともかく，貿易政策が利益集団政治の結果であることを前提としたものであることは間違いないであろう。また，認知枠組みにとどまるにしても，一定の成功を収めた

ということはできるであろう。

● 社会保障政策の伝統的理解

他方，社会保障政策は，階級間政治の産物と考えられることが多かった。社会保障政策をめぐる政治，いわゆる福祉政治の主役は階級と階級に基礎づけられた政党であった。福祉国家研究の基礎を築いたエスピン-アンデルセンは，福祉国家を社会民主主義的，保守主義的，自由主義的という3つに類型化した（エスピン-アンデルセン 2001）。類型化の重要な基準となったのは脱商品化と階層化の程度であるが，脱商品化の程度を先進国間で分けたのは社会民主主義政党，労働組合，自由主義勢力など政党および階級間の力関係にあるとしている。階層化についても，福祉国家化を労働者間の連帯を強調する社会民主主義政党が主導したのか，キリスト教民主主義政党などすでに社会に成立している社会階層間の違いに立脚した政治勢力が主導したのかによって異なるとしている。この議論は後に発展し，権力資源動員論として整理されるが，いずれにせよ貿易政策を含め他の政策とは異なり，政治過程のパターンは利益集団政治ではなく，全国的に集権化・組織化された労働組合，経営者団体，政府という三者の協調と交渉が軸になるという意味で，どちらかというとコーポラティズム的になるのだと広く考えられてきたのである。

貿易政策と社会保障政策をめぐる政治過程の違いは，ロウィによってかなり以前に整理されている（Lowi 1979）。ロウィは，強制力が間接的か，直接的かと，強制力の対象が個別的か，社会全体に及ぶかで政策を4つに類型化し，うち強制力が直接的で対象が個別的な政策を規制政策，強制力が同じく直接的だが対象が社会全体に及ぶ政策を再分配政策とした。貿易政策は前者に相当し，社会保障政策は後者に相当する。ロウィはさらに，政策の類型によって，政治過程のパターンも変わるという。前者は利益集団政治となり，後者はコーポラティズムとなる。なぜなら，対立する利益の広がりが異なるからである。

以上の検討からわかるように，貿易政策と社会保障政策は，政治過程も政策の内容も全く異なるものと理解されてきたのだった。

第 I 部　分析視角

3　貿易政治理解の変容

　しかし，1990 年代以降，両政策の政治過程に関する見方は徐々に変化してきている。貿易政策をめぐる政治過程を利益集団政治としてではない方向で理解し，他方福祉政治をより利益集団政治的に理解する見方が登場してきているのである。以下，それぞれを簡単に説明しよう。

● 個人を基礎にした貿易政治理解へ

　貿易政策では，国内交渉過程が果たして利益集団政治としてのみ理解されるべきなのかを再検討する研究が台頭してきている。それは，大別して 2 つの方向からである。一つは，利益集団ではなく，個人を基礎に貿易政策をめぐる政治を経済合理的に分析しようとする，内在的関税政策理論（endogenous tariff policy theory）である。

　国民経済全体を考えれば貿易自由化は富の拡大を意味するのに，自由化が必ずしも進展しないのはなぜか。こうした問題意識から貿易自由化に関する議論を合理的に説明しようとしたのが，内在的関税政策理論である。この議論では，自由貿易政策に対する支持は個人の経済的選好によって異なるという前提の下，市場外的要因ではなく，国際競争に脆弱な産業部門従事者が自身の利益を維持しようという市場内在的動機で保護貿易を主張すると考える。つまり，自分が生産している商品が，外国から提供される同一種類の商品に対して価格面および品質面で劣位に立つ場合，当該部門従事者はその部門の貿易自由化に反対するのである。

　問題は，ここでいう「部門」をどのようにとらえるかである。アメリカの貿易政策研究の文脈でいうと，部門のとらえ方には 2 通りある。一つは，部門を生産活動を構成する「生産要素」ととらえ，そこに階級的な対立を見出す立場である（Kaempfer and Marks 1993; Midford 1993; Rogowski 1987; Ladewig 2006）。もう一つは，部門を「産業セクター」ととらえ，貿易自由化をめぐる対立を産業セクター間の対立と理解する立場である（Magee et al. 1989; Marks and McArthur 1990; Conybeare and Zinkula 1996; McGillivray 1997; Deardorff and Stertn 1998;

Hiscox 2002)。この立場に立つ場合，産業セクターは多くの場合利益集団を形成しているので，貿易自由化をめぐる国内政治過程は典型的な利益集団政治として描かれる。

● ストルパー＝サミュエルソン・モデル

もう少し説明しよう。前者の立場，すなわち生産要素の所有形態に注目する代表的なものが，経済学におけるストルパー＝サミュエルソン（Stolper-Samuelson）・モデルである（Rogowski 1989）。このモデルは以下の2つの定理を結合させたものである。

第1の定理である，ストルパー＝サミュエルソンの定理によると，商品価格の上昇は商品生産に集中的に必要な生産要素の所有者への見返りをとりわけ大きくする。一般的に，商品生産はいくつかの生産要素の結合によってなされる。特に重要なのは資本と労働である。生産活動にこの両者は不可欠であるが，どちらがより重要かは生産される商品によって異なり，それゆえに資本集約型産業，労働集約型産業などの分類が生まれる。ところで，この定理によれば，集中的に使用される生産要素の所有者の実質所得は価格の上昇で大きくなり，そうでないほうの生産要素の所有者は相対的に所得を減らす。例えば，労働集約型の場合，価格の上昇は生産量の増加をもたらすが，そのためには労働量の投入を増やさなければならない。労働資源に限界があることを考えれば，労働量の投入を増やすためには労働一単位当たりの見返り，すなわち賃金を上昇させなければならない。それゆえ，商品価格の上昇は，労働集約型の商品を生産する場合に，労働という生産要素の所有者に対する見返りをとりわけ大きくすることになる。

第2の定理である，ヘクシャー＝オリーン（Hecksher-Ohlin）の定理によると，その国で豊富な生産要素を集中的に使用する商品を，その国は輸出する。例えば，労働力が豊富な国は労働集約的な商品を輸出する。なぜなら，労働力が豊富な国では相対的に賃金が安い。それゆえ労働集約的な商品の価格が低くなり，輸出できるからである。

以上の議論を貿易自由化に当てはめてみると，相対的にある生産要素が豊かな国では，その生産要素の所有者が貿易自由化を志向し，別の生産要素の所有

者が自由化に反対する。例えば，相対的に労働力が豊かな国では，資本家は保護貿易を好み，労働者は自由貿易を好む。労働力が豊かな国では，関税さえなくなれば，労働集約的な商品の国際価格が国内価格よりも高くなるので，輸出によって価格が上昇し，見返りが大きくなるのである。

● リカード＝ヴァイナー・モデル

　他方，後者の立場，すなわち産業セクターの違いに注目する代表的なものが，経済学におけるリカード＝ヴァイナー（Ricardo-Viner）・モデルである（Frieden 1991）。このモデルによると，資本にせよ，労働にせよ，生産要素はストルパー＝サミュエルソン・モデルが想定するほど，セクター間で自由に移動できるものではなく，特殊性（specificity）を有している。例えば，資本といえども，軽工業用のミシンに投下された資本を，繊維産業が斜陽になったからといってすぐにICチップ製造に転用することはできない。こうした特殊性は，工業化が進展すればするほど発展し，多様化していくため，資本という生産要素の移動可能性（mobility）は低下する。これは，貿易をめぐる政治が，ストルパー＝サミュエルソン・モデルの示すような，生産要素間の対立という単純な構図に還元できないことを意味している。

　それでは，どのような政治過程が考えられるのか。アルトとギリガンによると，移動可能性が制約されるのは資本であると想定した場合（そして多くの場合そう想定してよい），ストルパー＝サミュエルソン・モデルが重視した生産要素の何が集約的なのかということのほかに，消費のパターンが重要になる（Alt and Gilligan 1994）。すなわち，労働者が労働集約的な商品の生産に携わっているとしても，その商品が輸出産業に属するのか，あるいは輸入品と競合する産業に属するのかと，労働者が輸入品をどの程度消費しているのかで，貿易自由化によって生じる相対的な所得は増加もすれば減少もする。例えば，輸出産業に属し，輸入品を多く消費する労働者は，貿易自由化によって自分たちが生産する輸出品の相対価格が上昇する一方，輸入品の価格は低下するので実質的に所得増となる。しかし，輸入品と競合する産業に属し，輸入品をあまり購入しない労働者では，自らが生産する商品価格が国際競争の影響で低下する一方，安くなった輸入品の恩恵を受けないので，所得は実質的に低下するのである。

そうであれば，労働者間でも利害は一致せず，貿易自由化に対する態度は異なることになる。資本の間でも利害は一致しないので，この場合の政治的対立は産業セクター間で生じることになるであろう。

● 2つのモデルの限界

リカード＝ヴァイナー・モデルの想定する貿易政策をめぐる政治過程は，従来の利益集団政治と考えられるが，ストルパー＝サミュエルソン・モデルが想定するそれは階級間対立に近い。問題は，どちらのモデルがより現実を説明するかである。産業セクター間ないしは階級間の対立は，どの国家にでも見られうる現象であり，その意味で普遍的である。しかし，国家間の違いを説明するという点で十分であるとはいえない。中間的なモデルとして考えられるのが，移動可能性や特殊性の偏在である (Hiscox 2002; Ladewig 2006)。これらは，時代によって，おそらく国によっても異なっている。その違いが，対立構図のバリエーションを生み出すと考えられる。

ただし，いずれのモデルも，個人の合理性に立脚し，自身の利害得失を重視して行動するという前提がある点で共通している。貿易政治を説明するもう一つの視角であるソシオトロピックな（社会志向的）説明 (Mansfield and Mutz 2009) は，この前提そのものを認めない。貿易自由化が個人にどう影響するかは実際には感じにくい。言い換えれば，貿易自由化に対して個々人が有する選好は先験的に前提できるものではなく，自由化をめぐる論争の中で形成される。その際に人々が考慮するのは，個人の利害得失ではなく，国民経済全体に対する利害であるとされる。

4 福祉政治理解の変容

● 福祉政治の脱階級政治化

社会保障政策に関する政治過程の見方の変容は，福祉国家そのものが行き詰まりを見せていることが重要な契機となっている。1970年代までのいわゆる資本主義の黄金の30年が，2度の石油危機で終焉を迎えて以来，従来の福祉国家を維持するために必要な経済成長を維持することができなくなった先進国

第Ⅰ部 分析視角

は，いずれも社会保障政策の見直しに取り組むことになる。レーガノミクスやサッチャリズムと呼ばれる供給重視の経済学的施策がもてはやされたことの一因はここにある。しかし，実際には社会保障政策の見直しは，先進国中最も脱商品化が進んでいないイギリスやアメリカでも，それほど進めることはできなかった。両国では元来，福祉国家形成に社会民主主義政党や労働組合が大きな影響力を有してはこなかった。そのうえ，1980年代以降の福祉縮減期には進歩派政党組織の弛緩と労働組合組織率の低下が目立ち，もはや新自由主義を掲げる政府与党に対抗できる力がなくなっていたにもかかわらず，実質的な福祉削減は困難であった。福祉縮減が実際にはなぜ進まないのか。ピアソンは福祉国家形成期に誕生した福祉利益集団の存在に目を向ける（Pierson 1994）。彼らこそが社会保障政策に影響力を行使し，福祉縮減を阻んでいるとした。ピアソンの研究は，福祉政治を階級政治としてではなく，利益集団政治としてとらえる分析枠組みの有効性を示すものであった。

　さらにいえば，エスピン-アンデルセンが示した3類型自体も，利益集団政治的な考慮がすでに入っていたということができる。それが，コーポラティズム度の違いと類型論の関係である。労働組合が全国的に組織されているなど，コーポラティズム度が高い状態では，労働組合は労働者全体の利益を図るために行動し，労働者間の連帯を重視する。しかし，労働組合の全国的統合度がより低く，例えば産業別に組織され，産業間の架橋が困難な場合，全国的に統一された行動はより困難になる。例えば，インフレの進行に対しコーポラティズム度が高ければ賃金抑制によってコスト・プッシュ・インフレ（賃金や原材料費の上昇による物価上昇）を押さえ込むような協調行動がとれるが，低い場合は産業間，組合間で協調行動がとりにくく賃金抑制は困難になる。同様のことが社会保障政策をめぐる政治において起これば，その過程は階級間対立というよりは利益集団政治的になる。社会民主主義的福祉国家と保守主義的福祉国家の違いは，ロウィのように再分配政策の政治過程がコーポラティズム的になると規定することでむしろ説明が困難になるのである。

　社会保障政策に関するコーポラティズム的でない政治過程は，シングルマザーの貧困，ワーキングプアなどの新しい社会的リスクが登場する，いわゆる福祉再編期には，さらにその重要性を強めることになる。社会保障政策の多様性

は，労働組合のあり方ではなく，政党構成や首相など執政長官のもつ影響力の大きさによって説明されることが多くなる。階級政治の重要性には一定の配慮が払われるものの，その程度は以前と比べてかなり低くなっている（例えば，稗田 2010，2014；伊藤 2011）。

● **言説制度論の福祉政治への適用**

ただし，以上に見られる福祉政治の脱階級政治化は，階級政治的な説明と同様に，アクターの合理性を前提としている。これに対し，合理性の前提そのものを相対化しようという試みが，この政策分野においても見ることができる。それが，言説制度論（Schmidt 2010; Blyth 2002）の福祉政治への適用である（例えば，辻 2014；宇佐見・牧野 2013）。

言説制度論によれば，福祉削減期，再編期において市民にとってどのような制度が利益となるのかが不確実で，固定的に考えることが困難である。それゆえ，社会保障政策に関する選好形成そのものが分析対象となる。主観的にしろ不確実性を減らすことができるのは支配的な言説であるため，言説のあり方が社会保障政策に大きな影響を与えるとするのである。

以上，検討してきた貿易政策と社会保障政策をめぐるそれぞれの新しいアプローチを整理すると，次のようになる。すなわち，両政策の分析アプローチは，大きく2つの方向から類似してきている。一つは，アクターの合理性を前提としつつも，貿易政策の政治過程をより階級政治的に，社会保障政策の政治過程をより利益集団政治的にとらえる。政策分野として，以前は全く異なると考えられてきたのは，移動可能性の違いに対する認識の欠如からくるものと思われる。もう一つは，アクターの合理性，とりわけ利害得失に関する認知能力の限界を強く意識して，言説の重要性を主張する。新しく登場したこれらのアプローチのいずれがより説明力を有するかは，今後の課題である。貿易政策に関しては現在，サーベイ実験などを用いた調査が精力的になされている。社会保障政策についても類似した研究が登場している。ともに今後の研究成果が期待されるであろう。

第Ⅰ部 分析視角

5 両政策過程を連結させる

● 労働の移動可能性への注目

　先ほど述べたように，貿易政策と社会保障政策については，政治過程の分析アプローチの点で類似してきているということができるが，実際の政治過程上も，2つの政策は関係が深くなってきている。すなわち，労働という生産要素の移動可能性に注目すると，社会保障政策のあり方が貿易自由化をめぐる政治アクターの選好に大きく影響するからである。

　内在的関税政策理論での焦点は生産要素の移動可能性であったが，先に述べた通り，とりわけ重視されたのは資本の移動可能性であった。前節で例示したように，資本が生産要素に変わるには，何らかの具体的形態に変化する必要があるが，変化した途端に，他の具体的形態への移動可能性が低くなるからである。

　この点は誤りではないが，21世紀に入って資本の移動可能性に対する制約はかなりの程度減じてきているといえるであろう。20世紀の中盤までは工場設備などの具体的形態に転化する直接投資が主流であったが，1980年代以降，いわゆる「証券化」が急速に進行し，資本移動が容易になってきているからである。資本取引の国際的な自由化も進行しており，いまや資本にとって国境という敷居も非常に低いものになってきている。他方，労働は前節での例示とは異なり，必ずしも移動可能性が高いとはいえない。とりわけ2つの要因が移動可能性を低くしていると考えられる。

　一つは熟練形成である。労働者はある産業に従事している間に，その産業特有の技術を体得する。これを熟練形成というが，容易に他の産業に転用できず，転職は前の職場での熟練形成に要した費用を無駄にすることになりかねない (Estevez-Abe et al. 2001)。熟練形成のあり方が，産業ごとに，あるいは企業ごとに特殊であればあるほど，労働者はその産業ないし企業が衰退しているとわかっていても離れることは難しい。

第2章 対外経済政策と国内社会保障

● **社会保障政策のあり方への注目**

　もう一つは，社会保障政策のあり方である。エスピン-アンデルセン以来，一般的に福祉国家は，社会民主主義，保守主義，自由主義という3つの類型に分けられる（エスピン-アンデルセン 2001）。比較福祉国家論では，このような福祉国家の類型の違いが，グローバル化への対応を分けると考えられている（エスピン-アンデルセン 2003）。ポイントとなるのは，労働市場の流動性の違いである。グローバル化は人・物・資本の移動に関する国境の垣根を低下させることを意味するが，とりわけ進展が早いのは資本移動の自由化である。資本は利益率の高いところに移動する。それは，他の条件が同じであれば，法人税などが安く，最低賃金や雇用保障などの労働規制が少ないところに移動する。したがって，FTAを含むグローバル化が進行する現代において，多くの国家は雇用を生み出す資本を引き付けておくために，従来の社会保障体制を見直す必要に迫られることになる。

　この局面で，自由主義的福祉国家と社会民主主義的福祉国家は比較的うまく対応できている。それは，いずれの類型の福祉国家においても労働の移動可能性を社会保障体制が邪魔しないことによる。そもそも社会保障を困窮層に限る自由主義的福祉国家では，労働の移動可能性が高いことが前提となっている。社会民主主義的福祉国家でも，社会保障体系が普遍主義的であることから労働者が職業を変えたとしても，そのことで労働者の受け取る利益が減ることはない。そのうえ，労働力を衰退産業から成長産業へと移動させる，積極的労働市場政策をとっており，労働の移動可能性を高めてさえいるのである。これに対し，保守主義的福祉国家はグローバル化への対応が困難である。職種と社会保障体系が緊密に結び付いているため，職種の変更は労働者にとって不利益となる。企業経営者もそれを前提として行動するため，不況時の雇用コストを考慮して，好況であっても雇用拡大を選択しにくいことになる。まとめれば，自由主義的福祉国家と社会民主主義的福祉国家は労働という生産要素の移動可能性を阻害しないが，保守主義的福祉国家はそれを阻害するのである。

　熟練形成は，前節で例示した資本の具体的形態の転化と類似しているということができるが，後者はそれとは異なる制度的側面である。資本主義の多様性論が指摘するように，両者の間には強い関係性が認められ（Estevez-Abe et al.

第Ⅰ部 分析視角

2001），熟練形成が労働の移動可能性をより阻害するのは保守主義モデルのもとでのことである。このような労働の移動可能性を考慮に入れれば，貿易自由化は政治的には社会保障政策と一体として議論する必要があることが理解されるであろう。

最後に1点だけ，この主張を補強することを述べておこう。貿易自由化が行われる場合，ほとんどの国では短期的には害を被る人々に対し貿易自由化のショックを和らげるための補償措置が講じられるが，それにはいくつかのパターンがある。第1は，補償は最低限にとどめ，自由化効果を最大限に引き出そうとする，補償なしの自由化である。第2は，社会保障などのセーフティネットを拡充することで間接的に補償し，被害グループに対する直接的補償は行わないことである（間接的補償）。第3は，被害グループに対して直接的補償を行うことである。この3パターンの代表例はそれぞれ，アメリカ，北欧，フランスであり，先ほど示した，福祉国家の3類型に対応している。このことは，労働という生産要素の移動可能性が貿易自由化に対し政治的にいかに大きな負担となるのかを物語っているのである。

本章では，社会保障についての議論をこれ以上発展させることはできないが，試論として述べておいた。次の第Ⅱ部（第3-8章）ではアジア太平洋地域の主要国のFTA政策を規定する，経済的要因と国際的安全保障，そして国内的社会保障要因をみていく。

◁ 引用・参考文献

伊藤武 2011「現代ヨーロッパにおける年金改革――「改革硬化症」から「再編」への移行」『レヴァイアサン』49号，8-27頁。
宇佐見耕一・牧野久美子 2013「新興国における年金改革に関するアイデアと言説の政治――南アフリカとアルゼンチンの事例」日本比較政治学会編『事例比較から見る福祉政治』（日本比較政治学会年報 第15号）ミネルヴァ書房。
エスピン-アンデルセン，イエスタ／岡沢憲芙・宮本太郎監訳 2001『福祉資本主義の三つの世界――比較福祉国家の理論と動態』ミネルヴァ書房。
エスピン-アンデルセン，G. 2003「黄金時代の後に？――グローバル時代における福祉国家のジレンマ」G.エスピン-アンデルセン編／埋橋孝文監訳『転換期の福祉国家――グローバル経済下の適応戦略』早稲田大学出版部。
大西裕 2014『先進国・韓国の憂鬱――少子高齢化，経済格差，グローバル化』中央公論

新社.
辻由希 2014「派遣労働再規制の政治過程――『一般労働者の代表』をめぐる政党間競争」『レヴァイアサン』55号,59-86頁.
稗田健志 2010「新しい社会的リスクの比較政治経済学――拒否権プレーヤーを用いた計量分析」『レヴァイアサン』47号,107-127頁.
稗田健志 2014「左派・右派を超えて?――先進工業21ヵ国における育児休業制度の計量分析」『レヴァイアサン』55号,87-117頁.
Alt, James E. and Michael Gilligan 1994, "The Political Economy of Trading States: Factor Specificity, Collective Action Problems and Domestic Political Institutions," *The Journal of Political Philosophy*, 2(2), pp. 165-192.
Blyth, Mark 2002, *Great Transformations: Economic Ideas and Institutional Change in the Twentieth Century*, Cambridge University Press.
Conybeare, John A. C. and Mark Zinkula 1996, "Who Voted against the NAFTA? Trade Unions versus Free Trade, *The World Economy*, 19(1), pp. 1-12.
Deardorff, Alan V. and Robert M. Stern eds. 1998, *Constituent Interests and U.S. Trade Policies*, University of Michigan Press.
Estevez-Abe, Margarita, Torben Iversen and David Soskice 2001, "Social Protection and Formation of Skills: A Reinterpretation of the Welfare State," in Peter Hall and David Soskice eds., *Varieties of Capitalism: The Institutional Foundations of Comparative Advantage*, Oxford University Press(ピーター・A. ホール=デヴィッド・ソスキス編/遠山弘徳・安孫子誠男・山田鋭夫・宇仁宏幸・藤田菜々子訳『資本主義の多様性――比較優位の制度的基礎』ナカニシヤ出版,2007).
Frieden, Jeffry A. 1991, *Debt, Development and Democracy: Modern Political Economy and Latin America* 1965-1985, Princeton University Press.
Hiscox, Michael J. 2002, *International Trade and Political Conflict: Commerce, Coalitions, and Mobility*, Princeton University Press.
Kaempfer, H. William and Stephen V. Marks 1993, "The Expected Effects of Trade Liberalisation: Evidence from US Congressional Action on Fast-Track Authority," *World Economy*, 16(6), pp. 725-740.
Ladewig, Jeffrey W. 2006, "Domestic Influences on International Trade Policy: Factor Mobility in the United States, 1963 to 1992," *International Organization*, 60(1), pp. 69-103.
Lowi, Theodore J. 1979, *The End of Liberalism: The Second Republic of the United States*, Norton(セオドア・ロウィ/村松岐夫監訳『自由主義の終焉――現代政府の問題性』木鐸社,1981).
Magee, Stephen P., William A. Brock and Leslie Young, 1989, *Black Hole Tariffs and Endogenous Policy Theory: Political Economy in General Equilibrium*, Cambridge University Press.
Mansfield, Edward D. and Diana C. Mutz 2009. "Support for Free Trade: Self-Interest, Sociotropic Politics, and Out-Group Anxiety," International Organization, 63(3), pp. 425-457.

第 I 部 分析視角

Marks, Stephen V. and John McArthur 1990, "Empirical Analyses of the Determinants of Protection: A Survey of Some New Results," in John S. Odell and Thomas D. Willett eds., *International Trade Policies: Gains from Exchange Between Economics and Political Science*, University of Michigan Press.

McGillivray, Fiona 1997, "Party Discipline as a Determinant of the Endogenous Formation of Tariffs," *American Journal of Political Science*, 41(2), pp. 584–607.

Midford, Paul 1993, "International Trade and Domestic Politics: Improving on Rogowski's Model of Political Alignments," *International Organization*, 47(4), pp. 535–564.

Pierson, Paul 1994, *Dismantling the welfare state?: Reagan, Thatcher, and the Politics of Retrenchment*, Cambridge University Press.

Putnam, Robert D. 1988, "Diplomacy and Domestic Politics: the Logic of Two-Level Games," *International Organization*, 42(3), pp. 427–460.

Rogowski, Ronald 1987, "Political Cleavages and Changing Exposure to Trade," *American Political Science Review*, 81(4), pp. 1121–1137.

Rogowski, Ronald 1989, *Commerce and Coalitions: How Trade Affects Domestic Political Alignments*, Princeton University Press.

Schmidt, Vivien A. 2010, "Taking Ideas and Discourse Seriously: Explaining Change through Discursive Institutionalism as the Fourth 'New Institutionalism'," *European Political Science Review*, 2(1), pp. 1–25.

［第Ⅱ部］

主要国の
FTA・TPP政策

第3章

日　本
安全保障の期待と社会不安

大矢根 聡

1 日本の FTA 政策の特徴

● **政策の推進と遅れ**

　日本の自由貿易協定（FTA）・環太平洋経済連携（TPP）政策の特徴は，第1に，1998年末の政策転換の後，一貫して進展している点にある。しかし第2に，政策決定・交渉にしばしば遅滞が生じている点も，また特徴的である。すなわち，日本は従来，関税と貿易に関する一般協定（GATT）・世界貿易機関（WTO）一辺倒であったが，小渕恵三政権のもとで，それと並行してFTAを進める方針に転じた。その後のすべての政権は，FTAの推進に高い優先順位を置いている。それを反映して，日本は多数の国々とFTA協定を着実に締結してきた。また日本は，その延長線上で広域FTAの構想として東アジア包括的経済連携（CEPEA）を提起し，2013年7月にはTPP交渉に参加して，交渉の牽引役を演じる場面もあった。しかし同時に，個々のFTA交渉や交渉開始の決定には，停滞も散見される。

　本書の序章において，アジア太平洋地域のFTA・TPPは4つの局面で推移したと述べた。① 1990年代末からのFTAの採用，② 2000年代前半からのFTAの推進，③ 2000年代半ばからの広域FTAの構想，④ 2010年頃からの広域FTA交渉の進展である。日本は，これらの各局面を画する動きを先導したが，部分的な停滞も各局面で見られた。

第Ⅱ部　主要国のFTA・TPP政策

　すなわち日本は，①FTA政策への転換を，東アジアで最初に実施したものの，ヨーロッパやアメリカに比べると十数年遅れていた。②FTAの推進局面においても，韓国やメキシコ，タイ，オーストラリアなどとの交渉が一時停滞した。また，東南アジア諸国連合（ASEAN）とのFTA交渉の提案において中国に遅れをとり，日本国内でも懸念や批判を被った。③広域FTA構想の局面でも，日本がCEPEAを提起したのは，中国の東アジア自由貿易協定（EAFTA）提案の約3年後であった。④広域FTAのTPP交渉に参加したのも，交渉の開始から約3年のちであった。

　このFTAの積極的推進と部分的遅滞という，一見矛盾した現象は，なぜ生まれたのだろうか。その背景において，経済的利益とともに，本書の着目する安全保障と社会保障はどのように作用していたのだろうか。

● 経済的利益／利益集団政治の観点

　多くの研究は，日本のFTA政策を経済的利益に基づく利益集団政治の観点から説明してきた。単純化するなら，一方では日本経済団体連合会（経団連）を中核として，大手企業やその団体が貿易拡大による経済的利益を望み，自民党・民主党議員や経済産業省（経産省）などに働きかけた。他方では，全国農業協同組合中央会（JA全中）を典型とする農業団体が，農産物の輸入拡大による経済的不利益を懸念し，自民党農林族議員や農林水産省に陳情を重ねた。この両者の対立の構図において，FTA政策を説明したのである。これは，第1章で言及した，産業セクター間対立の説に合致していよう。また，利益集団と政治家，官庁が部門ごとに緊密な関係を築き，それが系列化しているとする，サブ・ガバメントの議論とも整合的である。

　本章の指摘するFTAの全般的推進と部分的遅滞も，この観点から説明できそうである。FTAの推進は産業界の動きを反映し，部分的遅滞は，農業の動きに呼応したものと考えられる。しかし，この解釈には矛盾もある。

　第1に，産業界の経済的利益と政府の政策は，常に合致していたわけではない。例えば，1990年代末から2000年代初めまで，産業界のFTAに対する関心は限定的で，広がりを欠いていた。また，あとで言及するように，日本経団連は中国との経済関係を重視していたが，政府は対中警戒感を強めつつあった。

第3章 日　本

　第2に，農業団体は政治的影響力を相対的に低めており，産業団体に対抗するほどの力があったのかどうか，疑問が残る。農業人口は減少傾向にあり，農業協同組合の数も低下していた[1]。また農林族も，有力議員が引退し，選挙制度が変化して当選の可能性を相対的に低めていたのである。しかも，2001年に首相に就任した小泉純一郎は，派閥や族議員の存在に厳しい態度を示していた。また元来，農林族議員は一枚岩ではなく，国内農業を優先する民族派と，国際競争を止むをえないとする国際派に分かれていた（草野 1983）。

　第3に，産業団体と農業団体の対立が繰り返し激化したのであれば，FTAが高度に政治問題化しても不思議ではなかったが，そうはならなかった。TPP交渉参加が争点になるまで，政治問題化の程度は限られていたのである。

　そうだとすれば，産業団体と農業団体の対立という構図のみでは，日本の政策展開は十分に説明できないのではないだろうか。FTA推進に向けて政府を後押しした要因が別にあり，また農業保護に向けて，政府にブレーキをかけた要因が別にあるのだろうか。

　以下では，日本のFTA・TPP政策の展開を，先に述べた4局面に分けて概観し，その要因を分析する。その際，最後のTPP交渉参加をめぐっては，特に政治問題化が進み，実に多様な言説が飛び交ったため，決定的な要因を明確化するのが難しい。そこで，そうした言説を集約的に刻印している場として，国会審議を検討してみる。

2　GATT・WTOからFTAへ

静かな転換の試み

　1998年末までの日本は，FTAを貿易政策の選択肢として検討しなかった。GATT・WTOを最優先し，FTAを含む地域的取り決めがヨーロッパやアメリカで進んでも，日本政府はそれを保護貿易主義の表れだとして批判するだけであった（例えば，外務省 1998: 88。通商産業省 1998: 322）。日本産業が欧米市場に製品を輸出する際，FTAが障壁となって経済的利益を阻害する点，また欧米との経済摩擦が激化する中で，自由貿易主義の理念を強調して対日貿易規制に抵抗していた点を，主な要因としていた（大矢根 2012: 202）。もっとも，北

第Ⅱ部　主要国のFTA・TPP政策

米自由貿易協定（NAFTA）が成立し，日本企業がカナダやメキシコの現地工場を利用して北米へと輸出するのが難しくなった際には，政府内で日本・カナダFTAを検討したことがあった。しかし，これは実現しなかった（オーラル・ヒストリー　2007: 215-216）。

● 少数の官僚のイニシアティブ

　FTA採用へと動いたのは，通商産業省（通産省。のちの経産省）通商政策局を中心とする，比較的少数の官僚であった。彼らは，FTAによって経済的利益が拡大する点と，FTAがGATT・WTOを阻害するのではなく補完しうる点を，重視していた（大矢根　2012: 205-207）。彼らがそれらと同様に重視したのは，第1に，日本の規制緩和や民営化などの構造改革であった（大矢根　2012: 203）。

　バブル崩壊後，日本経済が低迷し続け，しかも少子高齢化が顕著になる中で，構造改革は重要性を増していた。少子高齢化が今後の労働力や財政，福祉などを収縮させると考えられていた点において，構造改革は（本書の目する）社会保障としての側面をもっていた。推進派の官僚は，欧米諸国が構造改革を進め，それと連動させるようにFTAを推進した点に注目していた（経済産業省産業構造審議会・新成長政策部会　2001; 経済産業省　2002）[2]。しかも当時，日本経済の構造改革が低迷し，好対照をなすかのように中国が経済的に台頭していたため，海外の報道にも日本の改革に対する失望と中国への期待が現れていた。[3]

　第2に，推進派の官僚が掲げたのは，日本の安全保障上の意義であった。彼らは，FTAの「政治的効果」として「政治同盟としての本質」を掲げ，「対中国牽制勢力」として韓国やASEANとFTAを結ぶ必要性を指摘したのである（大矢根　2012: 205-206）。もっとも，この点を明示した例は通産省の内部資料しか見当たらず，省内合意のためのレトリックなのか，内部の議論であるがゆえに本来の意図を反映しているのか，定かではない。[4]

　このように，通産省で担当官僚がFTAの採用を推進し，それが省内で合意された背景には，広義の社会保障（構造改革）と安全保障の考慮が存在していたのである。すなわち日本のFTAは，当初から経済的利益の獲得手段以上の措置であった。そうだとしても，貿易政策の転換は容易でなかった。日本政府

内ではGATT・WTO支持が堅固であり，また農産物の貿易自由化を恐れる声が浮上しかねなかったためである。

● 政治問題化の回避

そこで通産省の推進派官僚は次のような方法をとった。第1に，FTAについて他の省庁の官僚や社会に慎重に情報を流し，反応を観測した。まずはFTAの意義を『通商白書』に記すこととし，事前の調整過程で他の関係官庁に伝え，一定の支持を得た（通商産業省 1999: 293）。白書刊行後のメディアや産業界の反応も，否定的ではなかった。

第2に，同様の政策転換を図ろうとする韓国政府と連携した。1998年10月，金大中（キム・デジュン）大統領が訪日し，今後の日韓経済関係の強化を進める方針を示した際，FTAを含めて調査・検討することにしたのである。この調査・検討は，日本貿易振興会アジア経済研究所と韓国の対外経済政策研究院による共同研究に結実した。その報告書は，FTAの可能性を示し，経済的な相互利益を確認するものとなった（21世紀日韓経済関係研究会 2000）。

とはいえ，FTAは農産物の貿易自由化を伴うため，その点での抵抗が懸念された。第3に，これについては駐日シンガポール大使館が支援した。シンガポールは，構造改革に力を注いで高い国際競争力を達成しており，その動向は日本の構造改革の追い風になりえた。同大使館は日本政府内の動きを察知し，また本国政府もFTA政策の採用を模索していた。そこで駐日シンガポール大使館は，自国の農業生産がわずかであり，同国とのFTAでは農産物自由化が障害にならないことを自民党議員などに伝えたのである。

こうしてシンガポール政府は，日本に対してFTA締結を要請し，1999年12月，日本とシンガポールの首相がFTAの共同調査に合意した。この共同調査によって，相互の経済的利益を確認し，2001年1月，両国政府は交渉に踏み出したのである。交渉開始にあたって，通産省や外務省は経団連に打診し，日本産業にとっての利益について情報提供を求めた。この時点の経団連は，政府に圧力をかけたのではなく，受動的に対応したのである（大矢根 2012: 209）。

3 FTA の推進

農業・労働移入への対応

　その後の日本政府は，FTA の推進を掲げ続けた。それは，小泉純一郎政権から第 1 次安倍晋三政権，福田康夫政権，麻生太郎政権，そして民主党政権に移行して，鳩山由紀夫政権と菅直人政権，野田佳彦政権，その後の第 2 次安倍政権へと推移しても，変わることはなかった。

　FTA をシンガポール以外の国々とも締結するとなると，農産物自由化を避けるのは難しかった。日本政府は，2001 年 6 月からメキシコ，04 年 2 月からタイとの FTA 交渉に着手したが，これらの国は農産物を主要輸出品目としていた。例えばメキシコは，日本に対して豚肉や牛肉，鶏肉，オレンジ，オレンジ果汁などの貿易自由化を要求した。このような局面においても，FTA 交渉が進展し続け，時に停滞もした背景では，どのような要因が作用していたのだろうか。

● **産業界の積極姿勢と農業の抵抗自制**

　第 1 に，産業界が FTA による経済的利益を確認し，中心的な推進勢力となった。特に経団連は FTA 推進を繰り返し提言し，また日本の取り組みの遅れに警鐘を鳴らした。FTA の交渉前には，日本と交渉相手国の産業団体や研究機関が FTA による得失を調査，検討するのが一般的であった。対メキシコ FTA については，日墨産官学共同研究会を設立して，2001 年 9 月から検討を始めた。同時に経団連では，メキシコとの FTA を締結しなければ，その損失が 4000 億円に上ると主張した。もっとも，経団連自身がのちに指摘したように，こうした事前調査は「甘味剤」を交えてしまい，経済的利益を多めに見積もるきらいもあった（日本経済団体連合会　2009: 10）。

　第 2 に，農業自由化をめぐって JA 全中，農林族議員などが抵抗を強めた。交渉の停滞は，やはりそのためであった。日本政府は国内農業の抵抗のため，メキシコ政府の求める牛肉の差額関税制度の修正にも対応しあぐねた。このため，2001 年 6 月にフォックス大統領が訪日したものの，交渉は暗礁に乗り上

げた。同じ理由からタイとの交渉においても，日本政府はコメの貿易自由化に絶対反対の姿勢を崩さなかった。こうした日本政府の姿勢に，タイやASEAN諸国は失望せざるをえなかった（大庭 2003: 177）。

とはいえ，農業団体や農林族議員は，こうした姿勢を自制していったのである。特にメキシコとの交渉が妥結した後，彼らは同意可能な貿易自由化の方針を検討した。このころ，農林族議員は選挙制度の改正や選挙における落選などを通じて，勢力に翳りを見せていた。しかも，小泉首相が2003年11月，メキシコとの交渉に関連して「農業においても構造改革が必要」だと発言し，農林族議員を牽制した。小泉首相は郵政事業の構造改革を進める際，反対者に抵抗勢力というレッテルを貼って正面から対抗しており，農林族議員も同様の攻撃を考慮せざるをえなかった。基本的な経済政策を検討する経済財政諮問会議でも，JA批判が浮上していた。小泉政権は，すでに官邸主導の政策決定を可能にしていた機構改革を活用し，リーダーシップを発揮しつつあったのである（内山 2007; 竹中 2006: 237-247）。

農水省も，省内のEPA（経済連携協定）・FTA本部で対応方針を検討した。その結果は2004年11月，「農林水産分野におけるアジア諸国とのEPA推進——みどりのアジアEPA推進戦略」として発表された[6]。それは，FTAの推進とともに，アジアにおける食糧安全保障や食の安全・安心を確保し，農林漁業・食品産業の共存・共栄を図る方針を掲げていた。すなわち，農産物の貿易自由化にある程度まで応じつつ，その対日要求を抑制するための補塡策として，技術協力や経済支援を実施する構想であった。それはタイとのFTA交渉で試された。農水省はコメの貿易自由化を拒否したが，鶏肉や砂糖などの関税削減には応じ，各種の協力措置を提起したのである（青木 2006: 387-388）。

JAも当初の自由化反対姿勢を変更し，民間主体の農業団体間協力を通じて貿易自由化の代替策を提供した。また，JA全中の会長が訪タイしてタクシン首相に面会し，貿易自由化の困難を説明し，他方で日・タイ農協協力と振興支援の意向を伝えたのである。

こうして農産物の貿易自由化が実現したものの，そこには限界があった。FTAによる貿易自由化率は対メキシコFTAが86％，対フィリピンFTAが88％にとどまり，アメリカやオーストラリアなどの達成した95％以上の貿易

自由化率には程遠かったのである（内閣官房 2011；本間 2010: 245-250）。

　そうだとしても，この局面では産業の経済的利益が前面に出るとともに，農業の不利益を抑えつつ対応する体制が整っていった。産業・農業間の対立の構図は存在するものの，双方の間に一定の相互承認が成立したといえる。

● 日本政府の対外交渉の制度化

　このような過程と並行して，日本政府の交渉体制も整っていった。外務省がFTA・EPA室を設けた2003年のころ，わずかの官僚と企業からの出向者が対応していたに過ぎなかった。しかし，その後，同室は経済連携課に発展して省内有数の人員を抱える規模になり，多数の企業出向者や法曹を擁するまでになった（高橋 2005）。また，外務省と経産省，財務省，農水省など関係省庁間の調整は当初難航したが，次第に円滑化し，また対外要求も定型化し，対外交渉も進展した（渡邊 2007: 29-31）。

　そのような中で，社会保障と安全保障の要素はどうなったのか。まず，前者に関連する構造改革は，当初の推進派官僚の企図をよそに薄れていった。それでも，少子高齢化による労働不足について，外国人労働力の導入が検討された。しかし，本格的導入には多様なリスクやコストが考えられ，1999年8月，政府は「第9次雇用対策基本計画」において専門的・技術的分野に限って導入する方針にとどめた。

　その延長線上で，2004年12月，経済連携促進関係閣僚会議がFTAの基本方針として専門的・技術的労働者の受け入れを決めた（渡邊 2007: 103）。それがタイやフィリピンとのFTAにおいて，日本初の看護師・介護福祉士候補者の受け入れに結実した。在留資格上の「特定活動」に基づいて，看護師・介護福祉士の国家試験に合格するまで最大3年の就労を可能とし，合格後は在留期間を更新できるものとしたのである。とはいえ，その後，日本語による受験の困難さをはじめとして，多くの問題が浮上している。

　安全保障の要素は，表面的には認められない。ただしFTAの政治的効果については，外務省が2002年10月に方針を明示した（外務省経済局 2002）。すなわち，FTAによる経済交流は政治問題を抑制し，対外的な信頼関係を醸成して，ひいては日本外交の影響力を拡大するとしたのである。また，FTAを通

じて日本主導で地域秩序を整備する可能性も指摘した。その背景では，中国の台頭が意識されていたと考えられる[7]。

以上のように，FTA 推進の局面では，ペッカネンやソリスらの研究が指摘したように，産業界が FTA の経済的利益に関心を強め，積極的姿勢をとった。特にメキシコとの FTA では，自動車・エレクトロニクス産業などが推進役となった（Pekkannen 2005; Solis and Katada 2007）。しかし，日本の FTA 政策はその反映であるだけでなく，農業の抵抗とその自制，政府の政策とその交渉体制の整備の表れでもあった。

4　広域 FTA 構想

対中対応方式の摸索

FTA 政策が定着する中で，2000 年代半ばに広域 FTA の構想が浮上した。その契機は，東アジア・サミット（EAS）の東アジア・ビジョン・グループ（EAVG）における広域 FTA の検討にあった。その直後の中国による東アジア自由貿易協定（EAFTA）の提案は，日本に大きなインパクトを与えた。

広域 FTA を検討する中で，推進中の 2 国間 FTA を相応の時期に広域化する点や，それが「スパゲティ・ボウル問題」の緩和に資する点は，当然視されていた。同時に，FTA を広域化すれば，それが外交・安全保障上の含意を色濃くもつ点が，特に外務省に意識されていた。外務省では，台頭する中国の EAFTA 提案と同一平面上で正面から対峙するのではなく，より安定的で適応力の高い地域制度をデザインする「知的な貢献」を摸索したという。それは，自由や民主主義の理念を掲げ，広域 FTA のメンバーにオーストラリアやニュージーランドなどの自由民主主義諸国を加える構想に結実した（田中 2009: 164; 田中・田原 2005: 185）。アメリカの関与を実現する方法も検討したものの，他の各国とアメリカ自体の同意が得られなかった。CEPEA 提案は，こうした考慮を反映している。

したがって，CEPEA は，産業界の経済的利益を直に投影した構想ではなかった。実際，経団連は TPP 交渉が本格化した 2010 年頃まで，むしろ中国との経済関係を重視し，対中貿易の拡大を志向していたのである[8]。また，経団連

は対米関係について，アメリカが 2008 年に TPP を提起した後も 2010 年頃まで，TPP 参加ではなく日米 FTA を模索していた。しかも，産業界の期待は特定の広域 FTA に収斂しておらず，さまざまであった。産業や企業ごとに，構築しているサプライ・チェーン（供給連鎖）の形態も，貿易上重視する国も異なっていたからである。

他方で，社会保障に関連する要素は，広域 FTA の構想に直接は見出せない。構造改革の議論も，広域 FTA には反映していない。この頃，少子高齢化や社会福祉の収縮，また雇用や年金の動揺が社会問題化し，社会不安を喚起したものの，広域 FTA の議論に結び付かなかった。

その後，CEPEA は EAFTA と調整し，ASEAN 主導の東アジア地域包括的経済連携（RCEP）に転化した。RCEP について，ASEAN は発展途上国に関する「特別かつ異なる待遇」を考慮し，貿易自由化などに関する柔軟措置を導入し，また技術協力や能力開発の規定を盛り込む方針を示した（ASEAN 2011）。しかし，日本などの先進国を想定した，社会保障に関連する要素は見当たらない。

5　TPP 交渉参加

政治問題化と言説政治

広域 FTA 構想の中では，TPP が最も早く交渉に移行した。しかし日本では，交渉参加の決定が難航し，その過程で政治状況は劇的に変わった。大きな政治問題と化し，これまでにないほど世論の関心が高まり，政治家の関与も大幅に強まったのである。同時に，政治家も世論も賛成派と反対派に大きく割れ，双方が多様な言説を繰り広げた。賛成派の「国を開く」「第三の開国」「興国」，反対派を揶揄した「TPP おばけ」，反対派の「亡国」「関税自主権の喪失」「アメリカの陰謀」など，いささか大げさで煽情的な言説が目立った。これほどの政治問題化と言説は，日本の経済外交ではあまり例がない。

● 民主党政権による検討

TPP は 2008 年 9 月，アメリカの G. W. ブッシュ政権が推進し始めた。日本

では 2009 年 9 月に民主党が政権に就き，鳩山由紀夫内閣下で関係省庁が TPP を検討した。この頃，まだ TPP という言葉自体が，一般にはあまり知られていない状況だったという[10]。しかし 2010 年 10 月，菅直人首相が所信表明演説で TPP 交渉への参加を検討する方針を示すと，急速に政治問題化し，広範な関心を引き起こした。

その一因は，日本社会で関心が広まったものの，民主党議員が政策決定に関与する会地が限られ，その不満が表面化した点にあった。民主党は政策決定の政治主導，脱官僚化を掲げ，首相のもとに国家戦略室を設けて重要な政策の基本方針を決定した。また，各省庁の議題設定や省庁間調整は政務三役（大臣と副大臣，政務官）が実施し，複数の官庁にまたがる案件は，プロジェクト・チームを設けて検討した。

TPP 交渉への参加は，APEC（アジア太平洋経済協力）・EPA・FTA 対応検討プロジェクト・チームで検討した。それに十分に関与できない議員が勉強会や議員連盟をつくり，政権に圧力をかけたのである。反対派の勉強会は 114 人もの集団となり，そこには鳩山前首相や小沢一郎，山田正彦前農林水産相なども名を連ねた。この結果，プロジェクト・チームでも反対論が拡大し，菅首相は結局，情報収集を進めつつ対応し，農業対策をはじめとする環境整備を進める方針を決め，実質的に先送りした。

菅首相の後を継いだ野田佳彦首相も，2011 年 9 月に TPP 参加について早期の結論を出す意向を示した。野田首相は政策決定体制を修正し，官僚の関与を増やすとともに，首相と官房長官，党三役（幹事長，政策調査会長，国会対策委員長），幹事長代行による政府・民主党三役会議で政策を決定することとし，民主党議員の関与も拡大した。TPP 参加はプロジェクト・チームで検討したが，やはり党内の意見は二分し，JA 全中は反対派を後押しした。プロジェクト・チームの結論は賛否の両論併記となり，野田首相は TPP 交渉参加に向けて，関係国と協議に入る方針を決めるにとどまった。

● 自民党・安倍政権による決定

TPP 交渉に参加する決定は，政権に復帰した自民党の第 2 次安倍晋三政権のもとで下された。2012 年 12 月の衆議院議員選挙で自民党が大勝したが，こ

の選挙において自民党は，TPP 交渉が「例外なき関税撤廃」を前提とする限り参加しない，とする公約を掲げた。そのうえで安倍首相は，2013 年 2 月に日米首脳会談を行い，TPP 交渉参加と同時に関税撤廃を約束させられない点について，オバマ大統領から確認を得た。TPP が関税撤廃を原則に掲げつつも例外がありうることは，交渉参加国の政府は当然視していたが，その公式の確認は，日本国内の反対派を懐柔する点で重要であった。

また，自民党は 2013 年 7 月の参議院議員選挙において，TPP 交渉で譲歩しない「聖域」として，米や麦，牛肉・豚肉，乳製品，砂糖など甘味資源作物の「重要 5 品目」を公約した。この選挙の直後に，日本政府は TPP 交渉への参加を決定したのである。安倍政権は官邸主導で政策を決定し，交渉も関係省庁の調整ではなく，甘利明 TPP 担当相を交渉代表とし，100 名以上のスタッフを関係省庁から集めて進めた。

交渉参加は，マレーシアのコタキナバルで実現した。日本は，参加の遅れを取り戻すために積極的な姿勢をとり，また当初は，対米連携を図るとともに，先進国・発展途上国間の橋渡しを試みた。しかし，農産物関税の引き下げには慎重に対応し，関税削減案をなかなか提示しなかった。このため，日米間の交渉は特に農産物関税をめぐって難航し，合衆国通商代表部（USTR）が安倍政権の政治判断を求めるに及んだ。

2014 年に入って交渉は本格化し，同年 4 月にオバマ大統領が訪日して日米首脳会談に臨んで，日米交渉の妥結をめざした。しかし日米共同声明は，「前進する道筋を特定した」と抽象的に表現するにとどまった。安倍政権は，アメリカによる譲歩の要求に応じず，むしろオーストラリアとの FTA の締結を急いだ。アメリカに揺さぶりをかけ，譲歩を得ようとしたのである。このような中で，アメリカやニュージーランドでは，日本を TPP 交渉から外して合意をめざす声さえ浮上した。

この一連の動きにおいて，日本ではさまざまな主張が表出し，全体的な議論の構図が摑みにくい。そのため，ここでは国会における審議を手がかりにする[11]（以下では，衆参両院の本会議・各委員会の議事録に基づいて，アメリカが TPP 参加を表明した 2008 年 1 月から 14 年 12 月末までの各議員の発言件数と支持・反対の論拠を集計した。発言件数は論拠ベースであり，一度の発言の中で異なる支持・反対の根拠を

2件主張していれば，2件と勘定している[12]）。

なお，TPPに関する言説は2008年からみられるが，議論が本格化したのは民主党政権下の10年10月からであり，それまではほとんど議論されていない。また2012年12月26日，民主党政権から自民党政権に移行した。したがって，政権交代以前の約3年間と（2008年から民主党政権期〈2009年9月16日-12年12月26日〉），それ以降の自民党政権の2年間（2012年12月26日-14年12月末）に区分し，各言説の推移を比較した。

● TPP支持の言説──安全保障と経済成長

国会議員がTPPに言及した発言は，2008年1月から14年12月末までに1261件を数え，関心の高さを示唆している。支持の言説は，反対の936件に対して325件であり，全体の約25%にとどまる。

その内容は，**表3-1**の通りである。最も多い言説は，TPPがアジア太平洋の「地域ルールづくり」を意味するとし，それに参加，ひいては主導する意義を指摘するものである。この言説は安倍政権のもとで拡大しており，民主党政権の3年間で20件だったのに対して，自民党の安倍政権の2年間で80件に増え4倍になっている。その多くは自民党議員，もしくは政府担当閣僚の発言である。

地域ルールとして，自由貿易や知的財産権の法制度など，日本に経済的利益をもたらす環境整備に資する点とともに，外交・安全保障上の含意が頻繁に指摘されている。中国に対する牽制を明示した発言は少ないが，言外にそれを意識していることがうかがえる。安倍首相自身も，「日本が同盟国の米国とともにルールづくり，枠組みづくりをしていくことは，間違いなく日本の国益になると同時に，地域の平和と安定にも資することになっていくんだろう，こう確信をしております」（衆議院予算委員会，2013年3月18日）と繰り返し発言し，安全保障上の意義を指摘している。

その意味では，第5位の「対米関係の強化」，第7位の「地域的安全保障に有益」，少数ではあるが「中国の地域ルールへの取り込み」といった言説とも共通する。これらは，より直截的に安全保障上の関心を示している。こうした言説も，自民党政権になると件数が増大している。TPPによる対米関係の強

第Ⅱ部　主要国の FTA・TPP 政策

表 3-1　TPP 支持の言説（根拠）

TPP 支持の言説	総件数	民主党政権期の 3 年間	自民党政権期の 2 年間
地域ルールづくり	100	20	80（36→44）
経済成長・活性化	63	9	54（10→44）
自由貿易の推進	51	20	31（18→13）
FTAAP を構築	18	12	6（3→3）
対米関係の強化	15	6	9（1→8）
TPP に貿易相手国	10	7	3（0→3）
地域的安全保障に有益	9	0	9（5→4）
中国の地域ルールへの取込み	3	0	3（3→0）
総数（その他を含む）	325	111	214（86→128）

［注］　民主党の政権担当期は，2009 年 9 月-12 年 12 月。しかしここには，2008 年からのごく少数の言説も含めている。自民党の政権担当期としては，2012 年 12 月-14 年 12 月までの言説を掲載している。なお，比較のために 2012 年 12 月-13 年 12 月と，交渉が本格化した 2013 年 12 月-14 年 12 月を区分して，矢印で変化を記している。
［出所］　筆者作成。

化は，アメリカ政府が安全保障上のリバランス戦略を推進し，TPP をそれに関連した要素に位置づけているため（第 4 章参照），対中牽制につなげようという期待の表れであろう。

「地域ルールづくり」に続く論拠は，第 2 位の「経済成長・活性化」と第 3 位の「自由貿易の推進」である。ともに日本の経済的利益を示している。日本経済は産業競争力の相対的低下や少子高齢化などの難問に直面しており，TPP をその経済再建策に位置づけている。より具体的には，多くの議員が次のような言説を用いている。「アジア太平洋市場を日本に取り込む」「日本は貿易立国であるが貿易自由化で遅れている」「経済連携が日本の道であり，農業も海外市場で競争していくべきだ」などである。

「経済成長・活性化」は，民主党政権や安倍政権初期には顕著ではなかったが，2014 年に大きく増大している。自民党や維新の党の議員，政府の担当閣僚がアベノミクスの成長戦略と結び付けて発言したのである（馬田 2014: 12-13）。アベノミクスは「経済財政運営と改革の基本指針」として 2013 年 6 月

第3章　日　本

14日に閣議決定されたが，TPPとの関係を強調したのは，その約半年後であった。安倍首相自身も，次のように発言している。「アジア太平洋地域の成長を日本に取り込む潜在力を持つTPPは，成長戦略の主要な柱の一つであります」(2014年10月1日，参議院本会議)。

「自由貿易の推進」は，本来TPPの主眼であるはずだが，第3位に甘んじている。これは，自由貿易をそれ自体としては推進できなくなっている状況を示唆していると考えられる[13]。また，TPPが「アジア太平洋自由貿易圏 (FTAAP) 構築」に必要だとする言説も減少している。TPP交渉が難航する中で，それをAPEC構成メンバーのすべてに拡大する構想は，実現を展望しにくくなったのだろうか。

このように，TPP支持の言説は日本経済の成長・活性化，自由貿易の推進などとして，確かに経済的利益を示している。しかし，より特徴的なのは，安全保障や外交というTPPの副次的効果を特に重視している点であろう。中国の台頭を視野に入れて，日本を含むアジア太平洋地域の安定化を志向し，対中牽制を重視しているのである。

また，安全保障・外交にせよ経済にせよ，「エゴセントリック（個人優先的）」な利益の考慮よりも，日本の全般的・包括的な社会的効用を念頭に置いて，「ソシオトロピック（社会志向的）」な言説が多用されている。日本経済の成長・活性化についても，特定産業・地域の利益を指摘する議論はほとんどみられず，日本経済全体を想定した効用が議論になっている。政治家に想定されがちな，あからさまな利益誘導や利益代弁の言説は観察されない。

● **TPP反対の言説——農業と社会の不安，アメリカの影**

TPP反対をめぐる言説についても，同様にみていこう。**表3-2**が調査の結果である。反対の言説は支持の3倍に近く，各種の世論調査に比べて，国会では反対論の比重が高いようである。

反対論は，「農業の打撃」を最大の論拠にしている。その件数は，メディアにおける農業の議論に比べても突出している。農林族議員や地方に支持基盤をもつ政治家は，政治的影響力と農業利益の媒介機能を相対的に低下していると考えられるが，国会論議において，その存在感はなお大きい。安倍政権は交渉

第Ⅱ部　主要国のFTA・TPP政策

表3-2　TPP反対の言説（根拠）

TPP反対の言説	総件数	民主党政権期の3年間	自民党政権期の2年間
農業の打撃	87	58	29 (13→16)
アメリカ利益	85	30	55 (16→39)
国民への説明不足	64	44	20 (0→20)
食糧安全保障	53	43	10 (3→7)
食の安全の侵害	43	18	25 (22→3)
TPPの情報不足	42	15	27 (6→21)
雇用減少・賃金低下	36	19	17 (9→8)
「聖域」保護の困難	35	0	35 (10→25)
議論の不足	30	25	5 (0→5)
アジア外交に問題	20	18	2 (2→0)
投資のISDA条項	18	3	15 (5→10)
医療保険(制度)の動揺	17	12	5 (3→2)
震災対策を優先	15	13	2 (2→0)
デフレ促進	14	9	5 (0→5)
総数（その他を含む）	936	578	358 (175→183)

［注］　民主党の政権担当期は，2009年9月-12年12月。しかしここには，2008年からのごく少数の言説も含めている。自民党の政権担当期としては，2012年12月-14年12月までの言説を掲載している。なお，比較のために2012年12月-13年12月と，交渉が本格化した2013年12月-14年12月を区分して，矢印で変化を記している。
［出所］　筆者作成。

を官邸主導で進め，同じく官邸主導でJA改革も進め，JAの抵抗を難しくしたと考えられるが，それは国会における言説の状況には確認できない。「『聖域』保護の困難」という論拠も，同じく農業保護の範疇に含まれよう。

「農業の打撃」の言説は，安倍政権誕生後は大きく減少している。しかし，「『聖域』保護の困難」の言説は2014年に増大しており，交渉が最終局面に入り，農業市場の開放を強いられる事態を予期して発言が拡大したものと考えられる。

世論調査によると，都心よりも地方，また地方でも特に北海道でTPP反対が顕著であり，地域偏差が認められる。また地方在住者は，農業従事者でなく

ともTPPに反対する傾向が強い（『十勝毎日新聞』2013年4月13日。伊藤ほか2014）。それは，直接的な農業の打撃だけでなく，それによる地方経済の衰退や農家の困難への共感など，広範な社会不安を背景にしている可能性がある。実際，国会審議における「農業の打撃」の言説は，農水族議員に限らず，地方出身議員に幅広くみられる。

「食糧安全保障」や「食の安全の侵害」という言説も上位にあるが，これらも農業と関連していよう。同時にこれらは社会不安をも反映している。ただし，「食糧安全保障」の言説は安倍政権期に入って減少しており，「食の安全の侵害」言説は安倍政権の1年目に増加したが，2014年には大きく減少している。とはいえ，日本政府がTPP交渉において，食の安全に関する情報交換措置を盛り込む提案をしたが，それが反映したとは考えにくい。TPP交渉の情報が報道を通じて知られるようになるにつれ，食品添加物の基準などが形骸化する懸念が低下したとも考えられる。

社会不安に関連して，「雇用減少・賃金低下」「医療保険（制度）の動揺」「デフレ促進」などの言説も散見される。これらも自民党の政権復帰後に減少しているものの，一定数の発言はなお続いている。こうした多様な社会不安は，TPPが関税の完全撤廃や「21世紀型」自由化といった，高度な貿易自由化を掲げていたため，幅広い不安を喚起した可能性が高い。

それ以外に顕著なのは，「TPPの情報不足」「議論の不足」を問う言説である。これらは民主党政権期に多数あったが，自民党の政権復帰後は減少している。政府がある程度，情報提供を進めたこともあるだろうが，TPP交渉の進展とともにメディアが交渉の模様を伝えたためだと思われる。もっとも，TPP交渉では中核的な情報が開示されないため，2014年に入って交渉の妥結と日本の譲歩が予想されるようになると，説明不足を問う言説はむしろ増加した[14]。このような情報の不足が，先に述べたように社会不安を助長した可能性もある。

外交・安全保障面では，TPP支持の言説が反対論に逆転している。TPPを「アメリカの利益」の拡大手段，ひいては「陰謀」だとする言説が意外なほど有力で，2位を占めているのである。これは古いロジックではあるものの，根強く存在感を誇っている。この言説は，2014年には前年の倍以上に伸びてお

り，目を引く。交渉が最終局面に入り，アメリカの要求の強さに政治家が反応したのだろうか。また，TPP が高度な貿易自由化を掲げていたため，それがアメリカ流のグローバリゼーションの適用であるように受けとめられ，アメリカもしくはアメリカ産業界の利益や陰謀の表れだという印象につながったと思われる。

対米関係と対応する「アジア外交に問題」とする言説は，自民党の政権復帰後，劇的に減少している。

このように，TPP の反対論は「農業の打撃」という言説を軸にしながらも，社会不安にかかわる言説を多用している点に特徴をもっている。その社会不安は，説明や情報の不足によって拡大している。他方で外交・安全保障に関しては，アメリカの陰謀さえ指摘する，いささか過激な言説が意外に顕著であった。また，ここでも TPP 支持の場合と同じく，交渉参加に伴う個別的な不利益を訴えた「エゴセントリック」な言説にもまして，日本社会の全般的状況にかかわる「ソシオトロピック」な不安が確認できる。もちろん，「農業の打撃」という言説は農業従事者の個別的不利益という側面をもっているが，より広範な社会不安を意識していた可能性がある。

国会論議では，経済的利益・不利益を軸にしながらも，支持派はそれに伴う安全保障上の対中牽制に期待していた。また反対派は，安全保障上の作用以上に国内社会の動揺や変化を憂慮していた。すなわち TPP 論議は，従来のように一方の産業・都市消費者と他方の地方・農業従事者の利害対立ではなかった。消費者も食と職が脅かされる事態を心配し，地方の農村における不安感と共鳴しているのである。TPP 支持・対立の論拠は大きく食い違っており，対立は根深い。

6 自由貿易主義の相対化

本章では，日本の FTA・TPP 政策・交渉が進展しつつも，部分的に停滞している点に着目し，その要因を検討した。貿易拡大による産業の経済的利益と，輸入拡大による農業の不利益は重要な要因だったが，それだけではなかった。中国の台頭を主な契機として，安全保障上の対米関係強化や地域ルールづくり

の主導などを，重要な要因としている局面が多かった。また，日本経済の相対的弱体化や少子高齢化などを背景にして，社会不安や社会保障の動揺が作用している局面も少なくなかった。特にTPP交渉への参加が政治問題化すると，こうした安全保障と社会保障（構造改革）・社会不安の要因が，日本経済への期待や情報の不足などと交錯しながら，強く作用していた。

　FTA・TPP政策は，当初の「静かな転換」から，政策の定着，高度の政治問題化へと局面を大きく変えながら展開した。それぞれの場面において，一貫して産業の経済的利益と農業の不利益は，政策を規定する要因として主旋律をなしてきた。しかし日本の政策展開は，それに加えて安全保障・社会保障要因を，色濃く反映していたのである。

　このように多様な要因が作用したのは，自由貿易主義の理念や貿易自由化の正当性が，それ自体として広く支持されていない事実を映し出していよう。確かにFTA・TPP政策は追求されたものの，その根幹をなすはずの自由貿易は，むしろ動揺しているのだといえる。自由貿易は今や，それ自体が目的となるのではなく，安全保障の手段や社会保障の間接的措置として追求されている側面がある。

　本章の分析によると，民主党政権から自民党政権に移行する間に，TPP交渉参加をめぐる言説に一定の変化がみられた。ただし，興味深いことに政府，特に首相や外相，経産相などが用いる言説には，意外な共通性も認められる。菅政権は貿易自由化のために国を開く，平成の開国の突破口にする，あるいは世界の潮流に乗り遅れない，といった言説を多用した。しかし，その後の野田政権と安倍政権には，そのような言説はあまり見られない。野田・安倍政権は，むしろアジア太平洋地域の成長力を日本に取り込む，農業再生と両立するように国益に基づいて判断する，などと繰り返したのである。本章で見たように，FTAを導入し推進する過程で，日本政府の対応は制度化していった。政権政党の変化にもかかわらず，政府としての考え方や概念，利害認識も制度化していったのではないだろうか。

第Ⅱ部　主要国のFTA・TPP政策

◀ 注

1) 農業人口は，1970年に1025万人であったのが，80年に697万人，90年に565万人，2000年に389万人に減少し，総合農協の数も1970年に6049件，80年に4528件，92年に3073件，2002年に838件へと減少していた（農林水産省調査）。
2) 大矢根（2012: 203），大矢根（2004: 60・64）。
3) 例えば，"Japan can do more," *International Herald Tribune*, June 16, 1998; "From now on the Leader in East Asia is China, not Japan," *International Herald Tribune*, June 29, 1998.
4) 通商政策局「戦略的通商政策の推進」1998年10月。なお，「政治同盟」を通産官僚が指摘している点は一見違和感があるものの，通産省内には従来から経済外交の政治的側面を重視する向きが存在した。
5) シンガポールのFTA政策の選択については，Rajan, et al.（2001）。
6) EPAは経済連携協定（Economic Partnership Agreements）。FTAと実質的に同義であるが，日本政府は日本・シンガポールFTAの締結以降，EPAの語を使用した。
7) 中国とのFTA締結については，中国のWTO規範の遵守や経済状況を見守る必要性を指摘し，慎重であった（外務省経済局 2002）。
8) アジア政経学会2015年度研究大会における李彦銘氏の報告「東アジア地域統合をめぐる日中のアイディアと規範」を参照（2015年6月14日，立教大学）。
9) 筆者の参加した日本の団体調査（「経済的相互依存と対外経済政策の変容の研究——政府と国内集団の関連についての実証分析」プロジェクト，代表・古城佳子）によると，2010年時点の広域FTAに関する選択は，TPPが27%，EAFTAが19%，CEPEAが19%，FTAAPが23%であった。調査対象は，約900の産業団体，労働団体，消費者団体であった。
10) 参議院予算委員会議事録，2010年11月22日，菅直人の発言。
11) 国会における外交問題の審議については先行研究が少ない。例えば山本（1992）。
12) 国会の審議では与党および野党の質問に対して政権の首相および担当閣僚が返答するが，ここでの件数はそれらすべてを含んでいる。
13) 第4章で見るように，アメリカにおいても自由貿易の支持率が低下している。
14) TPP交渉では，WTOのドーハ・ラウンドが各国国内における反発や非政府組織（NGO）の抵抗などを前に暗礁に乗り上げたのを考慮し，交渉情報を厳格に管理し，情報管理の取り決めを結ばなければ交渉に参加できなくなっている。

◁ 引用・参考文献

青木（岡部）まき 2006「東アジアにおける地域貿易協定の特徴——内容の比較と各国のRTA政策からの検討」平塚大祐編『アジアの挑戦——経済統合・構造改革・制度構築』アジア経済研究所。
井口泰 2001『外国人労働者新時代』筑摩書房。
伊藤萬里・椋寛・冨浦英一・若杉隆平 2014「個人の貿易政策の選好と地域間の異質性——1万人アンケート調査による実証分析」RIETI Discussion Paper Series 14-J-052。
内山融 2007『小泉政権——「パトスの首相」は何を変えたのか』中央公論新社。

第 3 章 日　本

馬田啓一 2014「TPP交渉とアジア太平洋の通商秩序」『国際問題』632号。
大田弘子 2006『経済財政諮問会議の戦い』東洋経済新報社。
大庭三枝 2003「通貨・金融協力とFTAに見る日本の東アジア地域形成戦略」山影進編『東アジア地域主義と日本外交』日本国際問題研究所。
大矢根聡 2004「東アジアFTA：日本の政策転換と地域構想——『政策バンドワゴニング』から『複雑な学習』へ」『国際問題』No. 528。
大矢根聡編 2009『東アジアの国際関係——多国間主義の地平』有信堂高文社。
大矢根聡 2012『国際レジームと日米の外交構想——WTO・APEC・FTAの転換局面』有斐閣。
オーラル・ヒストリー 2007（通産省・経産省歴代審議官・通商政策局長のオーラル・ヒストリー，非公開）
外務省編 1998『外交青書』大蔵省印刷局。
外務省経済局 2002『日本のFTA戦略』。
草野厚 1983『日米オレンジ交渉——経済摩擦をみる新しい視点』日本経済新聞社。
久野新 2011「TPP参加をめぐる有権者の選好形成メカニズム」『KEIO/KYOTO Global COE Discussion Paper Series』DP2011-032。
経済産業省 2002『通商白書』ぎょうせい。
経済産業省 2003『通商白書』ぎょうせい。
経済産業省編 2006『グローバル経済戦略——東アジア経済統合と日本の選択』ぎょうせい。
経済産業省産業構造審議会・新成長政策部会 2001「東アジア経済の現状と我が国との連携・共生のあり方」。
高橋一臣 2005「苦闘のFTA交渉」『日本貿易会月報』No. 632。
竹中治堅 2006『首相支配——日本政治の変貌』中央公論新社。
田中均 2009『外交の力』日本経済新聞出版社。
田中均・田原総一朗 2005『国家と外交』講談社。
通商産業省 1998『通商白書』ぎょうせい。
通商産業省 1999『通商白書』ぎょうせい。
内閣官房 2011「包括的経済連携の現状について」。
21世紀日韓経済関係研究会 2000『21世紀日韓経済関係研究会報告——21世紀の日韓経済関係はいかにあるべきか』日本貿易振興会アジア経済研究所研究企画部。
日本経済団体連合会 2009『東アジア経済統合のあり方に関する考え方——経済連携ネットワークの構築を通じて，東アジアの将来を創造する』。
農林水産省 2004「農林水産分野におけるアジア諸国とのEPA推進について——みどりのアジアEPA推進戦略」。
本間正義 2010『現代日本農業の政策過程』慶應義塾大学出版会。
山本満 1992『不毛の言説——国会答弁のなかの日米関係』ジャパンタイムズ。
渡邊頼純監修，外務省経済局EPA交渉チーム編 2007『解説 FTA・EPA交渉』日本経済評論社。
Aggarwal, Vinod. K and Seungjoo Lee, eds. 2011, *Trade Policy in the Asia-Pacific: The Role of Ideas, Interests, and Domestic Institutions*, Springer.

ASEAN 2011, "ASEAN Framework for Regional Comprehensive Economic Partnership".

ASEAN 2012, "Guiding Principles and Objectives for Negotiating the Regional Comprehensive Economic Partnership".

Pekkanen, Saadia M. 2005, "Bilateralism, Multilateralism, or Regionalism?: Japan's Trade Forum Choices," *Journal of East Asia Studeies*, 5(1), pp. 77-103.

Rajan, Ramkishen S., Rahul Sen and Reza Siregar 2001, *Singapore and Free Trade Agreements: Economic Relations with Japan and the United States*, Institute of Southeast Asian Stuies.

Schaede, Ulrike and William Grimes eds. 2003, *Japan's Managed Globalization: Adapting to the Twenty-First Century*, M. E. Sharpe.

Solís Mireya and Saori N. Katada 2007, "The Japan-Mexico FTA: A Cross-Regional Step in the Path towards Asian Regionalism," *Pacific Affairs*, 80(2), pp. 279-301.

International Herald Tribune, The Economist, U.S. Inside Trade.

第4章

アメリカ

自由貿易への支持低下と党派対立

西山　隆行

1 自由貿易に対する支持の低下

　アメリカのオバマ大統領は，政権発足当初からアジア太平洋地域を重視すると宣言し，環太平洋経済連携（TPP）協定を推進することを政権の重要課題として掲げた[1]。オバマ政権は，アメリカのこれまでの世界戦略を見直し，その重心をアジア太平洋地域に移そうとする，いわゆるリバランス戦略を採用している。TPPは単なる貿易政策というだけではなく，オバマ政権のアジア太平洋戦略，軍事・外交政策の中でも重要な位置づけを与えられている（片田 2015; Parameswaran 2015）。

　にもかかわらず，TPPが合意に達したのは，ようやく2015年になってからであった。これほどまでに時間を要した大きな要因の一つが，アメリカの内政上の混乱にあったことは間違いない。アメリカでは，貿易政策の決定に際して，大統領を中心とする行政部が大きな役割を果たしている。だが，合衆国憲法は，大統領ではなく連邦議会に貿易権限を与えている。そのため，大統領は連邦議会が授権する範囲でしか貿易政策に関する決定を行うことができない。

　これまで連邦議会は行政部に時限立法の形で権限を付与してきた。例えば1974年通商法で，関税および非関税交渉権が大統領に移譲され，2002年には貿易促進権限（TPA）と名称が変更された。これは，議会が政府に貿易交渉の開始および交渉内容に関する報告と協議を義務づけるものの，政府がその義務

を果たした場合，議会は協定に修正を加えることなく，政府の締結した貿易協定の実施法案を迅速に審議して賛否の決定のみを行うものである。だが，TPAは2007年に失効して以降15年6月まで復活せず，これがオバマ政権がTPPを推進するうえで大きな障害となってきた。議会指導部がTPAの付与に積極的になったのは，連邦議会上下両院を共和党が制することになった2014年の中間選挙後のことである。

それに加えて，アメリカの世論が自由貿易に対して懐疑的になっていることも重要である。2014年にピュー・リサーチ・センターが実施した世論調査では，貿易がアメリカにとって良いと回答したのは68％，TPPが良いとしたのは55％に過ぎない（Stokes 2015）。

リカードの比較生産費説が示すように，自由貿易は理論的には国民全体の利益を増大させる政策である（第2章参照）。だが，自由貿易のもたらす恩恵は国民全体に広く分散しており，明確に自覚されることは少ない。そのため，一般国民は実際には自由貿易から恩恵を受ける場合でも，自由貿易の実現に向けて積極的に働きかけようとする誘因は弱くなる。その結果，実際に自由貿易推進のために活動するのは，自由貿易による恩恵を直接的に受けやすい，比較優位をもつ産業の人々に限定されることが多い。[2]

他方，自由貿易から不利益を被る可能性が高い，比較劣位にある産業に従事する人々は，自由貿易に反対の立場をとる。自由貿易に反対することは，一面では，比較劣位にある産業が既得権益の維持を主張し，国民全体の厚生が増大するのを阻害する。とはいえ，自由貿易政策から不利益を被る人々に対する補償政策を採用することは，一般に正当なものとして受け入れられている。

また，自由貿易の結果，労働者の権利が限定されたり，安全や環境に関する基準が低く設定されたりするのではないかと危惧されることも多い。愛国的な観点から自由貿易を批判する論者も存在する。さらには，グローバル化から不利益を被る途上国の人々のイメージは一般に広まっているため，自由貿易は不正義のシンボルになりやすい。

経済学では，自由貿易の結果として比較優位をもつ部門が拡大し，比較劣位にある部門が縮小するという経済構造の再編は，効率化の利益をもたらすとして好意的に評価される。だが，民主政治では，経済学的合理性よりも，有権者

第 4 章　アメリカ

表 4-1　貿易がもたらす恩恵についての認識の調査

	アメリカ	先進国	新興国	途上国
貿易が雇用を創出する	20%	44%	52%	66%
貿易が賃金を増大させる	17%	28%	45%	55%

［出所］"Faith and Skepticism about Trade, Foreign Investment," Pew Research Center, September 16, 2014.

や各種利益集団の意向が尊重されるのが一般的である。また，仮に自由貿易の結果として国民全体の利益が増大するとしても，その利益をどのように分配するかは，政治問題となる。政策転換の結果として不利益を被り，将来の不安をおぼえた人々に対する補償・再分配政策もしばしば要請される。そのような調整コストについて考察することも重要な課題である（ロドリック 2014）。

　アメリカは世界で最も自由貿易が進んだ国の一つだが，**表 4-1** に見られるように，諸外国と比べても，自由貿易が恩恵をもたらすと考える人の割合は低い。自由貿易を推進してきたアメリカで，自由貿易に対する懐疑が強いのはおかしいと考える人もいるかもしれない。たしかに，貿易障壁の撤廃は経済活動に利益をもたらす。だが，貿易の自由度が高まるにつれて，貿易障壁の撤廃によってもたらされる利益は小さくなり，調整コストは相対的に大きくなる。世界で最も自由貿易が進んだアメリカで，更なる貿易の自由化に対して反発が強くなるのは，実は不思議ではない。

　オバマ政権に TPA を付与する法案は 2015 年 6 月に連邦議会の上下両院を通過し，10 月に TPP が大筋合意に達した。

　オバマ政権がレイムダック（死に体）の時期に入った今日，自由貿易を推進する政策が追求されるようになったのはなぜなのか。また，これまで自由貿易推進政策が議会で支持されなかったのはなぜなのか。自由貿易がもたらす利益に対して調整コストが相対的に大きくなり，自由貿易に対する批判が強くなった時代の貿易政策をめぐる政治を理解するうえで，これらの問いを検討することは有益だろう。以下では，アメリカの貿易政策の特徴を簡単に整理したうえで，近年のアメリカの貿易政策をめぐる政治の性格を明らかにしたい。

第Ⅱ部　主要国のFTA・TPP政策

2　アメリカの貿易政策の特徴

● **戦略的考慮**

アメリカの貿易政策には，2つの大きな特徴がある。

第1は，政策上の目的が単に輸出促進などの経済問題に限られず，さまざまな政治的考慮に特徴づけられているということである。どの国でも貿易政策の目的が純粋な経済問題に限定されることはないが，アメリカの場合は，貿易政策が広義の安全保障政策の一環として展開される傾向が特に強い。[3]

レーガン政権は，イスラエル，カナダとの間で自由貿易協定（FTA）を発効させた。続くG. ブッシュ政権は北米自由貿易協定（NAFTA）を締結し，クリントン政権はそれを発効させた。また，クリントン政権はヨルダンとFTAを締結し，キューバを除く南北アメリカ34カ国を対象とする米州自由貿易地域（FTAA），シンガポール，チリとのFTA交渉を開始した。G. W. ブッシュ政権は，クリントン政権が開始した交渉を引き継ぐとともに，オーストラリア，アフリカ，中米，東アジア諸国など58カ国と交渉を開始し，11件のFTAを16カ国と締結した。**表4-2**を見ると，アメリカがFTAを締結した国は経済規模の小さな国も多く，一連のFTAがアメリカの輸出拡大に貢献することのみを目的として締結されたのではないことがわかる。

先にふれたように，連邦議会は貿易交渉に関する権限を大統領に付与する法律を制定するが，TPAには交渉対象国の選定に関する詳細な規定が設けられているわけではない。政府がどのような観点からFTAを締結しているかについては，2004年に発表された会計検査院（現在の政府説明責任局）のレポートの一部で説明されている（U.S. GAO 2004）。

それによれば，貿易分野で中心的役割を果たしている米通商代表部（USTR）は，2002年に4つのFTA交渉対象国を選定した際，13の要因を考慮していた。しかし，その後，FTA交渉対象国の選定基準は6つに収斂している。すなわち，①対象国にFTAを締結する準備が整っているか，②経済的，あるいは貿易上の利益が見込めるか，③広範な貿易自由化戦略に寄与するか，④アメリカの国益に合致するか，⑤アメリカ議会，産業界の支持が得られるか，

第4章　アメリカ

表4-2　アメリカのFTA

FTA			発効・交渉状況
広域FTA	NAFTA	カナダ，メキシコ	1994年 1月発効
	CAFTA-DR	エルサルバドル	2006年 3月発効
		ホンジュラス，ニカラグア	2006年 4月発効
		グアテマラ	2006年 7月発効
		ドミニカ共和国	2007年 3月発効
	TPP	チリ，シンガポール，ニュージーランド，ブルネイ，オーストラリア，ペルー，ベトナム，マレーシア，カナダ，メキシコ，日本	2015年10月 大筋合意
	TIIP	EU	交渉中
2国間FTA		イスラエル	1985年 9月発効
		ヨルダン	2001年12月発効
		チリ	2004年 1月発効
		シンガポール	2004年 1月発効
		オーストラリア	2005年 1月発効
		モロッコ	2006年 1月発効
		バーレーン	2006年 8月発効
		オマーン	2009年 1月発効
		ペルー	2009年 2月発効
		韓国	2012年 3月発効
		コロンビア	2012年 5月発効
		パナマ	2012年10月発効

［出所］　JETROウェブサイトをもとに筆者作成。

⑥アメリカ政府の資源の枠内に収まるかである。もちろん，それらの基準に加えて，大統領の貿易戦略や地域上の特性，議会や民間部門の意向についても考慮されている。なお，2002年まではFTA交渉対象国を選定する構成員は限られていたが，03年には国家安全保障局（NSA）が評価にかかわる集団を拡大し，対象国選定過程についてのガイドラインを設けている（U.S. GAO 2004）。

　アメリカのFTAは，締結相手国の経済改革と民主化を支援することがアメリカの国益に適うという考えにも基づいている。NAFTAを例にとれば，メキシコは債務危機と原油価格急落を受けて急進政権が生まれる危険がある中で，

親米派のサリナス大統領が経済改革と民主化の促進を主張し，アメリカにFTAを提案した。アメリカは，親米政権を支援し，経済改革と民主化を進展させることがアメリカの国益，とりわけ安全保障上の目的に適うと判断し，FTAを締結したのである（滝井 2012：159）。

また，G. W. ブッシュ政権は米州，東南アジア諸国連合（ASEAN），中東など，地域を単位に自由貿易圏を構築することをFTA交渉の出発点とした。例えば，2003年5月にG. W. ブッシュは，将来的に中東・北アフリカ18カ国から成る中東自由貿易地域の創設を目標とする中東地域イニシアティブを発表した。これは，地域内の国々と個別に貿易投資枠組み協定やFTAを締結することを通して，地域全体の自由化を促進する目的をもっていた。FTAを通して穏健なアラブ諸国の経済開発を進め，イスラエル支援を強化するなど，アメリカの外交，安全保障上の考慮が重視されていたのである（Rosen 2004; 滝井 2012：157）。

このように，アメリカの貿易政策には単なる輸出促進策の枠を超えた戦略的位置づけが与えられているのである（USTR 2000; Feinberg 2005: 112）。

● **グローバルな貿易ルールの確立**

第2の特徴は，グローバルな貿易ルールを確立するための手段として，貿易政策を位置づけていることである。

FTAは締結域内での自由化をめざすため，世界貿易機関（WTO）の最恵国待遇ベースの自由化とは異なり，域外を差別する。それゆえ，貿易ルールをグローバルに確立するという政策目的に反する面がある。他方，FTAの締結は他国の参加を促したり他のFTA締結を誘ったりするため，政策拡散，競争的自由化と呼ばれる力学も働く（大矢根 2012：第9章；ソリースほか 2010）。アメリカのFTA戦略に特徴的なのは，FTAをより高度な自由化の実現に向けた手段と位置づける方針が強いことである。

アメリカは，貿易に関する経済関係全般を律する包括的枠組みを構築する意図ももっている。具体的には，投資，政府調達，知的財産権の保護，越境サービス取引，金融サービス，電気通信，労働者の最低賃金の確立など，さまざまな面の水準を向上させようとしている。アメリカのFTAに含まれる項目を整

第4章　アメリカ

表4-3　アメリカのFTAの条文構成

（章の順番と名称）	韓国	オマーン	コロンビア	ペルー	パナマ	バーレーン	CAFTA-DR	モロッコ	オーストラリア	チリ	シンガポール	ヨルダン	NAFTA	イスラエル
1 冒頭規定	○	○	○	○	○	○	○	○	○	○	○	○	○	○
2 物品の市場アクセス	○	○	○	○	○	○	○	○	○	○	○	○	○	○
3 農業	○							○	○				○	○
4 繊維・繊維製品	○		○	○	○	○	○	○			○		○	
5 医薬品・医薬機器	○													
6 原産地規則	○	○	○	○	○	○	○	○	○	○	○	○	○	○
7 通関・貿易円滑化	○	○	○	○	○	○	○	○	○	○	○	○	○	○
8 衛生植物検疫	○	○	○	○	○	○	○	○	○	○	○	○	○	○
9 貿易の技術的障害	○	○	○	○	○	○	○	○	○	○	○	○	○	○
10 貿易救済	○	S	○	○	○	S	○	S	S	○	S	S	○	○
11 投資	○	○	○	○	○	○	○	○	○	○	○		○	
12 越境サービス取引	○	○	○	○	○	○	○	○	○	○	○		○	
13 金融サービス	○		○	○	○	○	○	○		○	○			
14 商用者の一時入国									○	○	○		○	
15 電気通信	○	○	○	○	○	○	○	○	○	○	○			
16 電子商取引	○	○	○	○	○	○	○	○	○	○	○			
17 競争関連事項	○		○	○	○		○	○	○	○	○		○	
18 政府調達	○	○	○	○	○	○	○	○	○	○	○		○	
19 知的財産権	○	○	○	○	○	○	○	○	○	○	○	○	○	○
20 労働	○	○	○	○	○	○	○	○	○	○	○	○	△	
21 環境	○	○	○	○	○	○	○	○	○	○	○	○	△	
22 透明性	○	○	○	○	○	○	○	○	○	○	○	○	○	○
23 紛争解決	○	○	○	○	○	○	○	○	○	○	○	○	○	○
24 例外	○	○	○	○	○	○	○	○	○	○	○	○	○	○
25 最終規定	○	○	○	○	○	○	○	○	○	○	○	○	○	○

［注］　○は章立てされていること，△は本協定外の補完協定で規定されていることを示す。農業と繊維・繊維製品に○のない国は章立てはないが関連規定が物品の市場アクセスに含まれている。貿易救済欄のSは章の名称がセーフガードとなっていることを示す。国は右から協定締結時点順，章の順番は米韓協定に従い商用者の一時入国を加えた。

［出所］　滝井（2012：160）より作成。

理した**表4-3**を見れば，きわめて広範な問題を対象にしていることがわかる（滝井 2012: 160）。

これらの中でも，労働や環境問題については民主党の関心が高い。FTAは，こうした分野の規制強化を目的として追求されている面もあるのである。

アメリカは知的財産権の保護にも力点を置いている。アメリカが主導して，知的所有権の貿易関連の側面に関する協定（TRIPS）がWTOに設けられた。それが発効した1995年1月以降に締結されたFTAには，TRIPS以上の保護規定や罰則が設けられている。中でも，米韓FTAでは知的財産権についてとりわけ厳しく規定されており（長島・林 2008），TPP交渉に際しても，米韓FTA交渉の内容を前提にするようアメリカは主張している。

アメリカのFTAが，相手国の経済状況や経済規模にかかわらず，画一的なルールを盛り込もうとしているのは，グローバルな貿易ルールの確立をめざす意図の表れである。

● **アメリカの貿易政策の現状と政治過程**

アメリカの品目ベースの自由化率は95％と高く，自由化の例外品目は少ない。だが，オーストラリアとのFTAにおけるアメリカの砂糖や乳製品，韓国とのFTAにおける韓国の米など，例外品目を一切認めないわけではない。

実際の政治アクターも自由貿易推進で一致して行動しているわけではない。例えば，オバマ政権期に定められたアメリカ再生再投資法（ARRA）には，バイ・アメリカン条項やハイヤー・アメリカン条項が含まれている。前者は，ARRAの資金で実施される公共事業などに用いる鉄鋼および一般製品についてアメリカ製品の使用を義務づけるものであり，後者は，連邦政府からの支援を受けた金融機関に対してアメリカ人の雇用を優先するよう義務づけるものである。

利益集団に着目すると，アメリカの産業界は概してTPPなどのFTAを支持しているものの（佐々木 2012），その具体的な利益関心は一枚岩ではない。他方，労働勢力や消費者団体，環境保護団体などは，自由貿易を，多国籍企業の利益関心を重視した，正義に反するものだと主張することが多い。民主，共和両党ともに相反する利益関心に目を向けなければならない状況にあるが，一

般論としては，共和党が産業界の要求を，民主党が労働組合や消費者団体，環境保護団体の要求を無視するのは困難である。

そこで，共和党のG. W. ブッシュが大統領を務め，連邦議会の多数派を民主党が占める分割政府の状況にあった2007年に，以後のFTAに盛り込む内容に関する両党間合意が文書化された（USTR 2007）。この合意文書は，産業界の意向のみならず，途上国の立場を重視する非政府組織（NGO）の意向も反映したものとなっている。

3 オバマ政権の貿易政策の特徴

● 概　　観

オバマ政権の下で，G. W. ブッシュ政権期に締結されたコロンビア，韓国，パナマとのFTAの発効に向けた取り組みがなされ，いずれも2012年中に発効した。

民主党には労働や環境問題に関心をもつ議員が多い。途上国との不公正な貿易や過度の競争の結果として，労働賃金が低下したり，環境保護の基準が緩和されたりするのではないかという不安は，民主党支持者の中でとりわけ強いためである。そこで民主党政権の発足直後には，共和党政権が締結した協定に修正を加えることがまずめざされる。例えば，クリントン政権は，G. ブッシュ政権が締結したNAFTAに労働と環境に関する補完協定を加えた。オバマ政権下でも，パナマ，コロンビア両国の労働法整備が要求され，実現した。

TPPについては，オバマ大統領は2009年12月に参加交渉を行うと発表し，10年3月から関係国との交渉に入った。TPPは，従来のFTAを超える高度な内容を備えている。知的財産権や競争政策，労働，環境など，アメリカが締結してきたFTAのすべての構成要素を含めているのにとどまらず，サプライ・チェーン開発，中小企業の貿易促進，規則の統一，開発促進といった横断的課題を協議対象にしているのである。

● アジア太平洋地域経済圏におけるアメリカの位置づけ

オバマ政権による貿易政策の特徴を理解するうえでは，3つの点に着目する

第Ⅱ部　主要国のFTA・TPP政策

必要がある。

　第1に，アジアでのアメリカ抜きの広域FTAとしての経済圏の成立を阻止しようとする意図が強まっている。アジアにおける新しい広域FTAのあり方として，中国はASEAN＋3（日中韓）から成る東アジア自由貿易圏（EAFTA）構想を，日本はASEAN＋6（日中韓印豪ニュージーランド）から成る東アジア包括的経済連携（CEPEA）構想を提示した。また，ASEANは日中韓印豪ニュージーランドの6カ国がASEANともつFTAを束ねる東アジア地域包括的経済連携（RCEP）構想を提示している。これらの枠組みが強まれば，アジア市場からアメリカが締め出されるのではないかという懸念がもたれているのである。

　G. W. ブッシュ政権は，これらの動きに，2国間FTAと広域FTAを重層的に締結することで対応しようとした。また，アメリカのアジア太平洋経済圏への関与を強めるため，2006年のアジア太平洋経済協力（APEC）首脳会合で，APEC加盟国による広域FTAとして，アジア太平洋自由貿易圏（FTAAP）構想を提唱した。

　APECは，緩やかな協議体としてメンバー・エコノミーの合意を重視し，それぞれの自主的努力を積み重ねることによって自由化の水準を向上させることをめざしている。これに対し，FTAAPはアジア太平洋地域に義務の度合いの強いFTAを構築することをめざしている。だが，全会一致を原則とするAPECでFTAAPを実現するのは容易ではない。

　オバマ政権は，TPPをFTAAP実現に向けての突破口と位置づけている。TPPを通して，高度で包括的なFTAをAPEC全体に拡大することで，アジア太平洋経済圏において主導的役割を果たすのが目的である。加盟国拡大を目的として協定の水準を下げることをしないのが基本方針である。

　アジア太平洋経済圏でアメリカが主導的役割を果たすという方針は，民主，共和両党に広く共有されている。中国が提唱するアジア・インフラ投資銀行（AIIB）にヨーロッパ諸国や韓国が参加することを表明した後に，アメリカでTPP推進の動きが加速したことは，その危機感の表れだといえるであろう。

　もっとも，実際のTPP交渉に際しては，アメリカは交渉メンバーの関税について共通譲許を設定するのではなく，既存のFTAをそのまま残し，FTAを締結していない国との間で新たな2国間FTAを積み重ねていく方式を主張

している。現在進行中の TPP 交渉は，2 国間 FTA の原産地規制が「スパゲティ・ボウル」のように複雑に錯綜した状況の解消に寄与しておらず，FTAAP 実現に貢献しないという指摘がなされていることにも留意しておく必要がある（鍋嶋・島添 2014）。

● **経済成長戦略**

第 2 に，アメリカ経済の成長と輸出拡大を実現し，雇用を創出する手段として TPP を活用しようとする点である（USTR 2009）。

オバマは 2010 年の一般教書演説で，5 年間で輸出を倍増させ，200 万人の雇用を創出すると宣言した。2012 年の大統領選挙で再選を果たし，連邦議会選挙で民主党が勝利するためには，経済状況を改善させるとともに，失業率を低下させる必要があった。

ただし，ARRA に対する世論の評価が低く，連邦議会多数派の共和党が財政支出削減要求を強める中で，新たな財政政策を採用できる可能性はない。減税による経済成長という共和党が主張する政策をオバマ政権がとることはなく，その効果も怪しい。近年のアメリカの金利の低さを考えると，金融政策をとる余地も小さい。財政・金融政策の有力な選択肢を欠く中で，政府主導でとりうる数少ない戦略が輸出拡大策だったのである。

なお，オバマ政権の議論の力点は，時期を経るにつれ徐々に雇用促進に移っていった。これは，アメリカ社会で自由貿易促進に伴う社会不安が高まっていたことを反映していたといえるだろう。

また，オバマ政権が TPP を推進する背景には，グローバル・インバランス（世界的規模の経済不均衡）の拡大がある。近年，世界全体の経常収支赤字の大半をアメリカ一国が占める一方，経常収支黒字の多くを中国や日本などが占めている。2001 年から 07 年まで，アメリカの経常赤字の 50-60％ をアジア太平洋地域が占めていた。このようなグローバル・インバランスを縮小させるために，オバマ政権がアジア太平洋地域への輸出拡大をめざすのは不思議ではない（Froman 2014；菅原 2012：22-25）。

第Ⅱ部　主要国のFTA・TPP政策

● **中国への対応**

　オバマ政権の貿易政策の第3の特徴として，影響力を強めつつある中国への対抗を念頭に置いて展開されていることが指摘できる（フリードバーグ 2013；ベーダー 2013；スタインバーグ＝オハンロン 2015）。オバマ政権が誕生した頃，アメリカと中国が協力してグローバルな課題に取り組み，世界を主導すべきであるとするG2論が注目を集めた。オバマ政権は当初，中国と協調する方針をとっていたが，徐々に米中の異質性についての認識が強まり，連邦議会で対中強硬論が強まる中，方針を変更した。

　議会で対中強硬論が強まっていった背景には，近年中国が軍事力を大幅に増大させ，アジア太平洋地域における影響力を増大させようとしていることに対する反発があった。このような安全保障上の懸念が，オバマ政権のアジア太平洋へのリバランスの方針と相まって，貿易政策においても中国に強いシグナルを送る必要があるという認識を強化したのである。

　米中間に存在する問題の中でも，貿易不均衡は大きな位置を占める。2011年のアメリカの貿易収支は5580億ドルの赤字となっているが，対中貿易赤字は全体の4割を占める。この貿易不均衡は，中国が為替を操作し，割安な人民元を背景に輸出攻勢をかけることによってもたらされているという認識がアメリカでは一般的である（馬田 2012：45-50）。

　中国による知的財産権侵害も重要な問題である。中国では，映画や音楽などの違法コピーや海賊版が広く流通しているし，アメリカ企業が開発した製品の商標権を主張する企業も存在する。中国は，政府調達において中国で開発された知的財産権を有するIT製品を優先している。これらを受けてアメリカは知的財産権保護の強化を訴えている（馬田 2012：55-57）。

　経済問題をめぐる米中対立の根底には，中国の国家資本主義をめぐる問題が存在する。ブレマーが指摘するように，国家資本主義の拡大は自由貿易体制を破壊する危険性を秘めている。政府から支援を受ける企業が存在すれば，自由で公正な貿易を維持するのは困難である。先進国にも経済発展の初期段階には国有企業が存在したが，それらは徐々に民営化されていった。他方，中国では国有企業がむしろ存在感を増大させ，民間企業を圧迫するようになっている（ブレマー 2011）。

オバマ政権は中国に対し，直接交渉と併せて，主要20カ国首脳グループ（G20）やAPEC，TPPなどの多国間枠組みを通しても間接的に影響を及ぼそうとしている。TPPに関しては，加盟国が拡大してアジア太平洋地域における通商上の基盤となれば，中国も参加せざるをえなくなる。加盟国が一定の臨界点に達すれば，非加盟国の立場にとどまるコストが上昇し，TPPに加盟する動機が生まれるからである。

もっとも，新興国・発展途上国の代表として自由貿易を批判することも多い中国がTPP交渉に早期に関与して，TPPが換骨奪胎(かんこつだったい)される事態はアメリカも避けたいと予想される。アメリカとしては，加盟国の少ない早期の段階で高度なルールを作り，その後に徐々に加盟国を増大させていくのが合理的である。また，アメリカ経済を成長させるうえで中国市場は大きな意味をもつため，中国と明確に対立するわけにもいかない。その観点からも，TPPなどを通して間接的に中国に自由化を迫る戦略には合理性があるといえよう。

4 貿易政策をめぐるアメリカの政治状況

● 世論の動向

オバマ政権は貿易政策を実施するにあたって，どのような国内状況に直面しているのだろうか。

アメリカは自由貿易に対する支持の強い国だと考えられてきたが，先にも記したように，世論の自由貿易に対する態度は必ずしも好意的ではない。ピュー・リサーチ・センターが2010年10月に行った包括的な調査では，自由貿易がアメリカにとって良いとする割合は35％と低く，良くないとする割合は44％だった（**表4-4**）。FTAがアメリカの雇用，賃金，経済成長に好ましくない影響をもたらすと考える人も多い（**表4-5**）。世論の支持を根拠として大統領がFTAを推進するという戦略はとりにくい状況にある。

● 有権者の意向とティーパーティ

大統領が世論の支持を背景に自由貿易を推進するのが困難だとすれば，議会対策を丁寧に実施することが不可欠になる。だが，連邦議会の状況も複雑化し

第Ⅱ部　主要国のFTA・TPP政策

表4-4　自由貿易に対する態度（%）

	NAFTAやWTOのようなFTAがアメリカにとって……		
	良い	悪い	わからない
2010年10月	35	44	21
09年11月	43	32	25
09年4月	44	35	21
08年4月	35	48	17
07年11月	40	40	20
06年12月	44	35	21

［出所］ "Public Support for Increased Trade, Except With South Korea and China: Fewer See Benefits from Free Trade Agreements," Pew Research Center, November 9, 2010.

表4-5　FTAに対する態度（%）

FTAは……	全体	共和党支持者	民主党支持者	支持政党なし
アメリカの雇用について				
雇用を創出する	8	5	12	6
雇用が減少する	55	58	47	23
影響はない	24	24	27	22
アメリカの賃金について				
賃金が上昇する	8	5	11	8
賃金が低下する	45	45	42	49
影響はない	34	37	33	35
アメリカ経済への影響について				
経済を成長させる	19	17	22	18
経済成長を鈍化させる	43	48	34	49
影響なし	24	22	26	26
アメリカの物価について				
物価を上昇させる	31	31	28	33
物価を低下させる	31	30	31	32
影響なし	25	26	23	26

［出所］ "Public Support for Increased Trade, Except With South Korea and China: Fewer See Benefits from Free Trade Agreements," Pew Research Center, November 9, 2010 の一部を省略。

ており，議会対策は困難になっている。

　従来，労働組合や環境保護団体などを支持基盤とする民主党が自由貿易に慎重な姿勢を示す一方，共和党には自由貿易を推進する議員が多いと考えられてきた。そして，これは各党の中核的な支持団体だけでなく，各党の支持者の政策的立場も反映していると考えられてきた。

　だが，2011年の世論調査の結果（**表4-6**）に見られるように，近年は民主党支持者のほうが自由貿易を支持していて，共和党支持者の自由貿易への反発が強くなっている。中国との経済・貿易政策についても，関係を強化するよりも厳格な対応をとるよう主張する割合が共和党支持者の間で高く，この傾向は保守強硬派として知られるティーパーティ派の中でとりわけ顕著である。

　表4-7を見ると，共和党内でもティーパーティ派とそれ以外で，自由貿易がアメリカにもたらす影響についての認識が異なっており，ティーパーティ派のほうが自由貿易のもたらす利点について懐疑的なことがわかる。

　日本では，共和党は産業界の支持を得た，経済的に裕福な人々の政党だというイメージが強い。だが，実際の共和党はそれほど単純ではない。福祉受給者に対して強い反感をもつ，自ら労働して賃金を稼いでいるが裕福でない保守派白人も，共和党支持者の中には多い。彼らは自由貿易から直接的な不利益を受けやすい業界で働いていることも多く，自由貿易を支持するとは限らない。自由貿易を容認するかわりに補償・再分配政策を導入することは，増税を嫌い，小さな政府を求める観点から受け入れ難い。そのような人々は，ティーパーティ運動の中でも一定の存在感を示している。

　もっとも，政策決定に対して世論が及ぼす影響は，一般には限定的だと考えられている。世論はしばしば流動的であり，選挙での再選をめざす政治家は，比較的一貫した立場をとり，選挙の際に資金や票を提供する可能性の高い，組織された団体の意向をより重視すると想定できる。ティーパーティ派は確固とした組織をもつわけではないものの，社会運動として大きな存在感を示してきた。アメリカでは選挙の際には本選挙の前に党の候補を選出するための予備選挙や党員集会が実施されるが，その投票率は低いため，ティーパーティ派が大きな影響力をもつこともある。

　そのため，共和党は，ティーパーティ派に一定の配慮をせざるをえない。実

第Ⅱ部　主要国のFTA・TPP政策

表4-6　FTA・中国に対する党派別態度とティーパーティ

	全体	共和党支持／共和党寄り			民主党支持／民主党寄り
		全体	ティーパーティ	ティーパーティ以外	
自由貿易協定はアメリカにとって…（％）					
良い	48	44	43	45	53
悪い	41	45	44	46	38
わからない	12	11	12	9	10
中国に対する経済・通商政策について，以下の2つのうちどちらが重要だと考えるか（％）					
厳格な対応をとる	40	51	66	42	32
関係を強化する	53	44	30	52	61
わからない	7	6	5	6	6

［出所］　"Strong on Defense and Israel, Tough on China: Tea Party and Foreign Policy," Pew Research Center, October 7, 2011.

表4-7　自由貿易協定がもたらす影響について（％）

	共和党支持者／共和党寄りの人々で	
	ティーパーティに賛同する	ティーパーティに反対する／意見なし
アメリカ経済について		
成長をもたらす	13	22
成長を鈍化させる	62	40
影響なし	14	28
アメリカの賃金について		
増大させる	8	6
減少させる	54	39
影響なし	26	47
アメリカの雇用について		
創出する	5	8
減少させる	67	55
影響なし	17	26

［出所］　"Public Support for Increased Trade, Except With South Korea and China: Fewer See Benefits from Free Trade Agreements," Pew Research Center, November 9, 2010.

際，ティーパーティ派の支持を得て勝利した議員の中にはTPPに反対する者も少なくない。ティーパーティ系の政治家は妥協を認めない強硬派が多く，政治過程に混乱を引き起こすことが多い。

● **アメリカ政治の分極化と自由貿易をめぐる政党政治**

　アメリカの政党は，特定のイデオロギーに基づいて創設された綱領政党ではなく，さまざまな利益関心を掲げる利益集団の連合体としての特徴をもつ。1860年以降，アメリカでは民主党と共和党の二大政党が大きな役割を果たしているが，二大政党の特徴は，それぞれの政党が基盤とする支持団体の構成とともに変化している（Karol 2009）。

　今日，共和党は福音派に代表される社会的保守や軍事的保守とともに，経済界に代表される経済的保守を中核的支持基盤としている。民主党は，人種，エスニシティ，ジェンダーの点におけるマイノリティ，労働組合，環境保護団体などを中核的支持基盤としている。この特徴から，共和党主流派は自由貿易を推進し，民主党主流派は自由貿易に消極的な立場をとる傾向がある。

　ただし，そのような立場で二大政党がそれぞれ一枚岩でまとまっているわけではない。民主党でもNAFTA締結を推進したクリントンなどのニュー・デモクラットと呼ばれる人々は，自由貿易推進派である。共和党内にも自由貿易に反発する人は存在し，ティーパーティ派はその典型である。

　このように，貿易政策は党派を横断する形で利害が交錯しており，自由貿易を推進するには，超党派的な協力関係を構築することが不可欠である。実際，1970年代や80年代には，上院の財政委員会，下院の歳入歳出委員会を中心に，穏健派が超党派的な協力体制を整えることによって自由貿易を実現してきた。だが，近年のアメリカ政治では，二大政党の対立が激化して超党派的な協力がなされなくなるとともに，中道に位置する連邦議会議員が大幅に減少しつつある（Destler 2005: chap. 11）。

　ある研究によれば，1969-70年の連邦議会では民主党の右派と共和党の左派の議員は政策的立場が相当程度に類似しており，イデオロギー的中道派が大きな存在感を示していた。しかし，1999-2000年になると，民主，共和両党の間でイデオロギー的に共通する人は激減している（Binder 2003）。近年，アメリ

カの二大政党の分極化はさらに強まっているという評価が一般的である。

近年のアメリカ政治では，政党規律も強まっている。一般にアメリカの政党は，日本やヨーロッパの政党と比べると党議拘束が弱い。だが，政治家が財政的に政党本部に依存する度合いが強まるとともに，党指導部が連邦議会の委員会の配属決定などで影響力を増大させるにつれて，連邦議会議員は，それぞれが最重要課題と位置づけているわけではない争点については，党指導部の方針に従って行動するようになっている。

このように，二大政党の対立と政党規律の高まりをふまえて，近年では超党派的合意は実現しにくくなっているのである。

● **自由貿易をめぐる大統領と連邦議会の行動**

しかし，大統領はその所属政党にかかわりなく自由貿易を支持する傾向がある（Shoch 2001: 20）。広範で多様な有権者を代表している大統領の業績は，全般的な経済状況と関連づけて評価されることが多いからである。他方，連邦議会議員は，再選をめざす観点から，抽象的な国益よりも，自らの選挙区の有権者の意向を重視する傾向がある。また，大統領の所属政党と連邦議会多数派の政党が異なる分割政府の下では，非政権党の連邦議会議員は，しばしば大統領と異なる政策的立場を戦略的に採用する傾向がある。

有権者は，選挙公約に基づいて投票するよりも，政権の業績に基づいて回顧的に投票する傾向が強い。中間選挙の際には，大統領に対する戒めの意味を込めて政権党が議席を減らすことが知られている。非政権党は，立法上の業績が少ない場合でも，その責を大統領に帰して選挙を戦うのが一般的なので，中間選挙の際には大統領の政策的立場に反対するのが合理的戦略となることが多い。

とはいえ，大統領選挙と同時に実施される連邦議会選挙に関しては，非政権党も選挙結果によっては政権党に転ずる可能性があり，その立法能力を有権者に示す必要がある。そのため，選挙前に政権党と非政権党がともに立法上の業績を作り出したいと考える場合には，両党間で政策上の合意がなされて政策革新が達成される可能性が出てくる。[4]

第4章　アメリカ

● **2014年中間選挙後の状況**

　2014年の中間選挙までの時期は，オバマ大統領がTPPに代表される自由貿易を推進する一方，共和党はオバマ政権に業績を作らせたくないという選挙戦略上の観点から，先に述べたTPAを付与するのに反対してきた。民主党も中核的支持者の意向を尊重する観点から，オバマに協力的な姿勢をとることはなかった。その結果，自由貿易に反対するために，ティーパーティ派を基盤とする共和党議員と，労働組合や消費者団体，環境保護団体を支持基盤とする民主党議員という，イデオロギー的に対極の位置に立つ人々の間で，奇妙な同床異夢的共闘関係が存在することになった。

　しかし，2014年の連邦議会選挙では，ティーパーティ派の勢いは低下した。それもあって，中間選挙後に共和党指導部は，中核的支持基盤である産業界の意向を尊重し，TPP推進を前面に掲げるようになった。上下両院で多数を占める共和党は，4月にTPAを付与する法案を提出した。この時期にTPA法案が提出された背景には，先に指摘したように，AIIBをめぐる問題が同時期に出現したことも関係しているだろう。

　ここまで述べてきたように，TPPとTPAについて，共和党主流派が賛成する一方，民主党主流派は消極的な立場をとってきた。ただし，共和党主流派だけではTPA法案を通過させることはできず，TPA法案成立のためには民主党からの賛成票が一定程度必要である。

　そして，TPA法案の行方を左右する要因として，最終段階で重要な意味をもったのは，社会保障的な要素をもつ貿易調整支援制度（TAA）である。すでに指摘したように，自由貿易を拡大するためには国内的な基盤を整備する必要があり，中でも，自由貿易の結果として失職したり転職を強いられたりする人々に対してセーフティネットを整備することが不可欠である。農業部門については伝統的に共和党が中心となって農家向けの補助金を拡充してきたが，労働組合が求める，製造業やサービス業という非農業部門の労働者に対するセーフティネットは充実していない。

　従来，共和党は消極的な立場をとっていた。TAAは2014年末に失効することになっていたため，TPA法案はTAAを含む形で策定されたが，この法案が棚上げにされたので，TAAは暫定的に延長されていた。

このように，TPA について共和党主流派が支持し，民主党主流派が反対している。TAA については共和党が反対し民主党が支持するという中で，オバマと共和党議会指導部は，5月の段階では TPA と TAA の法案を一括して提案した。この法案は上院を通過したものの，下院ではアメリカ労働総同盟・産業別労働組合会議（AFL＝CIO）の反対キャンペーンもあり，通過しなかった（安井 2015；浅野 2015）。

そこで，共和党議会指導部は TPA と TAA を切り離して6月18日に TPA のみの単独法案を下院本会議で採決にかけ，賛成218，反対208で可決し，オバマも同法が上院を通過すれば，直ちに署名する意向を示した。TPA が認められるのが決定的になったのを受けて，民主党主流派は TAA の実現を重視するようになった。その結果，TAA についても6月24日に上院で，26日に下院で可決され，TPA とともに29日にオバマの署名を得て成立した（浅野 2015）。

5 自由貿易支持の縮小と自由貿易政治の拡張

近年，自由貿易に対する懐疑が強まっている。貿易の自由度が高くなるほどに，さらなる貿易自由化がもたらす利益は小さくなるため，自由貿易から不利益を受ける人々に対する調整コストは相対的に高くなる。自由貿易が世界で最も進展したアメリカで，自由貿易のあり方をめぐる対立が激化している背景には，このような理由がある。

もっとも，本書のさまざまなところで指摘されているように，自由貿易をめぐる政治は経済的利益のみをめぐって展開されるのではなく，安全保障などの問題も含めて議論されている。TPP をめぐる議論がアメリカで活発化した背景には，オバマ政権のリバランスの方針に加えて，中国がアジア太平洋地域で存在感を増大させつつあることへの懸念があったことは否めないだろう。自由貿易による不利益・不安も無視できない。

自由貿易をめぐる政治は，このように広がりをもっている。以後の貿易政策をめぐる政治は，補償政策や広義の社会福祉政策と関連させる形で，また，安全保障の問題との関連も念頭に置きつつ，議論する必要があるのである。

第4章 アメリカ

◀ 注

1) 本章の作成にあたり多くの新聞報道などを参照したが，さまざまな記事で言及されている事柄については特段の脚注を付さない。また，さまざまなFTAの内容については，USTRのウェブサイトの該当ページの記述を参考にしている。
2) 自由貿易という争点の政策的特徴については，西山（2013）を参照のこと。
3) アメリカの貿易政策の特徴については，滝井（2012），ソリース（2012），ファインバーグ（2010），西山（2013）などが簡潔にまとめている。
4) アメリカの政策革新については，西山（2010）も参照のこと。

◁ 引用・参考文献

浅野貴昭 2015「米国議会と自由貿易――貿易促進権限（TPA）をめぐる政治的駆け引き」東京財団「現代アメリカ」プロジェクト，http://www.tkfd.or.jp/research/project/news.php?id=1540，2015年7月22日。
馬田啓一 2012「オバマ政権の対中通商政策――激化する米中摩擦の深層」『国際貿易と投資』24巻1号，39-64頁。
大矢根聡 2012『国際レジームと日米の外交構想――WTO・APEC・FTAの転換局面』有斐閣。
片田さおり 2015「アメリカのTPP政策と日本」『国際問題』644号。
佐々木高成 2012「米国とTPP――米産業界の狙い」山澤逸平・馬田啓一・国際貿易投資研究会編『通商政策の潮流と日本――FTA戦略とTPP』勁草書房。
菅原歩 2012「対外経済関係――世界金融危機はどのように広まったのか」藤木剛康編著『アメリカ政治経済論』ミネルヴァ書房。
スタインバーグ，ジェイムズ＝マイケル・E・オハンロン／村井浩紀・平野登志雄訳 2015『米中衝突を避けるために――戦略的再保証と決意』日本経済新聞出版社。
ソリース，ミレヤ 2012「米国のアジア太平洋地域統合モデル」吉野孝監修／蟻川靖浩・浦田秀次郎・谷内正太郎・柳井俊二編『変容するアジアと日米関係』東洋経済新報社。
ソリース，ミレヤ＝バーバラ・スターリングス＝片田さおり編／片田さおり・浦田秀次郎監訳／岡本次郎訳 2010『アジア太平洋のFTA競争』勁草書房。
滝井光夫 2012「米国のFTA戦略」山澤逸平・馬田啓一・国際貿易投資研究会編『通商政策の潮流と日本――FTA戦略とTPP』勁草書房。
長島忠之・林道郎／ジェトロ編 2008『韓米FTAを読む』ジェトロ。
鍋嶋郁・島添順子 2014「TPPは『アジア太平洋自由貿易圏（FTAAP）』実現に貢献するか？」JETROアジ研ポリシー・ブリーフ no. 40.
西山隆行 2010「アメリカの政策革新と都市政治」日本比較政治学会編『都市と政治的イノベーション』ミネルヴァ書房。
西山隆行 2013「アメリカ通商政策の政治的文脈」『甲南法学』53巻3号，1-45頁。
ファインバーグ，リチャード・E. 2010「アジア太平洋における米国の通商に関する取り決め」ヴィニョード・K・アガワル＝浦田秀次郎編著／浦田秀次郎・上久保誠人監訳『FTAの政治経済分析――アジア太平洋地域の二国間貿易主義』文眞堂。
フリードバーグ，アーロン・L./佐橋亮監訳 2013『支配への競争――米中対立の構図と

アジアの将来』日本評論社.
ブレマー，イアン／有賀裕子訳 2011『自由市場の終焉――国家資本主義とどう闘うか』日本経済新聞出版社.
ベーダー，ジェフリー・A.／春原剛訳 2013『オバマと中国――米国政府の内部からみたアジア政策』東京大学出版会.
安井明彦「TPA は党派対立で僅差の争いに――尾を引きかねない民主党の保護主義化」みずほ総合研究所『みずほインサイト』2015 年 6 月 9 日.
ロドリック，ダニ／柴山桂太・大川良文訳 2014『グローバリゼーション・パラドクス――世界経済の未来を決める三つの道』白水社.
Binder, Sarah A. 2003, *Stalemate: Causes and Consequences of Legislative Gridlock*, Brookings Institution Press.
Destler, I. M. 2005, *American Trade Politics*, 4th ed, Institute for International Economics.
Feinberg, Richard E. 2005, "US Trade Arrangements in the Asia-Pacific," in Vinod K. Aggarwal and Shujiro Urata, eds., *Bilateral Trade Agreements in the Asia-Pacific: Origins, Evolution, and Implications*, Routledge.
Froman, Michael B. 2014, "The Strategic Logic of Trade: New Roles of the Roads for the Global Market," *Foreign Affairs*, 93(6).
Karol, David 2009, *Party Position Change in American Politics: Coalition Management*, Cambridge University Press.
Kirshner, Orin 2014, *American Trade Politics and the Triumph of Globalism*, Routledge.
Parameswaran, Prashanth 2015, "TPP as Important as Another Aircraft Carrier: US Defense Secretary Ash Carter Chimes in on the importance of Concluding the TPP," *The Diplomat*, April 8.
Rosen, Howard 2004, "Free Trade Agreements as Foreign Policy Tools: The US-Israel and US-Jordan FTAs," in Jeffrey J. Schott, ed., *Free Trade Agreements: US Strategies and Priorities*, Institute for International Economics.
Shoch, James 2001, *Trading Blows: Party Competition and U.S. Trade Policy in a Globalizing Era*, University of North Carolina Press.
Stokes, Bruce 2015, "Americans Agree on Trade: Good for the Country, but Not great for Jobs," Pew Research Center, January 8.
USGAO (United States General Accounting Office) 2004, "International Trade: Intensifying Free Trade Negotiating Agenda Calls for Better Allocation of Staff and Resources," GAO-04-233, January 12.
USTR (United States Trade Representative) 2000, "2001 Trade Policy Agenda and 2000 Annual Report of the President of the United States on the Trade Agreements Program."
USTR (United States Trade Representative) 2007, "Bipartisan Agreement on Trade Policy," May.
USTR (United States Trade Representative) 2009, "Increasing U.S. Exports, Creating American Jobs: Engagement with the Trans-Pacific Partnership," November.

第5章

中　国

FTA 政策の戦略性

三 宅 康 之

　中華人民共和国（以下，中国）は，2001年末の世界貿易機関（WTO）加盟と前後して，積極的に自由貿易協定（FTA）ネットワークの構築に取り組み始めた。以来，**表5-1** および **表5-2** に示されるように，この十年余りの間に10を超える協定を締結したほか，多くの国・地域と交渉中，共同研究中であり，今後も次々に FTA が締結されることは確実視されている。

　では，なぜ中国はこれほどまでに積極的に FTA を推進しているのだろうか。このシンプルな問いにきちんと答えることは必ずしも容易ではない。先行研究は，経済的利益への関心のみならず，安全保障の追求への強い意欲が中国の FTA 政策の推進力となっていると指摘している。たとえばホードレイとヤンは2000年代に盛んであった総合国力論と結び付け，中国は総合国力を高める手段として FTA を用いていると結論づけている（Hoadley and Yang 2007: 348）。また，経済発展の維持が中国共産党による統治の正統性の根拠となっていることから，国内社会上の要請という内政面での必要性が作用している可能性についても検討に値する。

　本章では中国の FTA 政策を可能な限り包括的に把握すること，そして政策に込められた幾重もの意図を解読することをめざす。中国がグローバルに展開している FTA 政策の全貌を視野に収めるには工夫を要する。中国の政治経済の変化は速く，かつ大きいことから，1990年代以降の江沢民政権（1989-2002

第Ⅱ部　主要国のFTA・TPP政策

表5-1　中国のFTA締結実績（2016年2月現在）

相手国・地域	調印年月	発効年月
ASEAN	2002年11月4日	2004年1月1日
香港	2003年6月29日	2004年1月1日
マカオ	2003年10月17日	2004年1月1日
チリ	2005年11月18日	2006年10月1日
ニュージーランド	2008年4月7日	2008年10月1日
パキスタン	2006年11月24日	2007年7月1日
シンガポール	2008年9月4日	2009年1月1日
ペルー	2009年4月28日	2010年3月1日
台湾	2010年6月29日	2010年9月12日
コスタリカ	2010年4月8日	2011年8月1日
アイスランド	2013年4月15日	2014年7月1日
スイス	2013年5月24日	2014年7月1日
韓国	2015年6月1日	2015年12月20日
オーストラリア	2015年6月17日	2015年12月20日

［出所］　中国自由貿易区服務網のウェブサイト（http://fta.mofcom.gov.cn/index.shtml），JETROのウェブサイト（http://www.jetro.go.jp/world/asia/cn/trade_01/）より筆者作成。

表5-2　交渉中，共同研究中の国・地域機構（2016年2月現在）

交渉中	湾岸協力理事会（GCC），ノルウェー，中日韓，東アジア地域包括的経済連携（RCEP），スリランカ，イスラエル，ジョージア
共同研究中	インド，コロンビア，モルディブ，モルドヴァ，フィジー

［出所］　中国自由貿易区服務網のウェブサイト（http://fta.mofcom.gov.cn/index.shtml）などより筆者作成。

年），胡錦濤政権（2002-12年），習近平政権（2012年以降）の3代の相違点にも留意する必要があるだろう。

　そこでまず第1節では時間軸に沿ってFTA政策の展開過程を確認する。ついで第2節では中国のFTA政策の安全保障戦略面での思惑や交渉戦術面での特徴を析出する。第3節ではFTA政策の背景となる国内事情を浮き彫りにす

第5章　中　国

る。第4節ではこれらの作業をふまえて，本書のもう一つの課題である環太平洋経済連携（TPP）について，中国の関心や対応を分析する。

1 FTA政策のグローバル展開

中国の経済協力枠組みへの参加やFTAの締結が積極的になったのは比較的近年のことであり，前々政権である江沢民時代の後半，「経済皇帝」とも称された朱鎔基首相（1998-2003年）の陣頭指揮の下のことであった。本節では1990年代以降の展開を時代順に確認する。

● 江沢民時代におけるFTA（1989-2002年）

FTAのニュースを見聞きしないことがないほどの昨今からは考えにくいが，1990年代末までの東アジア地域は，FTAの「空白地帯」と呼ばれたものである。中でも当時の中国は1989年に発生した天安門事件後の国際的孤立から脱却し，経済発展の軌道に戻ることが最重要課題であった。経済協力枠組みについては，まずは91年11月にアジア太平洋経済協力（APEC）に加盟を果たした。江沢民時代を通じて最大の課題となったのが，「関税と貿易に関する一般協定（GATT）」／WTOへの加盟であった。すでに1986年にWTOの前身であるGATTへの加盟を正式に申請して加盟交渉も始まっていたが，天安門事件で中断し，95年のWTO発足メンバーにもなれなかった。その後も紆余曲折を経て2001年12月にようやく加盟発効にこぎつけたのであった。

WTO加盟交渉の陰に隠れがちだが，並行して地域自由貿易協定への加入を進めていたことも見落とせない。既存の協定の中で中国が選んだのは当時さほど注目されることのなかった「バンコク協定」であった（2005年11月に「アジア太平洋貿易協定」に改名）。同協定は1975年に国連アジア太平洋経済社会委員会（ESCAP）主導でまとめられた，途上国間の関税優遇条項を含む貿易協定で，韓国，インド，スリランカ，バングラデシュ，ラオスが加盟国であった。中国は1980年代末から加盟について検討に入っていたが，94年に正式に加盟申請し，2国間協議を重ねて2001年5月にメンバー国となった。当時は5カ国を合わせても中国の貿易額の5-6％を占めるのみ（その大半が韓国との貿易）であ

99

り，重要性は高くなかった。しかし，WTO 加盟への懸念や反発も大きかったことから，中国の主導性を確保しうる協定に入り，多国間協議の学習の場として適当と考えたものと理解してよいだろう。

1990 年代末には東アジアでも 2 国（・地域）間の FTA が広がり始めていたが，中国は WTO 加盟を最優先し，2 国（・地域）間協定にはほとんど関与していなかった。そのため，2000 年 11 月にシンガポールで開催された東南アジア諸国連合（ASEAN）・中国非公式首脳会談において朱鎔基首相が FTA に関する共同研究を提案した際には驚きをもって受け止められた。

この朱鎔基提案に基づき，2001 年 3 月に専門家グループが組織され，その報告書が同年 11 月のブルネイで開催された ASEAN・中国非公式首脳会談に提出された。報告書の提言を受けて朱鎔基首相は ASEAN・中国自由貿易協定（ACFTA）を正式に提案し，10 年以内に FTA の実現をめざすことで合意に達した。その後 6 回の正式交渉を経て，02 年 11 月に ASEAN・中国の首脳は ACFTA の「枠組み協定」に調印した（大橋 2003：32-41）。ACFTA はその後，物品協定，サービス協定と着実に深化し，予定通り 10 年 1 月 1 日から全面発効した。この，合意しやすいところから着手し，段階的に深化させていくパターンを，中国側は「中国式の FTA 交渉のモデル」として高く評価している（李 2011：19-20）。

● **胡錦濤時代における FTA 交渉の展開と FTA 政策（2002-12 年）**

2002 年秋に胡錦濤総書記，03 年春に温家宝首相がそれぞれ就任し，胡錦濤体制が発足した。新体制は，経済協力枠組みや FTA の拡大，深化を一貫して推し進めた。

(1) **FTA 交渉の展開**　胡錦濤政権期の中国の FTA 交渉を開始順にまとめたのが**表 5-3** である。

まず前政権期からの引き継ぎであった，香港・マカオの特別行政区との「経済・貿易緊密化取り決め（CEPA）」に取り組んだ。前政権期の 2001 年 11 月に香港側から提起された要望に応じ，02 年 1 月から北京で正式交渉に入っており，マカオが後に続いたのであった（発効は 04 年 1 月）。なお，香港とマカオについてはそれぞれ「一国二制度」をとっており，中国国内同様には扱えないも

表 5-3　胡錦濤政権期の中国の FTA 交渉

相手国・機関	開始時期	開始時の内容	達成度
南部アフリカ関税同盟（SACU）	2004 年 6 月		交渉開始に合意したのみ
湾岸協力理事会（GCC）	2004 年 7 月	投資保護協定	5 回交渉，10 年 6 月から戦略対話開始
チ リ	2004 年 11 月	物品 FTA 交渉	05 年 11 月調印，06 年 10 月発効，サービス，投資協定へ
ニュージーランド	2004 年 12 月	包括的 FTA	15 回交渉，08 年 4 月調印，08 年 10 月発効
パキスタン	2005 年 4 月	物品 FTA 交渉	06 年 11 月調印，07 年 7 月発効，サービス，投資協定へ
インド	2005 年 4 月	共同研究	08 年 1 月終了
オーストラリア	2005 年 5 月	包括的 FTA	18 回交渉
シンガポール	2006 年 10 月	物品 FTA 交渉	8 回交渉，08 年 9 月締結，09 年 1 月発効
韓 国	2006 年 11 月	共同研究	10 年 5 月終了，12 年 5 月　FTA 交渉へ
コロンビア	2007 年 3 月	投資保護協定	08 年 10 月終了，12 年 9 月　共同研究終了
ノルウェー	2007 年 3 月	共同研究	08 年 9 月 FTA 交渉へ
アイスランド	2007 年 4 月	包括的 FTA	6 回交渉，13 年 4 月調印，14 年 7 月発効
コスタリカ	2007 年 10 月	共同研究	4 回交渉，08 年 11 月終了，10 年 4 月 FTA 締結
ペルー	2007 年 11 月	共同研究	7 回交渉，08 年 11 月終了，09 年 4 月発効
台 湾	2009 年 5 月	物品 FTA 交渉	5 回交渉，10 年 6 月調印，10 年 9 月発効
スイス	2009 年 11 月	共同研究	10 年 8 月終了，11 年 1 月　FTA 交渉へ
中日韓	2010 年 5 月	共同研究	11 年 12 月終了，12 年 11 月　FTA 交渉へ

［出所］　中国自由貿易区服務網のウェブサイト（http://fta.mofcom.gov.cn/index.shtml），JETRO のウェブサイト（http://www.jetro.go.jp/world/asia/cn/trade_01/）より筆者作成。空欄は不明。

のの，国でもないため，自由貿易「協定」は結ぶことはできない。そこで「経済・貿易連携緊密化取り決め」という表現に落ち着いた事情がある。

　このように，東南アジアや香港・マカオ特別行政区といった近隣地域との関係を固めたのち，遅くとも 2004 年半ばから域外との交渉を積極的に切り拓いていった。同年 6 月に南部アフリカ関税同盟（SACU：南アフリカ，ボツワナ，ナミビア，レソト，スワジランド），7 月に湾岸協力理事会（GCC：サウジアラビア，クウェート，アラブ首長国連邦，オマーン，カタール，バーレーン），といった，ア

フリカ（実質は南アフリカ）や中東地域（実質はサウジアラビア）との交渉開始に合意した。ただし，SACUとの交渉について関連情報が皆無であることから，ほとんど進展がないと判断される。GCC側もメリットが薄く関心が低いと見られ，戦略対話は行っているが成果は上がっていない。それらと前後して始められたチリ，ニュージーランドについては，共同研究を速やかに終え，同年11月以降にはそれぞれFTA交渉の段階に進んだ。このニュージーランドとのFTAが初の先進国との包括的なFTAとなった。

　2005年にはパキスタン，オーストラリアとFTA交渉に入り，別途インドとも共同研究が開始された。インドとの共同研究が2008年1月にようやく終了が宣言されるといった具合に中印2国間協議がさほど進まなかったのとは対照的に，パキスタンとは05年内にFTAのための枠組み協定（とくにアーリー・ハーベストの提供）の締結に至り，その後も06年にFTA，2008年には包括的FTA，と着実に深化している。2006年はシンガポールとFTA交渉を開始し，韓国とも共同研究に着手した。2007年にはアイスランド，08年にはノルウェーと第1回交渉を行い，11年からはスイスとの交渉を開始するなど，ヨーロッパ諸国とのFTA交渉にも踏み出した。いずれもヨーロッパでは比較的小さい周辺部の国々であり，欧州自由貿易連合（EFTA）のメンバー国である。2009年5月からは台湾ともFTA協議を開始し，10年6月に，事実上の中台FTAである「海峡両岸経済協力枠組み協定（ECFA）」を締結し，直後の9月に発効させた。香港・マカオと同じく，台湾についても相互に国家として承認していない事情が存在するため，原語では「両岸経済協力枠組み協議」という表現が選ばれた。2010年4月に締結されたコスタリカとのFTAが胡錦濤政権期最後のFTAとなった。

　(2) 胡錦濤政権のFTA政策　胡錦濤政権が遅くとも2004年前半から相当積極的にFTAに乗り出したことは明白であるが，中国政府内部の政策決定過程は情報不足のため不明である。2003年9月のWTOカンクン閣僚会議が決裂したことから，多国間交渉の速やかな進展に期待をかけず，FTA普及の潮流に乗ろうとしたと差し当たりは考えておいてよいだろう（川島 2009：64)[1]。

　公式の政策としては，2007年10月の第17回党大会の際にも胡錦濤総書記による党の活動報告の中で「FTA戦略を実施し，2国間および多国間の経済

貿易協力を強化する」と「FTA戦略の実施」というフレーズが初めて用いられたことに注目が集まった。しかしながら、この「戦略」の詳細は中国国内ですら明らかにされておらず、地方政府や企業としても対応できなかったようである（中国共産党新聞網 2008 年 10 月 29 日）。胡錦濤政権末期の 2012 年頃に至り、「FTA 戦略の実施加速」が語られるようになった。たとえば 2012 年 9 月にウラジオストクで行われた APEC における胡錦濤国家主席の演説の中で「FTA 戦略の実施を加速し、主要貿易パートナーとの経済連携を強め、他の新興市場国、発展途上国との実務協力を深める」と言及している（新華網 2012 年 9 月 8 日）。これは 2010 年代に入り東アジア地域包括的経済連携（RCEP）、TPP など広域 FTA の交渉が進み始めたことから、少しでも早く優位な地位を占めようと急いだものと理解できよう。

● **習近平政権における FTA 交渉の展開と FTA 政策（2012 年-）**
(1) **FTA 交渉の展開**　　2012 年 11 月、13 年 3 月にそれぞれ習近平総書記、李克強首相が就任して政権交代が行われると、早速 4 月 15 日に、前政権期に重ねた協議に基づき、まずアイスランドと「中国・アイスランド自由貿易協定」を締結した。ここで初めてのヨーロッパ国家との FTA 締結が実現した。やや遅れて 7 月 3 日にスイスと「中国・スイス自由貿易協定」を締結した。これら 2 つの FTA の発効は同時に合わせられた。

韓国との FTA 交渉も積極的に進められ、2014 年 11 月 10 日、北京での APEC 首脳会議の際に行われた中韓トップ会談で実質的に合意したことが発表された。内容的には自由化水準は高くないにせよ、ここで初めて中国にとって主要な貿易国との FTA がまとまったといえる（聯合ニュース 2015 年 2 月 25 日）。その後、「中国・韓国自由貿易協定」は 2015 年 6 月 1 日に正式に署名された（発効は 15 年 12 月 20 日）。

2014 年 11 月 17 日には習近平国家主席の訪豪中にオーストラリアとの FTA 協議が実質合意に達し、15 年 6 月 17 日に「中国・オーストラリア自由貿易協定」が正式に調印された（発効は 15 年 12 月 20 日）。05 年 5 月以来足かけ 10 年間、21 回のマラソン交渉を経るという難産の末の妥結であった。日豪経済連携協定（EPA）が 14 年 7 月に調印されたことが妥結を加速させたと考えてよ

いだろう。難航した理由の一つは，中国側が先に着手しやすい領域からFTAを始めることを提案したのに対し，オーストラリア側は発効時点から総合的なFTAを要求したという立場の相違を調整するのに時間を要したためである。また，障害になっていたのはオーストラリア側に比較優位のある農業・サービス部門に対して中国側が条件闘争を展開し，オーストラリア側は中国側の投資（特に国有企業の活動）に規制をかけようとしたためである（Laurenceson 2014）。オーストラリアは，この協定の中で最恵国待遇を得ており，これは初めてのケースとして特記に値する（Garnaut 2015）。

RCEPについては2015年末の交渉終了という目標が設定されており，13年5月に第1回交渉が始まった後，14年には交渉が4回行われるなどペースが上がっている。

このほか，締結済みFTAのアップグレード（ASEAN，パキスタン），2014年末からのイスラエルとの新規FTA交渉開始（共同研究は13年から）など，積極的な動きが見られる。スリランカとの間では2013年8月に発足した共同研究が14年3月に完了し，FTA交渉開始に合意した。9月に第1回交渉，11月に第2回交渉が立て続けに行われた。ただし，2015年1月，スリランカ大統領が対中積極派から慎重派に交代したことから，今後の交渉が停滞する可能性がある。2013年9月には中央アジア諸国歴訪の際に，習近平国家主席が自らウズベキスタンに早期の交渉開始を呼びかけている。2015年からジョージア（旧グルジア），モルドヴァ，モルディブ，フィジーなどとの共同研究が発足している。台湾との原則合意済みのサービス協定も発効する予定であったが，2014年3月に台湾側で発効を拒否する「ひまわり運動」が発生したため，批准に入れず，無期延期状態にある。

(2)習近平政権のFTA政策　　新政権の下でもFTA拡大路線自体は変わっておらず，「FTA戦略の実施加速」方針は現政権である習近平政権にも引き継がれている。習近平政権の改革に対する姿勢を占うものとして内外から注目された，2013年11月開催の第18期中央委員会第3回全体会議（3中全会）で決議された改革政策プログラム（「改革の全面的深化をめぐる若干の重大問題に関する中共中央決定」）のうち，関連する箇所では「自由貿易地域の建設の加速」という項の下で，次のように言及されている（中共中央文献研究室 2014：526）。

第5章 中　　国

　「世界貿易システムのルールを堅持し，2国間，多国間，地域およびサブリージョンの開放の協力を堅持し，各国各地域との利益の共通点を拡大し，周辺を基礎とする自由貿易地域戦略の実施を加速する。市場参入，税関監督，検査検疫等の管理体制を改革し，環境保護，投資保護，政府購入，電子ビジネス等の新議題について交渉を加速し，全世界に向かう高水準の自由貿易地域ネットワークを形成する。」

　このように，国内で最も権威のある政策文書の中でも加速方針が明記されているのみならず，記述も従前の同様の政策文書より具体的かつ詳細になっている点が目を引く。

　アジア太平洋自由貿易圏（FTAAP）については，2014年11月11日にホスト国である中国のリーダーシップで取りまとめられた北京APEC首脳会議宣言で，「可能な限り早期に実現」させると言及された（後述）。

　習近平政権独自の新政策として打ち出されたのが，「シルクロード経済帯」と「21世紀海上シルクロード」の「一帯一路」構想である。両政策は2013年秋に正式に発表された後，時間をかけて関係各国と協議を重ね，15年に実施段階に入った。

　2015年の政策の重点は，同年3月の全国人民代表大会における政府活動報告で詳しく述べられている。それによると，「FTA戦略実施を加速する。可及的速やかに中韓，中豪FTAを調印する。中日韓FTA交渉を加速する。湾岸協力理事国，イスラエルなどとのFTA交渉を推進する。中国ASEAN間FTAのアップグレード交渉と全面的経済パートナーシップ協定の交渉を完成し，FTAAPを建設するよう尽力する。中米，中欧投資協定交渉を推進する。」となっている[2]。

　以上の時系列的展開から判明する中国のFTA政策の特徴をまとめておこう。少なくとも次の3点が直ちに浮かび上がる。①東南アジア，中国国内の香港・マカオ特別行政区から始まり，拡大の一途をたどっていることが一見して明らかである。その一方で，共通点がすぐに思い当たらないほどまでに多様な国・地域が並んでいることからも察せられるように，可能な限り全方位に拡大しようという狙いがあった。とはいえ，共同研究すら進んでいないところもあるように，進捗には相当の差が生じている。つまり，②地域分布のバランスへの配慮と③輸入国など協議を進めやすい国・地域や，締結しやすい分野か

ら進める機会主義も顕著な特徴として挙げることができよう。

　政権ごとにまとめると，江沢民政権がFTAへの取り組みを始めた頃には，中国政府はきわめて慎重であった。同政権期に積んだ学習をふまえ，胡錦濤政権期に中国周辺から遠隔地まで水平線が広がったが，基本的に小規模市場との低水準なFTAにとどまった。習近平政権期に至り，先進国とのFTA締結や既存FTAのアップグレードなどレベルアップを進めていると整理できる。

2　中国のFTA政策の特徴

安全保障戦略の手段として

　本節では中国がFTA交渉へ込めた思惑を分析する。FTAに経済的実益以外の複数の目標が重ね合わせられているのは，中国に限ったことではない。たとえば，どの国も経済関係の強化による政治的関係の強化もFTAに期待していることはわかりやすい。中国については第1節で見てきたように，相手国の大半が小規模であり貿易面での実利はさほど大きいものではないことから，むしろ貿易以外の目的が追求されていると考えてもよいだろう。中でも安全保障戦略が突出していることを本節で，また国内事情も影響していることを次節で論じる。

● **歴代政権の見方**

　まずは胡錦濤政権，習近平政権がそれぞれFTAをどのように見ていたのか，指導者自身の言葉から探ってみよう。前者については2007年12月，当局筋から発表された「十七回党大会報告」の「解説」が如実に示している。それによると，FTAには①経済発展の空間を開拓する，②資源供給を保障する，③貿易と投資の障壁を除去し，国内の生産力を国際市場に振り向ける，④中国脅威論を打ち消す，⑤「台湾独立派」を牽制する，⑥国際環境を改善する，など6つの効用があるという（新華網2007年12月14日）。

　習近平政権ではどうか。2014年12月5日に開かれた中国共産党中央政治局の集団学習会では，「自由貿易地域の建設の加速」がテーマとなった。この折の習近平のコメントからそのスタンスがうかがえる。

「我が国の経済発展は新常態に入り、経済社会が面している困難と挑戦によく応対するために、さらなる対外開放が必要である」「対外開放のイニシアティブをもって経済発展のイニシアティブ、国際競争のイニシアティブを勝ち取る」「積極的に対外関係を運営し、対外戦略目標を実現する重要な手段である」（人民日報 2014 年 12 月 7 日）など、国内改革とともに対外戦略の手段としての位置づけも明言されている。

● 経済面での目標

これらからだけでも FTA 締結に伴う中国側の戦略的関心のあり方が判明するが今少し経済の視点から再整理しておこう。どの国も、FTA 締結によって利益を得ることをめざすとともに、締結しないことで将来不利益を被ることを回避するために対応する、という「攻め」と「守り」の 2 つの観点から考慮している。中国も、チリとの FTA 交渉において、かつて 1990 年代に北米自由貿易協定（NAFTA）の発効によって中国側が不利益を被ったことから、当時構想されていた米州自由貿易地域（FTAA）発足以前に FTA を締結しようと急いだとされる（楊 2011 : 278）。

他方、「中国的特色」を有するわかりやすい点では、「市場経済国」という地位の認定獲得が目標とされてきたことを指摘できる。かつて WTO 加盟交渉時に加盟時点から 15 年間（2001-15 年）は「非市場経済国」という地位で加盟することを認めたため、アンチ・ダンピング措置が講じられるときに立場が弱いという問題があった。そこで、交渉に入る際に相手国から「市場経済国」の地位の認定を得て、この点を克服しようとしたのであった。

● 安全保障戦略との連関性

中国の政治的・軍事的戦略目標は経済発展とともに随時引き上げられてきたため、一定しておらず、つかみがたいが、次の 2 点はどの時代にも共通の核心といえる。一つは台湾有事においてアメリカの介入（経済封鎖）に対抗しうる軍事力を備えることである。いま一つは平時にも台湾統一への布石を進め、中国周辺地域における行動の自由を確保すること、端的にいえばこれらの地域を中国の勢力圏下に置くこと、と考えてよいだろう。

まず中国の悲願である台湾統一に向けての手段という観点から見直してみよう。

中国外交は徹頭徹尾「統一戦線方式」に基づいているといって過言ではない。自らの立場を強化し，「主要敵」を弱体化するために，「味方」や「友」を糾合して孤立させる方式のことである。

台湾とECFAを結んだのは，次のように台湾内部において統一戦線を形成するための手段としての一面もあった。締結当時は台湾独立派の民主進歩党（民進党）政権から中国との対話を重視する国民党政権に交代していた。内容面では台湾の農産物の輸出に有利な条件が設定されており，中国としては譲歩したように見える。しかし，輸出農産物生産地である台湾南部は民進党支持者が多い地域であることから，民進党の支持基盤の切り崩しを狙ったものと考えてよい。

一見したところ無関係のようなコスタリカとのFTAも，対台湾要因が大きく作用していると考えられる。中華民国を承認する国家はアフリカ，ラテンアメリカ，太平洋の小国のみとなっている。中米を代表する親台湾派だった同国が2007年6月に中華民国と断交し，中華人民共和国と国交樹立した背景には，承認変更の交渉の際に，国交樹立後のFTA締結や巨額の援助が約束されたからと見られる。こうして見ると，国際社会においても台湾を孤立させる統一戦線形成のためにFTAが用いられたと理解できる。今後，民進党が政権に就くと，第2，第3のコスタリカが現れることは想像に難くない。15年末に共同研究が始まったフィジーについても同様に位置づけられる。

資源・エネルギーの確保についても，平時から経済的安全保障の柱であるが，台湾有事の際にも不可欠となることはいうまでもない。2004年にFTA政策が本格化した直後からSACUやGCCに接近しているが，特に後者については石油資源の確保に狙いがあることは明らかである。のみならず，パキスタン，スリランカなどの資源国と中国とのルート上の国も重要視され，FTAを用いた働きかけがなされる対象となったのである。

● **対抗的強国への牽制手段として**

中国周辺地域における行動の自由を確保するためには，中国側が（潜在的）

第5章 中国

対抗的関係にあるとみなしていると考えられる国々，すなわちアメリカ，日本，インドに対しても牽制しておきたい。その手段としてFTAを利用しようとしている。アメリカに対しては，チリ，ペルー，コスタリカのように「裏庭」であり，米州市場への「裏口」でもある中南米への攻勢が顕著である。オーストラリアに最恵国待遇付与という思い切った手を打ったのは，南半球オセアニア地域のアメリカの重要な同盟国を取り込むため，とみなせる（日豪準同盟ともされる日本との関係強化を意識した面もあろう）。同様に，アメリカの同盟国である韓国，日本に対する働きかけも，対米戦略の一環の面もある。韓国とのFTAを先に進めることで韓国を引き付ける一方，日中韓FTAを進めようとしていることも明らかである。

アジア・ナンバー1の地位を争う日本の影響力を減じるという意図も随所にうかがえる。ASEANとのFTAは初動こそ日本が先行したが，農産物をめぐる協議などでもたついている間に，後発の中国が追い抜いた。逆に中国が2005年に提唱した東アジア自由貿易圏（EAFTA）構想に対して日本が2007年に東アジア包括的経済連携（CEPEA）構想を逆提案し，結果的に後者がRCEPの下敷きとなったこともあった。中国にとって，東南アジアは「裏庭」ないし「柔らかい下腹部」に当たり，ASEAN諸国を引き付けるとともに，日本の影響力，台湾の活動を最低限に抑えたいという意思も働くのはわかりやすかろう。

インド周辺にもFTA包囲網が着々と築かれている。古くからの同盟国であるパキスタンが中核である。胡錦濤前政権期からアメリカのシンクタンクにより「真珠の首飾り」戦略が指摘されていた。習近平政権発足後は，「21世紀海上シルクロード」構想を明確に打ち出し，スリランカ，モルディブ両国とのFTA交渉が前進した。中東からの石油輸入のシーレーン（海上交通路）という以上に，台頭するインドへの牽制という戦略的意図が前面に出るようになったと受け止められるだろう。

習近平政権が鋭意進めている「一帯一路」構想では中央アジアのウズベキスタン，ジョージア，モルドヴァなど，伝統的にロシアの勢力圏とされる地域にも影響力を及ぼそうとしている。モルドヴァ，ジョージアは2014年6月にはウクライナと3国で欧州連合（EU）とFTAを含む連合協定を結ぶなど，ロシアに対する遠心傾向が強い地域でもあることを利用しようとしているのである。

これは中国主導の下で中国がハブ（結節点）となる FTA ネットワークを構築し，国際秩序の再編につなげようとしていると理解するのが自然だろう。

● FTA の交渉戦術

　交渉戦術レベルの側面に目を転じると，またいくつかの特徴が指摘できる。一つが，交渉相手国の選択基準である。各地域において最初に中国と国交を樹立したり，WTO 加盟交渉にあたり最初に加盟を承認したり，あるいは早期に「市場経済国」と認定したりした，「友好的」な国との交渉を優先した例が散見される。ラテンアメリカではチリ，オセアニアではニュージーランドが典型例である。ヨーロッパで最初に市場経済国に認定したのはスイスであった。

　FTA は友好国が対中貿易で成功する例を示す一方，「一罰百戒」として他の国へ無言の圧力も与える，アメとムチにも用いられる。後者の典型例としてノルウェーがある。世界第 5 位の石油輸出国でもあるノルウェーとの交渉は中国にとっても重要だったはずであり，2010 年 9 月の第 8 回交渉までは順調に進んでいるように見えた。ところが，その直後に中国側から無期延期が通告された。同年 10 月に発表されたノーベル平和賞に，中国の民主化運動活動家の劉 暁 波が選ばれたことが主な理由とみなされている（ロイター通信 2010 年 12 月 1 日）。この例からも政治的考慮が経済的実益に優先することが確認される[3]。

　近隣諸国を並行して交渉するパターンも散見される（オーストラリアとニュージーランドのオセアニア諸国，アイスランド，ノルウェー，スイスなどヨーロッパ諸国など）。これには，相互に競わせる意図もあったのではないかと考えられる。

　首脳訪問も最大限活用される。まず訪問によって FTA 交渉を開始，前進させようとし，また締結後も訪問しさらなる関係強化を図って余念がない。SACU，インドとは主要 20 カ国首脳グループ（G20），BRICS（ブラジル，ロシア，インド，中国，南アフリカ）会議を利用して接触を重ねている。パキスタンについては，前政権期には胡錦濤国家主席，温家宝首相がともに訪問するなど「全天候型」として関係を強化した。2015 年には習近平国家主席も訪問し，「中国—パキスタン経済回廊」のインフラストラクチャーの整備に巨額の支援を約束している。2013 年の習近平訪米の際には，コスタリカに立ち寄って援助を追加した。2015 年 5 月に李克強首相が南米 4 カ国を訪問したが，ブラジ

ル以外は，FTAと絡む国々であり，コロンビアとの交渉も加速されることが見込まれる。

巨大市場へのアクセスということまで広げると，中南米諸国が米州市場への「裏口」となることについてはすでに述べたが，ヨーロッパ諸国についても，いずれもEU加盟国ではないものの，EU市場への橋渡し，さらには将来的なEUとのFTA交渉を期待しているものとみなせるだろう。

以上，中国のFTA交渉における戦略的・戦術的考慮が明確になった。中国は他国同様，FTAに経済，政治，安全保障など一石多鳥の効果を期待している。中国の経済的関心としては，FTAによる貿易拡大の利得のほか，「市場経済国」としての認定を獲得すること，さらにFTAを締結しない場合のデメリットを回避することなどが挙げられよう。

加えてさまざまな政治的・外交的・戦略的考慮が働いており，むしろ経済的実益よりも安全保障戦略が最優先されているといえる。FTAは貿易政策という以上に，戦略目標のコマとして用いられているといって過言でない。そして，その意図は習近平政権に入り，ますますオープンでストレートになっているのである。

3 国内の社会不安対策として

以上の2節にわたりもっぱら対外的側面を検討したが，本節では中国がFTAを進めようとする国内的理由，不安定化する社会への対策としての面について検討する。

● **共産党独裁制の限界**

通常，WTO加盟やFTA締結には，国内の幼稚産業・保護産業などからの抵抗が強く，相当厳しい調整が不可避である。中国がかくも速やかにかつ戦略的にFTAを展開しえた理由としては，中国共産党独裁体制に帰せられることが多い。確かに中国では党と政府が一体化しており，強力な野党も存在せず選挙による政権交代は無論ありえない。そうした背景から，国民に不満があった

としても政府は圧力を受けることなく自由に政策を展開できるというイメージが一般的ではないだろうか。この見方は全く間違っているわけではないが，留保が必要である。

まず単純なことながら，「経済皇帝」と称された朱鎔基ですら激しい批判を受けて辞任を申し出たような厳しいWTO加盟交渉とは異なり，ここまでは途上国や相互補完性が高い国とのFTAで，小規模・低レベルの2国間取り決めが多かったため，国内への影響が限定的であったことも見逃せない。つまり，そもそもさほど政治化しなかったと理解される。問題は先進国との包括的かつ高水準のFTA交渉である。また，江沢民政権以降に経済改革の一方で新たに政・官・財の癒着が進行したことが経済政策にどのような影響を与えているかはまだ解明できていないものの，政権は党外・政府外よりも党内・政府内から圧力を受けていると考えられる。一例を挙げると，オーストラリアと10年近いマラソン交渉となったことからは，農業・サービス部門での根強い抵抗勢力の存在をうかがわせるに十分である[4]。

現実には，共産党独裁であるにもかかわらず，いや，独裁であるからこそ，国内の中国共産党に対する不満の声に敏感である。しかも市場化，分権化，多様化が進むにつれ，さしものガヴァナンス能力にも陰りが見られ，思想統制・暴力装置（軍・警察）・経済統制・情報統制といった社会統制の手段がそれぞれ綻び始め，近年はマイナス面が増幅してきている。

昨今の中国共産党の至上命題は，この綻びが目立ち始めた独裁体制の維持強化にほかならないのであって，独裁体制の強化とともに国民の不満の声が体制批判につながらないよう常に注意を払っている。これらの政治的・社会的目標の要石が経済成長の持続であることに贅言は要さないだろう。現に，中国共産党は経済成長の維持に傾注し，成果も挙げてきた。中国は経済成長にあたり自由貿易体制を最大限に享受した。FTAの拡充によって開放型経済体制を維持するメリットは大きい。すでに述べた通り，FTAが歴代政権の改革プログラムに位置づけられてきたのも不思議ではない。FTAも経済成長の持続に資するという判断で推進されたと考えられる。

第5章 中　国

● **独裁体制強化**

　体制強化のほうから見ていこう。毛沢東時代以降，中国共産党による統治の正統性の源泉は経済成長の達成となり，改革開放路線の下，非効率な計画経済システムから市場経済システムへの移行を推進してきたことは周知の通りである。ただし，中国では市場経済化といっても英米型の資本主義へと向かっているわけではない。江沢民時代に本格化した国有企業の改革は，一方で不採算部門を「民営化」で切り離し，他方で基幹部門は経営改革（労働者の一時解雇，福祉負担の軽減，合併）で超優良巨大企業を作り出した。

　次の胡錦濤時代には「国進民退」現象と呼ばれるほど，国有企業による民間企業買収や国有企業への優遇措置など，政府の経済活動が民間の経済主体の活動を圧迫するクラウディング・アウトが顕著となった。とりわけリーマン・ショック後の景気刺激策の恩恵は，これら国有企業が優先的に享受した。「国家資本主義」と呼ばれるようになったゆえんである。

　こうしてみると，中国共産党独裁体制は経済面でもさらに強力化しているようであるが，体制内部への富の集中は，格差を拡大し，体制外の「負け組」を疎外するという副作用も伴っていることに留意が必要である。

　経済成長が独裁体制の正統性の根拠となった結果，中国政府は一面ではかなりの脆弱性を抱え込んだことにも注意を要する。一つには，いったん経済が不調となれば統治の正統性が揺らぐことになりかねない。また，経済成長の前提は社会の安定である。不況が続き，大量の失業者が発生すれば，社会は不安定になるし，好況が続いてもインフレが昂進すると国民の不満は高まる。経済成長が順調であっても，巨大な変化を社会にもたらし，安定をも損ないかねない。実際に，中国において1980年代以来の持続的高度成長という「成功の代償」は，社会問題としては貧富の格差拡大，環境破壊，汚職蔓延という形で立ち現れている。21世紀に胡錦濤政権が発足した際，持続可能な成長をめざす「科学的発展観」に基づく「和諧社会」建設を掲げ，これらの問題に積極的に取り組む姿勢を打ち出したが，そうしなければならない状況に立ち至っていたためである。

第Ⅱ部　主要国のFTA・TPP政策

● **経済成長持続への懸念**

　経済成長をいつまで続けられるのかについても，不安の種に事欠かなくなって久しい。

　胡錦濤政権の発足直後に差し迫った問題として浮上したのが，労働力問題であった。2004年春に沿海地方で労働力不足問題が広がり，中国も工業化の進展によって農業の余剰労働力が枯渇する「ルイスの転換点」を迎えたという認識が定着した。格差問題を解決するためにも最低賃金水準が全国的に毎年引き上げられるようになり，従来型の安価な労働力に依存する発展パターンが維持できないことも判明していた。

　この点と関連して，2007年に発表された世界銀行の報告書によって「中進国の罠」というフレーズで広く知られるようになった問題にも取り組まなければならなかった（Gill and Kharas 2007）。「中進国の罠」は，後進国から中進国へと経済発展した段階で，低付加価値品の生産では後進国に追い上げられる一方，高付加価値品の生産，先進国への移行ができず，中進国レベルで停滞してしまう状況を指す。

　国際機関の指摘を待たずとも，中国では産業構造の高度化が新たな課題であることは以前から理解されていた。だが，江沢民時代を通じて築かれた既得権益層が厳然として存在し，他方で，失業者の大量発生も回避したいため，中国政府としても転換は簡単ではない。2008年には一時的に広東省で汪洋省委書記（15年現在，副首相）が産業高度化政策「騰籠換鳥」を打ち出すが，リーマン・ショックへの対応のため中央政府は景気対策を優先し，沙汰止みとなった経緯が存在する。そこで代替策として，FTA締結という外圧を利用して競争をもたらし，低付加価値品の生産からの退出を促すという，産業構造の高度化を促進する狙いが積極的なFTAネットワークの構築にあったと考えられる。

　経済成長パターンという別の角度から整理すれば，従来の投資・輸出主導型成長から消費・内需主導型成長へと転換することが目標となった。投資主導型になった一因は，福祉制度が未発達であるため，将来に対する不安から消費よりも貯蓄へと向かわせてきたことである。給与水準の引き上げは格差縮小の一助となり消費意欲を高める可能性はあるが，競争力を低下させ，短期的にはむしろ「中進国の罠」のリスクを高めかねない。社会保障改革はいまだ模索が続

いており，制度も安定しないままであって，多少所得が増加しても貯蓄が増大するだけである。この間，少子高齢化は急速に進行し，2010年代初めに人口ボーナス期から人口オーナス期に入った。労働人口の減少により，すでに2000年頃から指摘されてきた「豊かになる前に高齢化する（未富先老）」懸念が現実化しつつある。

　リーマン・ショック後は輸出が期待できない状況から内需主導型に転換する一つの機会であったが，巨額の景気浮揚策は一方で，先に述べたように国有企業に資金が集中して過剰な生産力を生み出すとともに，他方では投資先を求めたマネーが不動産市場に流れ込み，投資目的のマンション購入が価格引き上げにつながり低所得層の不満を高めた。つまり，胡錦濤政権はこれらの問題を結果的に任期中に改善できず，むしろ悪化させた。

　この過剰な設備投資と不動産投資が延々と続く中で習近平政権は発足した。従来の高度成長路線が持続不可能になった事実を受け止め，経済成長の減速を「新常態（ニューノーマル）」という輸入語で経済発展が新しい段階に入ったとして正当化した。しかし，追加投資はできないうえ消費増による内需主導型への転換も実現困難である。このことを逆手にとって，習近平政権は「一帯一路」構想を打ち出し，過剰生産力を国外へ振り向け，国際秩序の再編に利用しようとしている。アジア・インフラ投資銀行（AIIB）の設立はそうした海外進出を資金面で支援するとともに，将来的な人民元の国際化にもつなげようとする取り組みの一環と理解されるだろう。

　以上をまとめておこう。鄧小平が改革開放を打ち出して以来，基本的には国際協調路線（天安門事件を除き）をとり，江沢民政権も胡錦濤政権も，もっぱら国内改革の促進にWTOやFTAを利用してきた。これに対し，リーマン・ショックから回復した2009年頃から対外強硬路線が台頭し，習近平政権発足後は国内改革のみならず，かなり大胆かつストレートに国際秩序再編を意識して戦略的にFTAを利用しようとする姿勢が随所に示されるようになっているのである。

4　中国のTPPへの反応

● 「陰の主役」中国の存在感

以上のように中国のFTA政策を理解したうえで，ここで中国のTPPへの反応を整理しておこう。中国側の公式の立場は，2014年4月のボアオ・フォーラムにおける李克強首相の次の発言が典型例である（新華網2014年4月10日）。

> 「中国はTPPに対してオープンな態度をもち，世界貿易の発展，公平で開放された貿易環境にプラスとなることであれば，いずれも歓迎する。」

このように，中国はアメリカ主導の枠組みが作られることに警戒しつつ，要求水準が高すぎることからTPP加盟交渉については静観しており，将来的に加入する余地も残した対応をとっている。

TPP交渉メンバー側にも「我々がルールを作らなければ，中国がルールを作ってしまう」というオバマ大統領の発言（Wall Street Journal, April 25, 2015）に代表されるように，中国の存在が強く意識されている。つまり中国が「陰の主役」であることは周知の事実である。特に中国が対外強硬路線を前面に出したことから日米など関係国にとっては経済的問題という以上に，安全保障戦略上の問題となっている。

● 3つの前提条件

こうした中国とTPPについて考察する際の前提条件として，3つの点を押さえておきたい。第1に，ここまでの中国のFTA政策に関する考察から判明したように，中国は自らが安全保障上の観点から戦略的にFTAを進めてきたため，他国も自国同様，戦略的に経済協力枠組みやFTAを利用しようとしているとみなす傾向が強い。

また第2に，中国の政治・外交全般に共通して見られる特徴として，党指導部，政府当局が主導権の確保を強く意識し，受動的な立場に立たされることを可能な限り回避しようとすることも確認された。

第5章　中　国

　これらに加え第3に，TPPとRCEPが競争的関係にあることもふまえておかなければならない。いずれも究極的にはFTAAPをめざすが，経路としては，中国がメンバーではなくアメリカが中心であるTPPと，アメリカがメンバーではなく中国が実質的に中心であるRCEPの2つが存在する。これほど米中の「力比べ」の構図がわかりやすい事例も少ない。日米は前者を，中国は後者を推しているが，日米中では日本だけが双方の協議メンバーであるだけに，中国はTPP交渉に関する日本の動向を注視してきた。[6]

　このような前提条件を合わせて考えれば，おのずと中国の対応も読み取れる。[7] すなわち，中国からはTPPがアメリカ，日本，あるいは日米共同の政治・外交戦略の手段と見えることになる。アメリカが日本を取り込むことでアジアを分断しようとしている，日米がアジアにくさびを打ちこもうとしているなどの見方のほか，日本が中国包囲網を構築しようとしているとみなす論者も少なからず存在する（高2011；王2014）。[8]

● TPPへの対抗策——日本の取り込み

　中国がめざす大きな戦略目標——可能な限り広範な中国周辺地域を中国の勢力圏下に置くこと——からすれば，この目標を実現するためには，アメリカと日本が一体となって中国に圧力をかけうる局面を最小限にとどめることが必要になる。日米を分断でき，逆に日本を取り込むことができれば，この目標実現はさらに容易になるわけである。日米同盟のジュニア・パートナーである日本に領土や歴史問題で圧力をかける一方，経済的利益を日米双方に示すことで，揺さぶりをかけている根底にはこうした思惑があるのである。

　加えて，日中韓FTAに先駆けて中韓FTAを進めたのは，米韓同盟関係を分断するとともに日本側を焦らせようとする効果も狙ってのことであろうし，今後とも日中韓FTAやRCEPの協議では日本に譲歩する姿勢を示すこともあるだろう。日本側も中国側の意図は重々承知しているようである。あくまでもTPP交渉を優先させており，日中韓FTAについても，当初は2014年末の交渉妥結を目標としていたが，14年11月の交渉で，中韓の提案を自由化水準が低いとして1年間先送りさせている（『日本経済新聞』2014年11月29日）。2016年1月の交渉でも，なお交渉枠組みの合意には至っていない状況にある。

第Ⅱ部　主要国のFTA・TPP政策

● TPPへの警戒

　翻って，中国が最も嫌うのは受動的立場に立たされることである。中国が主導権を振るいやすい東南アジア地域にアメリカ主導のTPPというくさびが打ち込まれ，遠心力が働くこと自体心穏やかではない。そのうえ，TPPが実現，成功したとすれば環太平洋ネットワークから疎外されることになり，貿易が転移して経済成長に悪影響を及ぼしうる。あるいはFTAAP形成過程においても脇役に甘んじざるをえなくなることも考えられる。TPP以外にも米EU間のFTA（環大西洋貿易・投資連携〈TTIP〉），日EU間の経済連携協定など先進国間のFTAが進むことで，先進国市場へのアクセスが不利になりかねないことも懸念といらだちの原因となっている（宋 2013：32）。

　したがって，TPP署名国の中で批准が難航しそうな国があることは中国にとって望ましいことはいうまでもない。しかも，その間に中韓FTA，RCEPなど中国が主導権を発揮できる枠組みを進めておくことができ，また中豪FTAのようにTPP協議メンバーに接近しておくことができる。中韓，中豪FTAについては実際に達成に至っている。

● 北京APECでの駆け引き

　2014年11月に開かれた北京APECでは，こうした各国の思惑が交錯した。中韓FTAがまだ詰め切れていなかったにもかかわらず，先に述べたようにAPEC首脳会議の直前に「実質合意」と発表されたのは，対外的アナウンス効果を狙ったものであることは明らかである。FTTAPへのロードマップ作成をめぐる米中間の駆け引きも報じられた。それによると，中国側は共同研究の開始と2025年という期限の設定を求めたが，アメリカ側はこれを拒否し，公表された声明には盛り込まれなかったという（Wall Street Journal, November 2, 2014）。[9]

　ただ，そうした駆け引きはさておき，実際に進行中のRCEP交渉においては，2015年末の妥結をめざしていたが，自国産業を守るため急激な自由化を嫌うインドがブレーキとなりRCEP交渉を停滞させてきた。合意を実現するため，インドを外そうという提案も持ち上がったという（『日本経済新聞』2014年9月18日）。習近平政権の手法は華やかであるが，必ずしもその思惑通りに

進んではいないのである。

5 FTA政策の戦略的推進と国内リスク

　本章を締めくくるにあたり，全体を通観しておきたい。中国はFTAに遅れて参加したが，存在感の大きさからその一挙手一投足に注目が集まるのは当然のことである。中国のFTA政策は経済的実益より中国の勢力圏拡大をめざす安全保障戦略を最優先する傾向が見受けられる。台湾統一，対米対等性，対日圧力を追求する手段となってきたし，最近ではインドへの牽制や国際秩序および地域秩序再編の手段として活用しようとしている。

　こうした安全保障戦略を実施するためにも，また共産党独裁体制を維持するためにも，国内の経済発展は至上命題である。国内においてはFTAが改革プログラムに組み込まれてきたことからも，市場化や産業構造の高度化を促進する手段と位置づけられてきたと判断できる。しかし，これまでは小規模・低水準のFTAが多く，成果の評価は難しい。企業番付には国有企業が名を連ねる状況で，むしろ市場化推進より「国家資本主義」を強化しているという評価も可能であろう。

　同様に小規模・低水準のFTAが多いという理由から，これまでFTA交渉はまだ深刻な政治化には至っていないが，今後，より大規模・高水準のFTA交渉を行う場合も政治化しないと決まっているわけではない。政治的抵抗を克服して交渉を妥結した後，産業の高度化が加速することはありうるが，現場レベルで非関税障壁に類するさまざまな問題が持ち上がることも織り込んでおかなければならないだろう。

　少子高齢化が近い将来，中国の国力の制限要因となることから，習近平政権は「中国の夢」すなわち民族復興のため，できるだけ早く勢力圏の拡大，国際秩序の再編を実現し，既成事実を築き上げておきたいであろう。したがって，今後も主導権を発揮する空間を広げる手段として全方位的なFTAネットワークの構築に邁進することは確実である。だが，活動範囲が広がった分だけ自国民・企業の保護の責務や，相手国や第三国との利害衝突，対立のリスクも背負うことになる。

第Ⅱ部　主要国のFTA・TPP政策

　2015年10月5日にTPPが大筋合意に達した。発効まで予断を許さないとはいえ，新たな局面に入ったことは間違いない。中国としてはTPPには国有企業の問題一つとっても，加入は容易ではない。したがってRCEP交渉を推進し，FTAAPの基本枠組みとなるよう巻き返しを図ることになるだろう。東アジアのみならずグローバルに影響を及ぼす存在であるだけに，今後も中国のFTA政策とその波及効果を注視していく必要がある。

◀注

1) 中国も途上国側利益を強硬に主張した当事者であった。
2) なお，例年は年末に管轄官庁の商務部が発表する翌年の政策の重点が翌年3月の全国人民代表大会での国務院の政府活動報告でも言及され，ほぼその線に沿って政策が進められてきた。重点の変遷はこれらの文書を確認すれば理解できる。
3) 湾岸協力理事会（サウジアラビア）のように，この手法が効かない相手もある。シリア問題をめぐる対立から関係が悪化し，交渉も2009年以来5年にわたり中断した。
4) オーストラリアに対し，ニュージーランドとのFTAは初の先進国とのFTAであり，また初の包括的なFTAであったが，比較的スムーズであった。その理由としては，ニュージーランドが羊毛・乳製品などを除けば輸入国であり，中国国内の新疆ウイグル自治区，内蒙古自治区の産品との競合を調整することが唯一の課題であったことから，締結は実現させやすかったと考えられる。今後交渉が進められるRCEP，日中韓など大規模，多国間，高水準のFTAについては難航が予想される。
5) 国家資本主義については，ブレマー（2011）を参照。ブレマーの定義によると「政府が経済に主導的な役割を果たし，主として政治上の便益を得るために市場を活用する仕組み」（ブレマー 2011: 47）とされる。同書をきっかけに中国式国家資本主義について多くの中国経済研究者が論考を発表した。政治的含意を検討した三宅（2014）も参照してほしい。
6) 中国がTPPに関心をもつようになったのは，日本が加入の意思表明をしてからのことであったという指摘もある（朱 2012: 20）。
7) ここでは中国で発行されている主要学術雑誌をカバーした「中国学術雑誌データベース（CNKI）」を利用して中国の研究者の論考と雑誌記事を調査した。当然ながら発表点数が多いため，ごく粗い調査にとどまっていることを断っておく。
8) 他方で，長期にわたりアメリカの陰にあった日本にはそのような能力はないとする見解もある（『南風窓』2013年第16期）。
9) 同記事は中国でも人民日報のウェブサイトをはじめ，各紙に転載された。原報道は『国際金融報』2014年11月10日「FTAAP能阻撃TPP嗎」（http://paper.people.com.cn/gjjrb/html/2014-11/10/content_1496904.htm）。

第 5 章 中　　国

◁ 引用・参考文献

大橋英夫 2003「東アジア経済の再編における日中の役割」『東亜』2003 年 1 月号，32-41 頁．
加藤弘之・大橋英夫・渡邉真理子 2013『21 世紀の中国 経済篇——国家資本主義の光と影』朝日新聞出版．
川島富士夫 2009「貿易分野における中国の多国間主義——『協力と自主』の現れとしての WTO 対応」大矢根聡編『東アジアの国際関係——多国間主義の地平』有信堂高文社．
木村福成・石川幸一編 2007『南進する中国と ASEAN への影響』ジェトロ．
朱炎「中国から見た TPP」『季刊中国』No. 109（2012 年夏季号），20 頁．
中逵啓示 2011『中国 WTO 加盟の政治経済学——米中時代の幕開け』早稲田大学出版部．
菱田雅晴 1995「ガット加盟の政治経済学」毛里和子編『市場経済化の中の中国』日本国際問題研究所．
ブレマー，イアン／有賀裕子訳 2011『自由市場の終焉——国家資本主義とどう闘うか』日本経済新聞出版社．
三宅康之 2012「六・四（第二次天安門）事件 1989-1991 年」高原明生・服部龍二編『日中関係史1972–2012　Ⅰ　政治篇』東京大学出版会．
三宅康之 2014「『中国式国家資本主義』をめぐる一考察」『国際学研究』第 3 巻，21-29 頁．
楊健 2011「中国の競争的 FTA 戦略——自由主義の基盤の上の現実主義」ミレヤ・ソリース＝バーバラ・スターリングス＝片田さおり編，片田さおり・浦田秀次郎監訳，岡本次郎訳『アジア太平洋の FTA 競争』勁草書房．
Garnaut, John 2015 "Australia scores 'most favoured nation' provisions in FTA with China," Sydney Morning Herald, March 13, 2015（http://www.smh.com.au/federal-politics/political-news/australia-scores-most-favoured-nation-provisions-in-fta-with-china-20150312-141w3o.html）．
Gill, Indermit and Homi Kharas 2007, *An East Asian Renaissance: Ideas for Economic Growth*, World Bank.
Hoadley, Stephen and Jian Yang 2007, China's Cross-Regional FTA Initiatives: Towards Comprehensive National Power, *Pacific Affairs*, 80(2), pp. 327–348.
Laurenceson, James 2014 "Why China-Australia FTA may be still some-way off," The Conversation, June 26, 2014（http://theconversation.com/why-china-australia-fta-may-still-be-some-way-off-28334）．
対外経済貿易大学国際経済研究院課題組 2010『中国自貿区戦略——周辺是首要』対外経済貿易大学出版社．
高蘭 2011「日本 TPP 戦略的発展特徴及其影響」『世界経済研究』2011 年第 6 期．
李光輝主編 2011『中国自由貿易区戦略』中国商務出版社．
宋国友 2013「全球自由貿易協定競争与中国的戦略選択」『現代国際研究』2013 年 5 期．
王俊 2014「発達国家自由貿易区建設実践与政策選択」『対外経貿実務』2014 年第 1 期．
中共中央文献研究室編 2014『十八大以来重要文献選編（上）』中央文献出版社．

第Ⅱ部　主要国のFTA・TPP政策

「我国自由貿易区戦略及未来発展探析」『中国共産党新聞網』（2008年10月29日）（http://theory.people.com.cn/GB/49154/49155/8249093.html）。

「亜太FTA競争，中国如何応対」『南風窓』2013年第16期（http://www.nfcmag.com/article/4177.html）。

「韓中TA仮署名　韓国は製造業で譲歩し農水産物守る」『聯合ニュース』（2015年2月25日）（http://japanese.yonhapnews.co.kr/headline/2015/02/25/0200000000AJP20150225002900882.HTML）。

「胡錦濤在亜太経合組織工商領導人峰会上的演講（胡錦濤――APECビジネスリーダーサミットにおける演説）」『新華網』（2012年9月8日）（http://news.xinhuanet.com/world/2012-09/08/c_113005563.htm）。

「報告解読：把自由貿易区建設提到戦略的高度（（党の17大会報告解読）自由貿易地域建設を戦略的高度に引き上げる）」『新華網』（2007年12月14日）（http://news.xinhuanet.com/newscenter/2007-12/14/content_7247446.htm）。

「中国がノルウェーとのFTA交渉を無期延期，平和賞問題の影響か」『ロイター通信』（2010年12月1日）（http://jp.reuters.com/article/worldNews/idJPJAPAN-18418120101201）。

「李克強在博鰲亜洲論壇2014年年会開幕式上的主旨演講（李克強ボアオアジアフォーラム2014年年会開幕式における李克強の主旨講演）」『新華網』（2014年4月10日）（http://news.xinhuanet.com/politics/2014-04/10/c_1110191764.htm）。

「U.S. Blocks China Efforts to Promote Asia Trade Pact: Tussle Involves Regional Influence, Billions of Dollars in Trade（APEC首脳会議，米が中国のFTAAP構想推進阻止）」Wall Street Journal, November 2, 2014（http://www.wsj.com/articles/u-s-blocks-china-efforts-to-promote-asia-trade-pact-1414965150）。

「Obama Presses Case for Asia Trade Deal, Warns Failure Would Benefit China: President Says Anti-globalization Sentiments from Left and Right 'a Big Mistake'（オバマ大統領TPPの必要性を力説，『失敗は中国の利益に』と警告）」Wall Street Journal, April 25, 2015.（http://www.wsj.com/articles/obama-presses-case-for-asia-trade-deal-warns-failure-would-benefit-china-1430160415）。

第6章

韓　国

自由貿易主義への転換

大　西　　裕

1 開発主義と自由貿易主義

● FTAをめぐるいくつかの説明

　本章は，韓国における貿易自由化をめぐる政治を，歴史を遡って概観し，今後の展望について考える。今日，韓国は自由貿易協定（FTA）に最も熱心な国の一つに数えられ，アメリカ，欧州連合（EU），東南アジア諸国など主要な貿易相手とFTAを多角的に結んでいる。韓国の姿勢は，とりわけ輸出産品で競合する日本にとって脅威になっている。しかしこのような韓国の状況は，日本のそれを考えればやや奇異である。韓国の産業構造は日本と類似しており，国際競争力のない産業として農業をはじめとする第1次産業が存在している。農業が一定の政治力を有していることを考えれば，日本同様に，第1次産業の存在ゆえに，貿易自由化の推進には及び腰になるはずである。

　日本と異なり，なぜ韓国は貿易自由化を推進し，結果として世界で最もFTAに熱心な国の一つになっているのか。この問いに答えることが，本章の中心的なテーマである。

　日本と類似した産業構造でありながら，なぜ韓国はFTAに積極的なのであろうか。言い換えると，日本でなら当然に見られる，農業協同組合（農協）などの保護主義的な勢力がなぜ貿易自由化を阻止できないのであろうか。この問いに関する説明として次の3つが考えられるであろう。

それは，第1に，韓国が貿易政策に関する国際的な交渉力が弱いからである。産業構造が類似しているとはいえ，日本の貿易依存度が20％に届かないのに対して，韓国は80％以上である。貿易の重要性は日本と比較にならないといってよい。貿易依存度が高ければ，自由化を求める外的圧力に弱いという想像は容易につく（イスンジュ 2007）。例えば，アメリカは貿易依存度が高い国に対してのほうが，そうでない国よりも自由化交渉が行いやすいと考えられる（Bayard and Elliott 1994）。第2に，外的ショックが一国の貿易体制に変化を与えるからである（Haggard and Kaufman 1992）。1997年のアジア通貨危機で外貨が底をついた韓国は，国際通貨基金（IMF）から緊急融資を受ける条件として新自由主義改革を約束させられた。以降韓国の経済政策には自由化以外の選択肢がなく，貿易政策についても同様であるという説明である。

第3に，政治制度による説明である[1]。日本と韓国の大きな違いは，選挙制度にある。日本はかつて衆議院議員選挙で中選挙区制を採用していた。この選挙制度では一つの選挙区から複数の国会議員が選出され，そのために政権政党である自民党では同一選挙区内に複数の国会議員が存在することになる。これらの国会議員が共存するためには，選挙区を地域で分割するか，専門分野で分割するかしかなく，結果として族議員の発生を促した。それゆえに業界団体などの利益集団の利益が国会で代表されやすい。衆議院の選挙制度は変わったが，比例復活の仕組みや業界団体の利益を代表させやすい参議院が存在するため，業界団体の利益を重視する国会の性格は依然として続いている。他方，韓国は小選挙区中心の選挙制度を採用している。選挙区では1人しか国会議員になれないため，国会議員は選挙区全体の利益を代表する傾向が強くなり，特定の業界団体の利益を国会に反映させにくくなる。選挙制度を通じて，国会が社会全体の利益を代表するのか，部分的な利益を代表するのかに大きな違いが生まれることになる。

以上の3つの説明は，FTAに関する日韓の違いについてそれぞれにある程度は説明することが可能であるが，いずれも部分的である。第1の説明については，韓国がFTAに積極的になったのは21世紀に入ってからだということを説明できない[2]。韓国の貿易依存度は工業化が始まる1970年代からほぼ常に70％を超えていたが，国内市場を開放するという意味での自由貿易に対する

第 6 章 韓　　国

関与は弱く，産業保護を行ってきた。とりわけ政治的に敏感な分野である第1次産業に対して保護的であったのは日本と同じである。高い貿易依存度自体は，韓国政府の貿易政策そのものを説明することにはならない。第2の説明の要点は，韓国政府の政策決定における主体性を否定し，外部の圧力の重要性を主張するところにある。しかし，IMFが韓国政府に対して発言権を有していたのは金大中政権の初期に限られており，FTAを本格的に推進する盧武鉉政権以降を何ら拘束していない。自由化を韓国政府が主体的に決定したことを否定するだけの証拠はきわめて貧弱なのである。第3の説明は，第1と同様，時期的な説明ができない。加えて，選挙区の利益が韓国全体の利益となるという点で短絡的である。ジョンハヨン・イギュヒョン（2012）の調査によると，2012年の米韓FTA批准に関する国会議員の態度は，選挙区の産業構造に左右されて賛否が分かれていた。国会議員は韓国全体の利益を代表できているわけではないのである。加えて，仮にこの議論が日韓比較において妥当するとしても，他国の貿易政策を選挙制度で説明できるというような外部妥当性を有していないことは明らかであろう。

● 開発主義と輸出第一主義

　韓国の貿易自由化戦略の特徴について，歴史を振り返りながら説明しよう。
　韓国は，以前からFTAに熱心だったわけではない。むしろ1990年代以前は貿易自由化そのものに対して積極的ではなかったといえる。
　韓国は，新興工業経済群（NIEs）の一角として世界経済に存在感を示し始めた当初から，貿易依存度が日本よりもはるかに高い国であった。しかし，それは韓国が自由貿易主義であったことを意味せず，むしろ保護貿易主義的ですらあった。保護貿易主義と高い貿易依存度という一見矛盾する構図は，当時の貿易構造に由来するものである。すなわち，韓国は加工貿易立国であり，中東などの資源国からエネルギーなどを調達し，日本から大量の部品・半製品を輸入し，それらを組み合わせて製造した商品をアメリカに輸出していた。この路線の下では，国内産業保護と輸出立国の両立が可能である。それゆえ，1990年代初頭まで，韓国産業は高い関税障壁によって保護されていたのであった。
　当時の経済政策は，開発主義，輸出第一主義と表現されることが多かった

(大西 2005)。いずれも曖昧な概念ではあるが，開発主義には，政府が経済開発を主導することと，そのための産業政策として重化学工業などの重点産業育成および特定産業保護が構成要素として含まれている。輸出第一主義は，官民挙げて国内商品の輸出を追求することを意味するが，それは自由貿易主義ではない。輸出のために必要であれば海外から輸入するが，国内市場の対外開放は念頭になかったのである。それゆえ，韓国の国内市場は，貿易依存度の高さからは想像できないほど閉鎖的で，外国製品を見つけることが難しかった。

開発主義と輸出第一主義という政策の組み合わせは，1960年代後半から韓国経済を急速に工業化し，年平均10%近くとなるきわめて高い経済成長をもたらした。1960年代初頭，世界の最貧国の一つであった状態から21世紀には先進工業国家に韓国は躍進する。

2 歴代政権の貿易自由化政策

● 蛇行する貿易政策（1）——金泳三政権

しかし，民主化以前に韓国経済を導いたこの2つの政策コンセプトは，韓国国民に必ずしも好意的に受け取られてはいなかった。経済成長をもたらしたかもしれないが，格差ももたらしている。加えて韓国経済はアメリカに従属することになり，自主性を失ったという議論が支配的であったからである。それを象徴する存在が，財閥であった。少数の財閥が経済を牛耳る構図は，上昇したとはいえ所得水準が先進国とはいえない状況では格差の象徴とすらとらえることができた。1987年の民主化以降，この不満は政治の舞台に登場する。その後の政権は財閥主導経済と経済格差問題に何らかの解決策を見出す必要に迫られるのである。

1993年に登場した金泳三政権（1993年2月-98年2月）は，政権発足時は「新経済」，のちに「世界化」というスローガンを掲げて韓国経済の抱える問題の打開に取り組む（大西 2005：第6章）。「新経済」は，権威主義時代に形成された国家主導経済を民間主導に転換して，国民の参加と創意を生かすという意味で，競争促進のために国境の壁もできるだけ低くしようとの発想であった。この背後にあったのは，権威主義時代に政府が不公平な政策を行ったせいで財閥

が巨大化したのだという認識である。それゆえ，政府の市場への介入を縮小させるべきと考えられた。また，彼が大統領に就任した当時，韓国経済は不況に陥っていた。それも政府介入の結果，民間の活力が引き出せていないことが原因とされていた。

「世界化」は，金泳三大統領が1993年のアジア太平洋経済協力（APEC）シアトル首脳会議で受けた衝撃に始まる。冷戦終了後，EU，北米自由貿易協定（NAFTA）などの地域単位の経済圏が誕生していた。韓国のように輸出で成長を遂げてきた国にとって，ブロック化によって他国の市場へのアクセスを制限されるのは危険ですらある。それゆえ，従来のように一方的に輸出を行う環境を維持するのではなく，韓国経済を国際市場にさらし，グローバルに展開される競争に勝てるようにしなければならない。金泳三の考えは，以上であった。

いずれのスローガンも，権威主義時代の保護貿易主義をうち捨て，貿易自由化，国内市場開放を志向する点で同じである。金泳三政権は，当時としてはやや背伸びした感があったが交渉の末，経済協力開発機構（OECD）に加盟し，APECでの貿易自由化交渉にも，関税と貿易に関する一般協定（GATT）のウルグアイ・ラウンドにも積極的に参加する姿勢を示した。

しかし，金泳三政権の下では，貿易自由化の取り組みは早期に挫折することになった。それは，日本同様，国内の利益集団の反対によるものであった。ウルグアイ・ラウンドでは，農産物自由化をめぐり農民団体が反対運動を展開した。とりわけコメについては，自由化どころか貿易の対象とすることすら拒否された。ウルグアイ・ラウンドそのものには韓国はとどまったが，目玉であった農産物の自由化は関税化や最低アクセスの保証など低レベルの合意に終わったのである。

ウルグアイ・ラウンドでの挫折は響き，APECの枠内で進められていた貿易自由化交渉にも韓国は消極的となった。ウルグアイ・ラウンドで決断したコメ市場の部分的開放への国内の反発が大きく，同ラウンドでの水準以上の自由化は無理であると表明すらしていたのである。

● **蛇行する貿易政策（2）──金大中政権**

貿易自由化をめぐる韓国政府の政策的蛇行は，続く金大中政権（1998年2月–

2003年2月）でも繰り返された。同政権も金泳三政権同様，政権発足当初は貿易自由化を志向していた。

　金大中政権の自由化志向は，国外からの要請でもあった。韓国は1997年11月に通貨危機に陥り，国際通貨基金（IMF）から救済融資を受けていた。融資を受けるにあたってIMFが韓国に課した条件は，ワシントン・コンセンサスと呼ばれる新自由主義改革の実施であった。国内市場の透明化と外国からのアクセス改善，政府の市場介入縮小が主たる内容である。とりわけ韓国は政府と企業の関係が不透明であったことが海外の投資家の不信を呼んで通貨危機につながったのだと理解されていたため，企業の経営情報開示をはじめとする透明性・アクセスの向上と，国家信認度の回復が必要とされた。

　貿易自由化交渉への積極的な参加も信認度回復の一つの手段と考えられた。ウルグアイ・ラウンドの終了を受けて始められた世界貿易機関（WTO）ドーハ・ラウンドにも積極的に参加する姿勢を見せた。しかし，発足当初の自由化志向は，その後急速に変化する。その落差を印象づけたのが，APECでの貿易自由化交渉であった。[3]

　APECは，当初東南アジア諸国連合（ASEAN）を中心としてアジア太平洋地域の各国が経済協力について話し合いを行うフォーラムであったが，1990年代に世界の各地域で生じた地域単位の経済ブロック化の動きに危惧を覚え，貿易自由化の推進力になるという方針を示した。APECは1994年にインドネシアで，「自由で開かれた域内貿易投資」を達成する目標年次を，先進経済メンバーは2010年，途上経済メンバーは2020年と設定するボゴール宣言を採択した。その目標に先駆けて，特定分野の自由化を推進する試みとして，1996年に始められたのが，早期自主的分野別自由化（EVSL）交渉である（岡本 2001）。

　APEC加盟諸国は先進国，途上国を含んでいるが，貿易に関して共通した特徴を有している。それは，EU加盟国などとは異なり，いずれの国も域内よりも域外との取引が大きいことである。それゆえ，世界経済のブロック化を阻止すべき切実性があった。APECは「開かれた地域主義」を掲げ，域内における各国の貿易自由化を自由貿易体制の強化につなげようと考えていた。

　EVSL交渉に対する韓国政府の態度は，当初消極的であった。ウルグアイ・

ラウンドでの挫折を経験した金泳三政権に踏み込んだ対応を考える余地はなかったと考えられる。しかし，金大中政権で方針は一転した。EVSL には，韓国にとっての政治的に敏感な分野である水産物，林産物も含まれることになった。これらの分野を含めて，韓国は全面的な交渉参加を 1998 年 4 月に表明した。日本がこれらの分野で多くの品目を自由化対象から外す旨を表明したのとは逆に，韓国は自由化留保品目を限定し，自由化を主とする提案を行っていく。6 月の閣僚会議ではその提案の大胆さに，アメリカ通商代表部 (USTR) 代表をして「信じられない提案」と驚かせるほどであった（大西 2001）。

ところが，同時期に生じた日韓漁業交渉のもつれを契機に，韓国の積極姿勢は後退していく。EVSL は日米の対立から交渉が決裂し，WTO に議論の場が移ったが，以降韓国は食糧安全保障を理由に日本と共同歩調をとり，農産物・水産物分野で日本との大臣級レベルの会談を定期化していくところにまで変化したのであった。

FTA に対する姿勢も慎重であった。金大中政権は，WTO や APEC などの多国間交渉に重点を置いていたが，経済危機からの脱却をめざして FTA 交渉を進める意思も示していた。1998 年にはチリ，日本との共同研究を開始し，チリとは交渉妥結にまで至る。しかし，チリ産農産物をめぐる韓国内での反発は強く，日本との間では共同研究にとどまった。東アジアでは日中が FTA や経済連携協定 (EPA) を進展させていたのに対し，韓国は明らかに出遅れる展開となったのである（大西 2014：第 3 章）。

金泳三政権と金大中政権は，いずれも政権発足当初，自由化を志向し，貿易政策でも従来の保護貿易主義から抜け出そうとした。しかし，いずれの政権も自由貿易に対する国内での強い反発から自由化のトーンを大幅に引き下げた。このような展開は，韓国が元来自由貿易を志向するような経済的，政治的与件を有していたという説明と真っ向から食い違う。むしろ，産業構造の類似性と第 1 次産業の政治的重要性が貿易自由化に消極的姿勢を示す原因となっているという点から，日本との共通性すら感じさせるのである。

● **自由貿易主義への関与**

貿易政策をめぐる蛇行は，盧武鉉政権（2003 年 2 月-08 年 2 月）以降消え去り，

第Ⅱ部　主要国のFTA・TPP政策

図6-1　韓国のFTA政策

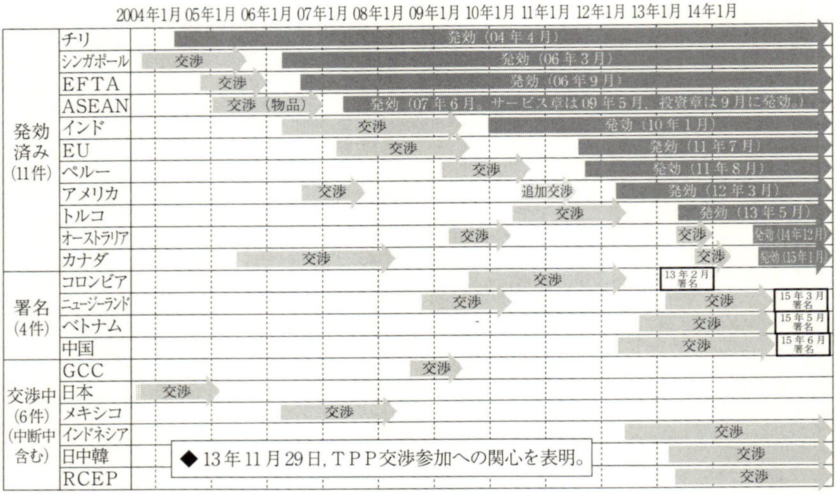

2004年1月 05年1月 06年1月 07年1月 08年1月 09年1月 10年1月 11年1月 12年1月 13年1月 14年1月

分類	国・地域	状況
発効済み (11件)	チリ	発効（04年4月）
	シンガポール	交渉／発効（06年3月）
	EFTA	交渉／発効（06年9月）
	ASEAN	交渉（物品）／発効（07年6月、サービス章は09年5月、投資章は9月に発効）
	インド	交渉／発効（10年1月）
	EU	交渉／発効（11年7月）
	ペルー	交渉／発効（11年8月）
	アメリカ	交渉／追加交渉／発効（12年3月）
	トルコ	交渉／発効（13年5月）
	オーストラリア	交渉／交渉／発効（14年12月）
	カナダ	交渉／発効（15年1月）
署名 (4件)	コロンビア	交渉／13年2月署名
	ニュージーランド	交渉／交渉／15年3月署名
	ベトナム	交渉／15年5月署名
	中国	交渉／15年6月署名
交渉中 (6件、中断中含む)	GCC	交渉
	日本	交渉
	メキシコ	交渉
	インドネシア	交渉
	日中韓	◆13年11月29日、TPP交渉参加への関心を表明／交渉
	RCEP	交渉

［出所］　韓国産業通商資源部。外務省アジア大洋州局日韓経済室（2015）「韓国経済と日韓経済関係」より再引用。

　韓国政府は自由貿易主義への強い関与を示すようになる。その結果，諸外国とのFTAが急増し，遅れを挽回するどころか，アジア諸国の中でも傑出したFTA大国へと変貌した。

　図6-1は韓国のFTA政策の経緯を示したものであるが，チリ以外すべて盧武鉉政権以降に締結されたものであり，締結までの交渉もチリと日本を除いて盧武鉉政権以降に開始された。FTAに熱心なのは続く李明博(イミョンバク)政権（2008年2月-13年2月）も同じである。金泳三政権，金大中政権のような蛇行を見せないという点でも両政権は同じであった。

　盧武鉉は，大統領に就任する以前から経済開放に積極的であった。[4] 彼は，大統領選挙時の選挙演説において，経済大国である日中に挟まれた韓国は，物流，金融の拠点として発展可能性が高く，北東アジア地域の「ハブ」（結節点）として成長できると主張した。選挙公約では，「FTAの積極推進」や，「重要国家とのFTAを推進し，輸出市場を安定的に確保すると同時に，開放を通じた我が国経済構造の先進化で21世紀先進経済国家の土台を作ります」と言明し，

それらは大統領就任後,「先進通商戦略」と「東北アジア戦略」に発展していった。

彼のFTAへの積極姿勢は，2003年8月にFTA推進ロードマップにまとめられ，FTAを「同時多発的」に推進することが決められた。大陸別に橋頭堡となる国家とFTAを結んだ後に，巨大経済圏との本格的推進を図る2段階方式をとる。すなわち，早期に推進すべき対象国として，日本，シンガポール，ASEAN，欧州自由貿易連合（EFTA），メキシコなどが挙げられ，アメリカは中国，EUとともに中長期的対象と考えられていた。

橋頭堡となる国との交渉によってさらに経験を積むと同時に，その背後にある巨大経済圏の情報をそれらの国を通じて獲得し，将来の交渉に備えるというもので，周到なロードマップであったということができる。

加えて，巨大経済圏との交渉を急ぐ必要はないと考えられてもいた。韓国政府は，金大中政権時からWTO重視の姿勢を続けていた。本筋は多国間交渉であって，2国間交渉ではない，と考えられていたのである。方向転換するのは，WTOにおける貿易自由化交渉の中断と，日本との交渉の行き詰まりであった。WTOでの交渉は，2003年9月に座礁し，中断状態に陥った。これによって多国間交渉のめどが立たなくなり，貿易自由化について根本的な方針転換が必要となった。続いてショックであったと考えられるのが，2004年1月にメキシコがとった措置であった。メキシコは，FTA非締結国に対して輸入タイヤの関税引き上げを行った。当時韓国はFTAを結んでいなかったため，韓国製品は，メキシコ市場への輸出減を余儀なくされ，かわりにFTAに相当するものとしてEPAを結んでいた日本製品はメキシコへの輸出が拡大した（パクヨンス 2011）。もはや，2段階ロードマップにこだわっている時期ではないと盧武鉉政権は判断した。橋頭堡となる国と同時に，巨大経済圏であるアメリカ，EUとの交渉も開始するとした。

とりわけ重視したのがアメリカとのFTA締結である。それは，日本と中国を結ぶハブ国家という構想のもつ危うさから抜け出すうえで必要であった。盧武鉉政権当時，北東アジア3カ国の経済力は，明らかに日本＞韓国＞中国，の順であった。経済力の点でも経済の質の点でもこの順位に違いはなかった。高品質の商品を作る日本と，技術的レベルは低く安価な商品を作る中国を，韓国

が結べば，韓国は中継地ゆえに経済活動を活性化することができる。しかし，これは，一つ間違えれば自らの位置を失いかねないものである。韓国産商品を高品質化することで競争力を得るには日本が障害となる一方で，中国が急速に工業化して追い上げてきたのである。

FTA推進の必要性と，日中間のサンドウイッチ状態を抜け出すための活路となったのが，米韓FTAである。アメリカとのFTAは，日中との交渉力を高めることに貢献するうえ，FTA戦略の出遅れを大きく挽回することにつながるのであった（パクヨンス 2011）。

日本は，農産物の問題ゆえに，アメリカやEUとの貿易自由化に踏み込むことができずにいた。ここでFTAによって広域経済圏との貿易自由化を達成できれば，韓国は一挙に国際競争上優位に立てる。このような算盤勘定が働いたのである。

盧武鉉政権時のFTA重視への方針転換は，その後，李明博政権，朴槿恵政権にも引き継がれる。歴代政権の努力によって，韓国はアメリカ，EU，ASEANなどの巨大経済圏とのFTA締結を済ませており，最大の貿易相手国である中国とも交渉妥結に至った。

3 利益集団の変容

● **利益集団の重要性**

本章は，産業構造が類似しているにもかかわらず，韓国は日本と異なり，なぜFTAに積極的なのかを明らかにすることを目的に，歴代政権の対応を検討してきた。しかしそこで顕著になったのは，日韓の違いというよりも，歴代政権の対応の違いであった。金泳三，金大中両政権は，自由化を志向しつつも国内の反発を受けて慎重になった。他方，盧武鉉以降の政権は，自由化への強い関与を維持し続け，諸外国とのFTA締結を続けてきた。この違いは何に由来するのであろうか。

本章で取り上げた4代の政権に関していえば，本章冒頭で紹介した3つの説明ではこの違いを全く説明できない。この間，貿易依存度は高いままであった。アジア通貨危機以外にも，韓国は2008年のリーマン・ショックなど何度か国

際経済の変化を経験するが，そのことは本質的には貿易政策に影響を与えてはいない。選挙制度もまた，国会議員の代表する利益のあり方を変えるような変化を生じさせていない。いずれも変化を説明する要因とはなっていないのである。

では，何が変化をもたらしたのか。この問いに対する回答のヒントは，貿易政策をめぐる伝統的な政治過程の見方にある。

貿易政策の政治過程は，典型的な利益集団政治になるという見方が有力である。貿易政策の焦点である貿易自由化は，国際競争力のない産業に損失を与え，競争力のある産業に利益をもたらす。貿易自由化が国全体として見れば利益をもたらすことは経済学の常識であるが，産業によって影響は異なる。それゆえ，その是非をめぐって国論を割る論争が発生しやすい。特定産業を代表する利益集団は，国会議員をはじめとする政治家にロビー活動を行って貿易自由化を推進あるいは阻止するように働きかける。利益集団間の論争は，こうして国政レベルの政争につながり，どちらの勢力がより政治的に説得力を有するかで貿易自由化の方向性が定まるのである。

冒頭で掲げた，選挙制度の重要性を主張する説明は，利益集団間の論争が政治家間の政争につながるような関係が存在するかどうかを重要視した考え方であった。しかし，利益集団の影響力がそもそも弱く，国会議員が別の要因で貿易政策に対する態度を決めているとすればどうであろうか。利益集団，とりわけ業界団体の強弱は，社会構造に起因している。強い利益集団をもちえないような社会構造であれば，選挙制度がどうであれ，特定産業の利益は貿易交渉において重要でなくなる。

● 強かった利益集団

この点を，本章で取り上げた4つの政権が利益集団にどう対応したのかを検討することで明らかにしよう。いずれの政権も，WTO貿易自由化交渉や，FTA交渉に際しては締結反対の強い圧力活動を受けていた。しかし，圧力活動の性格には違いが生じていた。

政権初期の貿易自由化の方針が腰砕けになった金泳三政権，金大中政権は，いずれも農民団体を中心に貿易自由化によって被害を受ける可能性が高い業界

団体が前面に出て反対運動を展開した。

　金泳三政権時代にとりわけ重要であったのは，GATT ウルグアイ・ラウンドでの農産物市場開放であった（金浩爕 2001）。ウルグアイ・ラウンドは，政権発足前から政治的争点となっていた。同ラウンドでアメリカをはじめとする農産物輸出国が，農産物を他の商品と同様に貿易自由化の対象とすべきであると強く主張していた。農林部を除く経済関係官庁と外務部の官僚たちは，韓国が GATT 体制下に居続けるためには農産物の自由化を受け入れるほかないと考えていたが，農民団体は絶対反対であった。農民団体は経済正義実践市民連合（経実連）など市民団体や農業系の研究者などと連帯して全国民的な反対運動を展開する。結果として，金泳三は大統領選挙の公約としてコメ市場は開放しないことを謳った。

　しかし，交渉を進めていくうちに金泳三も部分的開放を受け入れざるをえないことを理解していく。とはいえ，反対運動のあまりの強さから，同様の状況に置かれていた日本よりも低い輸入自由化の条件しか提示できず，加えてその条件ですら国内的な支持を得られなかった。そのため，部分的開放という国際交渉結果の批准と引き替えに国務総理をはじめとする関係閣僚を更迭し，政治的責任をとらざるをえない状態に追い込まれたのであった。

　金大中政権時代に深刻な交渉となったのは，チリとの FTA 交渉である（ユヒョンソク 2002, 2008）。チリは，韓国が初めて FTA 交渉対象国とした国である。金大中大統領は，1998 年 11 月 APEC 首脳会議でチリのフレイ大統領と会談をもち，FTA 交渉の開始を決定した。チリを最初の対象国としたのにはいくつかの理由がある。第 1 に，チリが FTA については第一走者であったことである。韓国は WTO での多国間交渉を最優先にしてはいたものの，FTA の重要性も認識しており，交渉開始を検討していた。そのうえで，すでに FTA に関する経験が豊富で，多くの国と協定を締結しているチリは韓国にとっていい「教師」と考えられた。第 2 に，貿易相手としてのチリの位置である。韓国―チリ間の貿易量は少なく，韓国の貿易量の 0.4％ に過ぎなかった。しかも，それぞれが得意とする輸出品目が異なるため，貿易は相互補完的である。FTA を結んだとしても経済的ショックは少なく，国内の反発も少ないと考えられたのである。

しかし，交渉が始まると，国内の農民団体から猛烈な反対運動を受けることになった。チリ産農産物の流入は，ナシやブドウなどの生産農家に壊滅的な打撃を与えると考えられたからである。これら生産農家の団体に加えて，チリとのFTA締結が，将来ウルグアイ・ラウンドのように農産物全体に打撃を与える交渉につながることを恐れた農民団体が大同団結して反対運動に加わった。経実連などの市民団体も反対運動に参加し，一挙に全国的な運動へと展開していった。

農民団体の活動が活発化すると，農業地域を選挙区に抱える国会議員たちも反対の声を上げ始めた。野党は当然のことであるが，与党議員も，政府と与党が重要施策について協議する党政会議の場で公然とチリとのFTA締結に反対し，農産物をリストから外さなければ国会での批准に応じないと伝えるまでに至ったのである。

この意向を受けた政府は，チリに対して農産物を交渉リストから外すよう申し入れるも，それに対するチリの反発から交渉が中断する事態に陥る。交渉がまとまり国会の批准を受けるのは2004年2月で，すでに盧武鉉政権になってからであった。批准にあたって，政府は農民たちに対する多額の補償措置をとることを約束させられた。1兆2000億ウォンに及ぶ特別基金を造成するFTA履行特別法，農漁民負債軽減特別措置法，農漁民生活の質向上および開発促進特別法がそれである。

以上のように，2つの政権の時代，貿易自由化やFTAによって直接的な被害を受ける利益集団は活発に活動し，反対運動を展開しており，彼らの利害が反映される形で自由化交渉は進むことになったのである。

● 利益集団の弱体化（1）──盧武鉉政権期

しかし，続く盧武鉉・李明博政権では，こうした利益集団はもはや反対運動の主役ではなかった。中心となるのは市民団体である。すでに述べたように，盧武鉉政権以降，韓国は世界の主要貿易相手（国・地域）と次々とFTAを結んでいくことになる。チリとは異なり，貿易量が多く利害関係の複雑なアメリカやEU，中国などとの交渉には，国内の反発がより強くなっても不思議ではない。しかし，反発が強かったのは米韓FTAだけであった。[5] 盧武鉉政権期，

第Ⅱ部　主要国のFTA・TPP政策

　韓国政府は，シンガポール，EFTA，ASEANなどとのFTA交渉を米韓FTA交渉と近い時期に行っているが，いずれも盧武鉉政権の間に妥結している。EUとの交渉も2007年5月に始められ，李明博政権期である10年に署名し，11年から適用が始まっている（ジェトロ 2011）。これらの交渉を国内の利益集団はさほど問題にはしていない。

　米韓FTAで盧武鉉の前に立ちふさがったのは，利益集団ではなかった。市民団体を中心とする進歩派勢力であった。発端は，映画館に対し上映映画の一定割合を国産映画とするよう義務づける，スクリーン・クォータの縮小決定であった。この決定はFTA交渉に先駆けてアメリカが要求し，韓国政府が受け入れたものであった。映画産業関係者が猛然と反発したのを受け，「対米経済従属および社会両極化を深刻化させ，韓国経済を破綻に落とし込む米韓FTA阻止」という目的で，米韓FTA阻止汎国民運動本部が発足し，300あまりの団体が参加した。主な参加団体は，全国農民連帯，全国農民会総連盟，全国民主労働組合総連盟，韓国労働組合総連盟，全国教職員労働組合，スクリーン・クォータ文化連帯，民主社会のための弁護士会，参与連帯，韓国大学総学生会連合，民主化のための教授協議会などであった。農民団体，映画業界関係者などの被害を受ける可能性のある団体も入ってはいるが，利害関係が直接にはない市民団体が多数加わり，進歩派市民団体が主導する形で反対運動が進められた（キムソンス 2011）。

　FTAの肯定的側面を強調する政府に対して，進歩派は，米韓FTAの問題を，貿易問題としてではなく，民族・自主・主権の問題としてとらえ，FTAはアメリカによるこれらの侵害という，刺激的かつ象徴的な言葉を用いて政府を批判した。つまり，米韓FTAはアメリカの文化侵略であり，韓国経済をアメリカ経済に従属させるものである。締結は北朝鮮との関係にも影響を及ぼさざるをえない。なぜならば，FTAは朝鮮半島の和解と統一の物的土台を再編しようというアメリカの不純な意図に基づいているものであるからだ。政府は米韓同盟の重要性を指摘するが，脱冷戦期の現代にいまだに古い米韓同盟に執着するのは時代錯誤だ（キムソンス 2011），という具合である。

　進歩派は，盧武鉉政権に対し反民族的という烙印（スティグマ）を押し，その価値を貶めることで米韓FTAを阻止しようとしたのである。このため，米

第 6 章　韓　　国

韓 FTA は盧武鉉政権で署名したものの，国会で批准を受けることができなかった。

● **利益集団の弱体化（2）――李明博政権期**

　続く李明博政権でも米韓 FTA を進歩派が反対したことに変わりはない。李明博もまた，盧武鉉と同様に対外経済開放こそが韓国を発展に導くと考えていたため，盧武鉉政権が進めた米韓 FTA に全く異論はなかった。同政権期の初期において FTA 締結に向けての最後の条件となったのは，アメリカ産牛肉輸入問題であった。盧武鉉政権は一度輸入を再開したものの，輸出にあたってのアメリカ側の処理のまずさが引き金となって再び輸入停止になっていた。李明博は，大統領就任後，牛肉輸入交渉を事務レベルで進めていたが，2008 年 4 月に第 18 代国会議員選挙で与党が勝利し，過半数を獲得したことで自信を深め，18 日の初訪米で首脳間の合意にまで持ち込んだ。これでアメリカ国内での米韓 FTA の批准同意について決定的な契機が用意できたと判断し，国会に批准同意案を提出した。しかし，前後して発生したアメリカ産牛肉輸入反対を唱える大規模デモで支持率が急低下したため，採決に持ち込めなかった。

　その後，FTA 交渉はアメリカ側の事情で中断するが，2010 年に再開され，11 年 10 月には李明博大統領を国賓として歓迎し，前後して一挙に批准同意案が通過した。

　他方，韓国国内では逆に進歩派の反対運動が勢いを増しており，保守派対進歩派の対立構図が鮮明になっていった。ただし，その争点は米韓 FTA 自体への賛否ではなく，韓国から再交渉をもちかけるべきかどうかという点であった。進歩派が強く反発したのは，国家主権と関係する事項で，彼らはこれらを毒素条項と呼んで強く批判した。その一つに，国家と投資家の間の紛争解決制度（ISDS）条項がある。これは，例えば，韓国に投資したアメリカ企業が，韓国の政策によって損害を被った場合，世界銀行傘下の国際投資紛争仲裁センターに提訴でき，韓国で裁判は行わないというものである。それに対して，進歩派は，これを韓国が自主的に政策を形成できなくするものと反発した。同様に，ラチェット条項（自由化不可逆規定）は，一度規制を緩和すると，どんなことがあっても元に戻せないので，狂牛病が発生しても牛肉の輸入を中断できないと

解釈された。これら毒素条項に関する解釈の大半には誤解ないしは曲解が混じっており，進歩派が心配するほど危険なものではない（高安 2012）。しかし，韓国が独自の政策をとることをFTAによって制限されるという意味で，米韓FTAは事実上の主権侵害で，不平等条約のようなものであるという理解が広まっていったのであった。

　進歩派の宣伝を受けて，世論も慎重論に傾きを見せていた。東アジア研究院の調査によると，2011 年 2 月の時点で米韓 FTA に賛成意見は 65.8% であったのに対し，5 月には 57.8% に減少し，反対意見は逆に 27.9% から 32.7% に増加していた。再交渉の是非については，半数に近い 46.3% が再交渉を支持しており，8 月に開かれる臨時国会で批准すべきであるという意見は 25.8% にとどまっていた（ジョンウォンチル 2011）。進歩派の攻勢には，かなりの効果があったのである。

　2011 年 11 月 22 日，米韓 FTA 批准同意案は国会を通過し，12 年 3 月に発効する。しかし，投票に参加した議員は，国会議員 299 名中ほぼ与党議員のみで 170 名に過ぎず，その中でも与党からすら棄権者が出たり，反対票が投じられたりするという，薄氷を踏む思いの出来事であった。

　以上の検討でわかるように，貿易自由化，FTA 交渉に対する反対運動は 4 つの政権すべてで見られるものの，その主役は大きく変わっていた。被害を受ける業界団体からイデオロギー志向の市民団体への変化は顕著である。実際に，韓国の団体世界は日本的な経済団体・業界団体優位から市民団体優位へと急速に変貌を遂げていた。図 6-2 は，辻中豊たちが行った韓国の市民社会・圧力団体に関する研究である。彼らは 1997 年と 2008 年の 2 度，ほぼ 10 年の間を空けて調査を実施した。1997 年調査では，韓国は日本ほどではないにしても，営利団体の割合が全体として高かったが，2008 年調査ではその割合は減り，かわって市民団体が割合を増やしていた。辻中たちは日本においても同様の調査をほぼ同時期に行っているが，日本では経済団体の占める割合にほとんど変化はない。経済団体は通常，特定産業の利益を代表している。その活動量が減っているのであれば，政治家たちは彼らの利益をさほど気にせずに政策決定を行うことができるであろう。

　整理しよう。金泳三・金大中政権期において貿易自由化をめぐる貿易政策が

第6章　韓　国

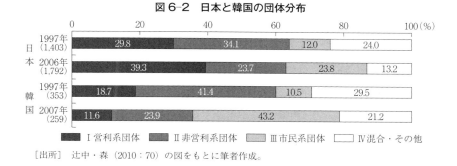

図6-2　日本と韓国の団体分布

[出所]　辻中・森（2010：70）の図をもとに筆者作成。

蛇行したのは，自由化によって被害を受ける業界団体の圧力活動が活発であったからで，盧武鉉・李明博政権期においてFTAが大幅に進められたのは業界団体の活動が低下していたからである。

4　流動化する社会基盤とFTA

● 利益集団弱体化の社会的基礎

昨今の環太平洋経済連携（TPP）交渉での日本の政治の状況を見ればわかるように，通常，貿易をめぐる国内政治には利益集団の登場が不可避である。貿易の自由化は，それまで貿易障壁によって保護されてきた産業に対し不利益を与える。逆に，自由化は国際競争力のある産業にとっては他国の市場への進出を可能にする。どの産業を，どの程度自由化するかは，それゆえに産業間，さらには業界団体をはじめとする利益集団間の対立を生じさせ，典型的な利益集団政治になるからである。日本では国際競争上劣位になると考えられている農業団体が自由化に反対するのは当然であり，パットナムなどの従来の貿易をめぐる国内政治の理論からも当然視されることである（第2章参照）。ところが，韓国ではこのような見方をそのまま当てはめることができない。盧武鉉政権の誕生以前と以後では利益集団の活動が大きく異なるからである。このような利益集団の変容は，何によって説明されるのであろうか。

この問いについては，次のような2つの説明を与えることが可能である。

一つは，利益集団の構成員が流動的で特定の業種に対する執着が薄いということである。韓国の労働市場は流動性が高い。言い換えれば，現在職を得ているある産業が十分な収入を与えないとなると，容易に転職してしまう。転職が困難であるなど流動性が低ければ，国際競争力がない産業に属する企業と労働者のいずれもが貿易自由化に反対するであろう。しかし，労働市場の流動性と，財閥として企業が産業横断的に結合されている企業統治構造が，特定の産業に固執する必要性を大幅に低くしていた。[6]

　本章での検討で主な対象となった農業など第1次産業についての流動性は，一般的な労働市場ほど高くはないかもしれない。しかし，日本とは異なり，韓国では農村に農業以外のめぼしい産業がなく，若年層が離農し都市部に流出した結果として，急速に高齢化が進んできている。このことを考慮すれば，時代が下るにしたがって，農民に圧力団体活動を行うだけの活力が低下するのは当然であると考えられる。

　関連して指摘しておかなければならないのは，利益集団による圧力活動が活発であった金泳三・金大中政権期においても，農民団体の活動が単独で政府の方針を修正させたわけではないということである。彼らは，経実連など，国政全般に強い影響力を保持している市民団体と連携することで初めて影響力をもちえた。言い換えれば，利益集団の圧力活動の市民運動化が影響力をもつうえで重要なポイントであった。この点は，農業団体が地域社会と密接な関係を有することで影響力を発揮している日本とは大きく異なる。市民団体はいつも農民団体の味方であるとは限らない。盧武鉉政権以降，彼らは米韓FTAにはイデオロギー的理由ゆえに政府の方針に反発したが，そのほかのFTAについてはあまり大きな関心を示さなかった。

　もう一つの説明は，自由貿易に関する韓国内での支配的言説の重要性である。1997年のアジア通貨危機以降に行われた世論調査のほとんどが示すように，韓国国民の大半が，韓国経済にとって貿易自由化は不可避であり，諸外国と積極的にFTAを締結すべきだと考えている（キムミギョン 2011）。このような言説状況が存在する以上，特定業界の利益に関係する形での保護貿易の主張は到底世論の支持を得ることができないであろう。

　FTAに関する韓国の国内政治についての疑問は，流動性に基づく解釈でも，

第6章 韓　　国

言説を重視する解釈でも説明が可能である。ただし，このような，貿易政治に関する非伝統的な解釈に立脚しない限り，説明は困難であるということができるであろう。

● **今後の展望**

　韓国が展開してきたFTAへの積極的な対応は，今後の韓国経済や貿易政策にどのような影響を与えるのであろうか。若干ながら検討してみよう。

　韓国は金大中政権まではWTOなどの多国間協定に力点を置いていたが，盧武鉉政権以降FTAのような2国間協定重視へと転換した。多国間協定に比べ，2国間協定は双方の事情を考慮し，政治的に敏感な部分に配慮することができるため交渉コストは低い。ただし，2国間協定はそれゆえの問題点も含む。交渉は相手国の国力を反映することになるため，自国よりも巨大な経済圏を相手にする場合，不利な条件下での交渉になりやすい。加えて，交渉内容は双方の事情に配慮されたものになるので，FTAの内容が国ごとに異なり，実際に貿易を行う企業側の負担を大きくする。

　前者の問題を韓国がどの程度解決し，自国にとって交渉内容が不利でないようにできたのかは，韓国経済に対する自由化の効果が現れる今後を待たないとわからない。しかし，韓国はチリを出発点として貿易自由化交渉の経験を積んできており，不利をある程度カバーしているのではないかと考えられる。後者の問題は，輸出産業が財閥系企業など大企業によって担われている状況ゆえに，それほど重荷にはなっていないようである。もちろん，国内市場の狭さを考えると，「スパゲティ・ボウル」化したFTAの状況は，韓国内での企業間の競争力格差を拡大せざるをえないであろうが，それは別の問題である。

　問題は，世界の趨勢が2国間協定ではなく，広域に及ぶ多国間協定（いわゆる広域FTA）に変化していることである。TPPや東アジア地域包括的経済連携（RCEP）はいずれも広域FTAである。2国間協定による経験を韓国政府が活かせるのか，それともその成功ゆえの重荷になるかはわからない。

　朴槿恵政権が発足して2年半経った。同政権は，国際競争力に乏しい経済弱者に対して融和的な姿勢も示しているが，盧武鉉政権以来のFTA重視路線を変更しておらず，中国，オーストラリア，ニュージーランドなどの国々とも協

定妥結まで漕ぎ着けている。今後もこの方向に大きな変化はないであろう。しかし，韓国がこれまで結んできた，複雑に入り組んだ2国間協定の網を利用して貿易を拡大できる企業は，強力な法務部門を擁する財閥系大企業に限られている。通商交渉のあり方が，2国間協定から広域経済圏をめざした多国間協定に変わりつつある今日，貿易自由化をめぐる国内での葛藤が，大企業対中小企業など，従来の業種単位ではない形で起こる可能性は低くない。それへの対応に注目する必要があるだろう。

◀ 注

1) ただし，韓国での研究は貿易政策に関する政治制度，とりわけ国会の役割について否定的である。それは，貿易政策を含む外交政策は大統領の専権事項と考えられており，国会はその結果を批准するかどうかしか問われないからである（チェテウク 2006）。確かに公式にはこのような制度的指摘は正しい。しかし，以下の事例で見るように，国会は非公式には影響力を有しており，たびたび行使されてきている。
2) FTA推進が遅れた理由は，韓国が当初WTOでの自由化交渉に力点を置いていたためであるという説明がある（福田 2010；奥田 2010）。WTOドーハ・ラウンドでの交渉締結のほうが貿易依存度の高い韓国では得られる果実が大きいからである。この説明は韓国の交渉力の弱さを根拠としている点で親和的である。ただし，この説明は日中など他国がすでにFTA重視に向かっているのにあえてWTOにこだわった理由としては不十分である。貿易依存度の高さを問題にするのであれば，とりわけ輸出市場におけるライバルである日本が他国とFTAを結ぶことで間接的に韓国が受ける不利益を政府は考慮するはずである（Oye 1992）。そうであれば，WTOでの交渉がどうであれ，FTA交渉を後回しにすることは合理的な行動とはいえない。
3) 事例の詳細は大西（2001）参照。
4) 詳細は大西（2014：第3章）参照。
5) 詳しくは大西（2014：第3章，第4章）参照。
6) これに近い見解として，クー（2010）。ただしクーはより多様な要因を指摘しているため，主張がわかりにくい。理論的根拠については本章第2章および大西（2014：第5章）参照。

◁ 引用・参考文献

大西裕 2001「韓国──政治的支持調達と通商政策」岡本次郎編『APEC早期自由化協議の政治過程──共有されなかったコンセンサス』アジア経済研究所。
大西裕 2005『韓国経済の政治分析──大統領の政策選択』有斐閣。
大西裕 2014『先進国・韓国の憂鬱──少子高齢化，経済格差，グローバル化』中央公論

新社．
岡本次郎 2001「EVSL協議の展開と研究課題設定」岡本次郎編『APEC早期自由化協議の政治過程——共有されなかったコンセンサス』アジア経済研究所．
奥田聡 2007『韓米FTA——韓国対外経済政策の新たな展開』アジア経済研究所．
奥田聡 2010『韓国のFTA——10年の歩みと第三国への影響』アジア経済研究所．
金浩燮 2001「コメ市場開放政策の韓日比較」小此木政夫・文正仁編『市場・国家・国際体制』慶應義塾大学出版会．
クー，ミン・ギョ 2010「多国間主義から二国間主義へ？——韓国貿易戦略の転換」ヴィニョード・K・アガワル＝浦田秀次郎／浦田秀次郎，上久保誠人監訳『FTAの政治経済分析——アジア太平洋地域の二国間貿易主義』文眞堂．
ジェトロ編 2011『EU韓国FTAの概要と解説』JETRO．
高安雄一 2012『TPPの正しい議論にかかせない米韓FTAの真実』学文社．
辻中豊・森裕城編 2010『現代社会集団の政治機能——利益団体と市民社会』（現代市民社会叢書2）木鐸社．
福田竜一／農林水産省農林水産政策研究所編 2010『貿易交渉の多層化と農産物貿易問題——自由貿易体制の進展と停滞』農山漁村文化協会．

Bayard, Thomas O. and Kimberly Ann Elliott 1994, *Reciprocity and Retaliation in U.S. Trade Policy*, Institute for International Economics.
Haggard, Stephan and Robert R. Kaufman eds. 1992, *The Politics of Economic Adjustment: International Constraints, Distributive Conflicts, and the State*, Princeton University Press.
Oye, Kenneth A., 1992, *Economic Discrimination and Political Exchange: World Political Economy in the 1930s and 1980s*, Princeton University Press.

朴英哲・金東源・朴景緒 2000『金融・企業構造調整——未完の改革』三星経済研究所．
パクヨンス 2011「盧武鉉大統領の米韓FTA推進理由——大統領リーダーシップを通じた接近」『平和研究』19巻1号．
キムソンス 2011「韓国社会の葛藤と言論の役割——米韓FTA報道記事を中心に」『東西研究』23巻1号．
ジョンウォンチル 2011「世論を通してみた米韓FTA——国会批准時期慎重論の急浮上」『EAI Opinion Review』No.201108-01．
イスンジュ 2007「韓国通商政策の変化とFTA」『韓国政治外交史論叢』29巻1号．
チェテウク 2006「韓国のFTA政策決定過程」『韓国と国際政治』53号．
ジョンハヨン・イギュヒョン 2012「地域区利益と米韓FTA」『平和研究』2012年春号．
ユヒョンソク 2002「韓国—チリ自由貿易協定の国内政治——国内交渉の利害集団と国内制度を中心に」『韓国政治学会報』36巻3号．
ユヒョンソク 2008「通商外交と国会の役割——韓国—チリFTAと韓米FTAの事例」『韓国政治外交史論叢』29巻2号．
キムミギョン 2011「対外経済政策と韓国社会の葛藤——選好，政策パラダイム，そして国内政治連合の形成」『韓国政治学会報』45巻5号．

第7章

オーストラリア

経済的利益と地域経済秩序の追求

岡 本 次 郎

　オーストラリアが初めて締結した自由貿易協定（FTA）は，1965年の「ニュージーランド・オーストラリア自由貿易協定」であり，同FTAは83年に「オーストラリア・ニュージーランド経済関係緊密化貿易協定（CER）」に発展している。このことからオーストラリアのFTA政策の歴史は長いともいえるが，オーストラリアにとってCERは歴史，政治・経済制度，文化が類似した隣国とのFTAであり，20世紀が終わる頃までは同国の対外経済政策の例外と位置づけられていた。CERはオーストラリアのFTA経験としては重要であるが，1990年代末からアジア太平洋地域で勃興した「FTAブーム」と同じ文脈で取り扱うのは適当とはいえないだろう。オーストラリアが，ニュージーランド以外の国とのFTAに本格的に取り組み始めるのは，21世紀に入ってからである。

　本章の目的は，なぜオーストラリアは対外経済政策の選択肢の一つとしてFTAを採用したのか，オーストラリアのFTAの政策目標は何か，を説明することである。まず，国内産業保護から一方的な自由化・規制緩和を通した経済構造改革へと向かったオーストラリアの経済政策の歴史を振り返り，オーストラリアの対外経済政策が，アジア太平洋地域での協力を足掛かりとする多国間自由化志向（アジア太平洋地域主義戦略）から，FTA容認・推進へと変化した背景を考察する。そして，オーストラリアのFTA政策は，アジア太平洋地域

第Ⅱ部　主要国のFTA・TPP政策

主義戦略を補完する（または代替する）道具として採用されたことを示し，ゆえに同国のFTAは，FTAに通常期待される経済効果（貿易・投資の拡大を通した国内経済成長）を最大の目標としていることを説明する。とはいえ，FTAの相手国が超大国アメリカであったり，政治・経済的台頭が著しい中国であったりする場合は，オーストラリアにとってもFTA締結の目的は経済効果に留まらないことも考えられる。そこで次に，オーストラリアの対アメリカ，対中国FTA交渉を分析し，経済効果以外の目的の有無，またその重要性の程度を確認したい。最後に，アジア太平洋地域における2つの大きな広域FTAイニシアティブである環太平洋経済連携（TPP）と東アジア地域包括的経済連携（RCEP）の両方にオーストラリアが参加する意図についても簡単に考察する。同地域内の12カ国が参加した交渉が終了し，署名されたTPP，16カ国が参加して交渉中のRCEPでは，貿易投資の自由化に加え，投資，知的財産権，競争政策などの分野でさまざまなルールが設定されるものと思われ，経済効果のみならず地域経済秩序形成の主導権を争うことになる可能性が高いからである。

1 オーストラリアのFTA政策の起源

● **全産業保護政策**

　オーストラリアは，現在では国内経済制度の自由化・規制緩和が最も進んだ国の一つとされている。しかし，連邦創設以降，20世紀の大半は，国内に存在するほとんどの産業を高関税，輸入数量規制，補助金支給などを通して保護・支援している国であった。オーストラリアが，貿易政策を含む自国の経済政策を自由化・規制緩和の方向へ舵を切るのは1980年代半ば以降のことである。

　「全産業保護」政策の採用は，オーストラリアの「建国」事情を背景としていた。1901年，太平洋の南西端に位置し，世界の「中心」から隔絶された大陸に存在していた6つの英帝国植民地が連邦を結成した。誕生したオーストラリア連邦の喫緊の課題は「国内防衛」（Castles 1988）であり，それは国家安全保障の維持とともに，国家建設・国民形成の重要な柱の一つとして国内産業保

護を含んでいた。同政策は，幼稚産業保護，実質賃金の上昇あるいは雇用の維持・拡大，非常時における輸入途絶をふまえた総花的産業発展の必要性などを理由に正当化された。国際競争力のない産業（製造業，サービス産業）には高関税や輸入数量規制などによって保護を与え，競争力のある産業（農業，後に鉱業が加わる）にも補助金供与などによる支援を与える政策は，第一次世界大戦，世界恐慌，第二次世界大戦の経験を経て次第に強化され，ほぼすべての産業団体，労働組合からの支持を得ていた。

第二次世界大戦後，アメリカの主導により自由貿易化を理念とする国際レジームとして関税と貿易に関する一般協定（GATT）が成立するが，オーストラリアがGATTに当初から参加したのは，同国のような規模の国にとって，ルールに基づく国際経済制度の確立が重要であることを痛感していたことに加え，協定交渉過程でオーストラリアの主張（例えば，国際収支危機時の輸入数量規制実施の容認や先進国〈特にアメリカ〉の農産品関税削減）が概して受け入れられたからにほかならない。オーストラリアにとって，世界大での農産物貿易自由化や農産物生産・輸出補助金廃止はきわめて重要な関心事であり続けている。しかし，1970年代までにたびたび実施されたGATTの多国間交渉（ラウンド）では，これらの問題が正面から取り上げられることはなく，オーストラリアにとってのGATTの効用は限定的と認識されていた（Crawford 1968）。

● **石油危機後の国際環境変化**

オーストラリアが1980年代に全産業保護から自由化・規制緩和へと大幅な政策転換を実施したのは，2度の石油危機を経て70年代以降に顕著となった国際環境変化の影響を受けた結果であった。1970年代のオーストラリアの経済政策は，常に国際環境変化の後手に回り，導入した政策が新たな環境下で経常収支の悪化，対外債務の増加，インフレ率・失業率の上昇などの問題を増幅するという悪循環に陥った。

オーストラリアは伝統的に，国際競争力のある農業，鉱業への就業人口は少なく，国際競争力の弱い製造業，サービス業の就業人口が多いという経済構造を有している。そして同国の輸入需要は，農産品・鉱産物といった一次産品輸出で獲得した外貨で賄われる。しかし，1973年に発生した第1次石油危機を

第Ⅱ部　主要国のFTA・TPP政策

直接的な契機として主要貿易相手国・地域（アメリカ，日本，欧州共同体〈EC〉）が景気後退に陥ると，オーストラリアの輸出収入は急速に減少した。輸出産業の不振（外貨獲得の減少）は，鉱産物・製造業生産および雇用の急速な縮小をもたらした。

　こうしてオーストラリアが戦後長らく享受してきた「一次産品ブーム」は終焉した。問題は2つあった。一つは，オーストラリアの主要貿易相手国・地域である先進国の景気後退が長引いたことに加え，それらの国々が一次産品国際価格の乱高下・高止まりを所与として，一次産品の大量消費を回避する経済構造改革に取り組んだことである。もう一つは，それら先進国に取って代わるような一次産品の輸入国が，すぐには現れなかったことである。オーストラリアの不況は長期化した。交易条件は1980年代後半まで悪化し続け，失業率も上昇し続け，インフレ率は1980年代に入っても10%前後を記録していた。

　不況の長期化は，伝統的な全産業保護政策は，変化する国際経済環境の中でも有効なのか，という根本的な疑問を深める要因となった。1980年代に入る頃までには，増え続けるオーストラリア国民の生活水準を支えていくためには経済構造改革は不可避であるという認識が，政治家，官僚，産業団体，労働組合といった多様な政策アクターに確実に広がっていた。

　同じ時期，1970年代半ば以降のアジア太平洋諸国，特に新興工業経済群（NIEs：韓国，台湾，香港，シンガポール）と東南アジア諸国連合（ASEAN）諸国の経済成長は，オーストラリアの政策アクターに強いインパクトを与えていた。日本はすでに1960年代末にオーストラリアの最大輸出相手国となっていたが，1970年代半ばからNIEs，ASEAN諸国向けの輸出も拡大し始め，その拡大ペースは1980年代に入って加速していた。アジア諸国・地域経済の成長は輸出入量，直接投資の増加をともない，同地域の経済的相互依存関係を深化させていたが，オーストラリアもそのプロセスに深く組み込まれていた。政策アクターの間では，アジアで拡大する経済機会を最大限に活用すべきであるという認識が醸成されていった。

　1983年の連邦選挙で，自由党・国民地方党連合から労働党への政権交代が起こったことを契機に，オーストラリアの経済政策は，(1) 自由化・規制緩和を通した経済構造改革，(2) アジア太平洋諸国との経済関係緊密化，という2

つの課題に漸進的に取り組むことになる。

● **経済構造改革の実施**

自由化・規制緩和は、まず金融部門から実施された。政府は1983年、為替レートを変動相場制に移行し、外貨取引に関する公的規制の大部分を撤廃した。1984年には商業銀行の外国人所有規制を撤廃し、85年に15の外国銀行に対して国内営業を認可し、さらに86年には銀行利子率を自由化した。この間豪ドルは減価し続け、1988年末の対米ドル為替レートは1980年当初に比べ24％切り下がった。政府はこの時期に、鉄鋼、自動車、繊維・靴、造船、医薬品、情報技術の各産業分野で、生産補助金や研究開発投資資金の供与、輸出振興策の推進などの産業振興策を実施した。さらに政府は、労働組合運動の頂上団体であるオーストラリア労働組合評議会（ACTU）と政策協議を行い、賃金抑制の代価として所得税減税、医療保険制度の拡充、年金制度の拡充などを約束すると同時に、賃金上昇の条件として生産性向上を求める社会協定（アコード）を、1983年から96年まで7回にわたって結んでいる。

豪ドルの減価と産業政策の実施、さらに賃金の抑制は、輸出拡大と経常収支赤字および対外債務の縮小を招くものと期待された。しかし、そのような結果はすぐには現れなかった。その主な要因は、オーストラリア経済全体としての生産性の低さだと認識された。ここに至り、政府は輸入保護を段階的に撤廃して製造業部門を国内外の市場競争にさらし、同部門の生産性上昇、競争力強化をめざすことを決断する。1987年、政府はすべての輸入数量規制の段階的撤廃を発表し、90年代半ばまでに輸入割当、関税割当による数量規制はすべて関税に転換されることとなった。翌1988年、政府はすべての製造業に対する段階的保護削減プログラムを発表した。1991年3月、保護削減プログラムの継続が宣言され、雇用規模が大きいためにセンシティブ産業とされてきた自動車・部品、繊維・衣類・靴を例外として、すべての関税を96年までに5％まで削減することが発表された。

第Ⅱ部　主要国のFTA・TPP政策

● **アジア太平洋地域主義戦略の採用へ**

　産業保護削減（自由化・規制緩和）の決定が，他国との相互主義的な取り決めを通してではなく，一方的に行われたことは重要である。一方的措置であったがゆえに，オーストラリア経済にとって自由貿易を理念とするGATTの維持，促進はさらに重要性を増した。伝統的に国際競争力を有する一次産品ばかりでなく，新たに競争力獲得をめざす製造業，サービス業部門でも可能な限り自由な貿易，投資が保証されている必要があったからである。政府はGATTの強化で国内での改革努力を下支えすることをめざし，GATTウルグアイ・ラウンドの成功を最優先の対外経済政策課題に設定する（DFAT 1988）。

　しかし，1986年に開始されたウルグアイ・ラウンドは，80年代末から90年代前半にかけて膠着してしまう。これを受け，アメリカは２国間主義政策を優先させる行動をとった。同国は1989年にカナダ・アメリカFTAを発効させた後，同協定をメキシコに拡大させ，北米自由貿易協定（NAFTA）を実現する（1994年）。西ヨーロッパでは，1992年の欧州連合条約（マーストリヒト条約）締結によって翌93年に欧州連合（EU）が創設され，政治経済統合が加速していた。

　オーストラリアは，アメリカ，西ヨーロッパという経済大国・地域が中心となる経済グループの設立に強い警戒感をもった。しかし，オーストラリアが中心となってアジア太平洋地域にNAFTA，EUのような特恵経済グループを作ることは賢明でなく，実現可能でもないと認識し（Harris 1992），同地域での協力を多国間貿易投資自由化の足がかりとする方向，つまり「アジア太平洋地域主義戦略」へと対外経済政策の舵取りを行った。そのアプローチの代表例が，オーストラリアが日本と連携をとりながら1989年の創設を主導したアジア太平洋経済協力（APEC）である。アジア太平洋地域に新たに閣僚レベルの公式フォーラムが設立されれば，短期的には他地域のウルグアイ・ラウンド参加国に交渉の早期成功に向けた圧力をかけることができる。加えて，APECのように「開かれた地域主義」[3]原則に則ったフォーラムであれば，そのメンバー間の協力行動が域外国に対して差別的になることはない。長期的には，フォーラムを介した貿易投資，産業振興，通信・金融サービス，食糧・エネルギー安全保障などの分野での政策協力は域内相互依存をさらに高め，オーストラリアを

含む各メンバーの経済成長の促進につながるものと期待された（Harris 1989）。実際に APEC は，創設当初から一貫してウルグアイ・ラウンド成功の重要性を主張した。APEC からの圧力がウルグアイ・ラウンドを成功に導いた要因の一つだったことは広く認識されている（Petri 1999）。

さらに APEC は，1990 年代半ばから自身の枠組み内での貿易・投資自由化プロセスを開始した。1994 年のボゴール宣言（先進メンバーは 2010 年までに，発展途上メンバーは 2020 年までに，自由で開かれた貿易投資を実現する），95 年の大阪行動指針，96 年のマニラ行動計画へと続く流れである。アジア太平洋諸国との経済関係緊密化を政策目標とするオーストラリアにとって，APEC に象徴されるアジア太平洋地域主義戦略は大きな期待を抱かせるものであった。

● FTA 政策の始動

当時のオーストラリアの最大の目標は，アジア太平洋地域主義戦略の成果を着実に刈り取ることだったといえよう。しかし，1990 年代後半以降の国際経済関係はオーストラリアの期待通りには展開しなかった。APEC という枠組み内での貿易・投資自由化は，各メンバーがすでにウルグアイ・ラウンドでコミットしていた内容以上の成果を生まず，1997 年から APEC が取り組んだ野心的なイニシアティブである早期自主的分野別自由化（EVSL）協議は，「自主的自由化」という APEC の原則に対するメンバー間の理解の相違から事実上崩壊する（岡本 2001）。さらに 1999 年 11 月の世界貿易機関（WTO）閣僚会合で期待されていた新ラウンド交渉の立ち上げも失敗してしまう。

1990 年代末までには，アジア太平洋地域主義戦略の先行きはきわめて暗いものとなっていた。その一方で，多国間自由化交渉の停滞を受けた他のアジア太平洋諸国（日本，韓国，シンガポール，ニュージーランドなど）は，1998 年ごろを境に主要な貿易相手国との FTA 締結を政策手段として視野に入れ始め，同地域における FTA ブーム到来の兆しが見え始めた。オーストラリアの貿易相手国が，オーストラリアと輸出品目が競合する他の国に FTA を通して特恵的な市場アクセスを供与すれば，オーストラリアの輸出産業はきわめて不利な立場に立たざるをえない。

オーストラリアは，1980 年代半ばから一方的な自由化・規制緩和を行って

経済構造改革をめざす一方，その下支えとして多国間での自由化が自国経済にとって，さらには他国経済にとっても最善の選択肢と認識し，行動してきた。それは国際経済理論を背景とする認識だったが，オーストラリアにとっては，FTA 交渉を実施するためのコストの問題，また 2 国間交渉では相手国の農産物生産・輸出補助金の削減・撤廃にまでは踏み込めないという実際的な問題もあった。

しかしながら，オーストラリアもこの時点でアジア太平洋地域主義戦略のみに依存する姿勢を変更する。自由化・規制緩和が進んだ自国経済を下支えし，アジア太平洋諸国との経済緊密化を図る道具として FTA を選択肢に加え，さらにそれを推進する立場に変化したのである。当初 FTA 政策の目標として強調されたのは，主要な輸出市場で他国（特にオーストラリアと輸出品目が競合する国）と平等な待遇を獲得すること，つまり他国と平等な競争条件を創出することであった。しかし 2000 年代の半ばになると，もともとは受動的対応であったオーストラリアの FTA 政策は性格を変え，FTA 締結を通して他国を貿易自由化競争に巻き込む「競争的自由化」の推進を標榜するようになる。

2 オーストラリアの FTA 政策

● FTA 相手国の選択

オーストラリアは，アジア太平洋地域主義戦略を補完する（または代替する）方法として FTA 政策を採用した。したがって，その主な目標として財・サービスを輸出する際の平等な競争条件を獲得することに加え，他国の自由化を促すこと（競争的自由化）が含まれることは自然であるといえよう。さらにアジア太平洋諸国との経済緊密化も重要な目標の一つのはずである。これをふまえて，オーストラリアが現在までに交渉・締結した FTA を見てみたい。表 7-1 は，これまでにオーストラリアが関与した FTA を交渉開始年月の早い順に並べたものである（2016 年 4 月現在）。

これまでにオーストラリアが交渉を行った FTA は，未発効のものおよび参加国が 2 国間 FTA と重複する多国間 FTA を合わせて合計 15 件である（2016 年 4 月現在）。オーストラリアが関与する 2 国間・多国間 FTA に関与している

第 7 章　オーストラリア

表 7-1　オーストラリアの FTA 相手国・組織

相 手 国	協 定 名	交渉開始年月	署 名 年 月	発 効 年 月
ニュージーランド	CER	—	1982 年 12 月	1983 年 1 月
シンガポール	SAFTA	2001 年 2 月	2003 年 2 月	2003 年 7 月
タ　イ	TAFTA	2002 年 5 月	2004 年 7 月	2005 年 1 月
アメリカ	AUSFTA	2003 年 3 月	2004 年 5 月	2005 年 1 月
ASEAN＋ニュージーランド	AANZFTA	2005 年 2 月	2009 年 2 月	2010 年 1 月
マレーシア	MAFTA	2005 年 5 月	2012 年 5 月	2013 年 1 月
中　国	ChAFTA	2005 年 5 月	2015 年 7 月	2015 年 12 月
日　本	JAEPA	2007 年 4 月	2014 年 7 月	2015 年 1 月
湾岸協力理事会（GCC）*	—	2007 年 7 月	未署名	未発効
チ　リ	ACIFTA	2007 年 8 月	2008 年 7 月	2009 年 3 月
韓　国	KAFTA	2009 年 5 月	2014 年 4 月	2014 年 12 月
環太平洋12カ国**	TPP	2010 年 3 月	2016 年 2 月	未発効
インド	AI-CECA	2011 年 7 月	未署名	未発効
インドネシア	IA-CEPA	2012 年 9 月	未署名	未発効
ASEAN＋6***	RCEP	2013 年 5 月	未署名	未発効

［注］　*　アラブ首長国連邦，オマーン，カタール，クウェート，サウジアラビア，バーレーン。
　　**　オーストラリア，ブルネイ，カナダ，チリ，日本，マレーシア，メキシコ，ペルー，ニュージーランド，シンガポール，アメリカ，ベトナム（2016 年 4 月現在）。
　　***　ASEAN10 カ国，日本，中国，韓国，インド，オーストラリア，ニュージーランド（2015 年現在）。
［出所］　オーストラリア外務貿易省ウェブサイト等より筆者作成。

相手国は 26 カ国で，地域別に分類すると，アジア 14 カ国（ASEAN10 カ国，日本，中国，韓国，インド），北米 3 カ国（アメリカ，カナダ，メキシコ），南米 2 カ国（チリ，ペルー），オセアニア 1 カ国（ニュージーランド），中東 6 カ国（湾岸協力理事会〈GCC〉加盟国）となっている。GCC との FTA 交渉は 2009 年の第 4 回本交渉を最後に中断し，再開の目途が立っていないことを考えれば，オーストラリアの FTA 相手国は実質的にはすべてアジア太平洋諸国である。オーストラリア FTA 政策の目標の一つであるアジア太平洋諸国との制度的な経済緊密化については，その達成度は高いといえよう。

アジア太平洋地域におけるFTAブームの特徴の一つは、域内FTAの数が急速に増加する中、2国間FTAと、その2国間FTA締約国を包含する広域FTAが併存していることである。例えばオーストラリアの場合、AANZFTA（ASEAN10カ国、オーストラリア、ニュージーランド）が発効しても、既存の2国間FTAであるCER（対ニュージーランド）、豪シンガポールFTA、豪タイFTAが失効することはなく、さらにAANZFTA交渉開始後に豪マレーシアFTA交渉が始まり、AANZFTA発効後にも豪インドネシア包括的経済連携協定（CEPA）交渉が始まっている。これは、オーストラリアが期待していた「競争的自由化」状況がある程度は現出していることを示唆している。[5] 問題は、FTAの錯綜によって域内貿易にかかわる制度が必要以上に複雑になり、取引コストを引き上げている可能性がある点である。同一製品の輸出に関して、輸出相手国によって制度・手続きが異なる、いわゆる「スパゲティ・ボウル」効果に加え、例えば、オーストラリアのある企業がFTAを利用して自社製品のタイへの輸出を意図した場合、豪タイFTAとAANZFTAを比較検討し、どちらか有利なほうを選ぶという面倒な状況が現れている。現段階ではアジア太平洋地域の広域FTAは、（EUのように）既存のFTA群を収束させ統合する方向には進んでいない。同地域の広域FTAの利点は、原産地規則の累積規定適用に代表される、域内の貿易投資に共通して適用される最低限のルールの設定といえるだろう。[6]

● FTAの実際の経済効果

過去10年強の間にオーストラリアは多くのアジア太平洋諸国とのFTAを発効させ、それらは自由化レベルを高める方向で定期的に見直されている。2014年末から15年初めにかけては豪韓FTA、豪日EPAが発効し、15年12月には豪中FTAが発効した。TPP、RCEPといった広域FTAの発効が課題として残るが、主要なアジア太平洋諸国との制度的な経済関係緊密化はほぼ達成されたといってよいだろう。

では、実際にFTAは貿易投資の拡大を通してオーストラリア経済の成長に寄与しているのだろうか。**表7-2**は、豪シンガポールFTAが発効した2003年から14年までのFTA相手国への財・サービス輸出額とオーストラリアの

国内総生産（GDP）の変化を示している。表中の網掛けされている数値は当該FTA相手国との協定が発効している年のものである。一般的に，現代の包括的なFTAに期待される経済効果は相手国への財・サービスの輸出増加にとどまらず，相手国からの同輸入価格の低下による消費者厚生の向上，投資受け入れの増加による国内生産能力の拡大・雇用増加など多岐にわたる。とはいえ，オーストラリアの場合，政府が個々のFTA交渉に入る際に国民向けに宣伝するのは，関税・非関税障壁の削減・撤廃による当該FTA相手国への輸出刺激効果がほとんどである。このため，**表7-2**ではFTA相手国への輸出の変遷に焦点を合わせることとした。

まず**表7-2**の名目GDPの行を見ると，2000年代のオーストラリア経済は先進国としてはめずらしいレベルの高成長を維持していたことがわかる。2008年9月のリーマン・ブラザーズ破綻を契機として世界金融危機（リーマン・ショック）が発生するまで，オーストラリアのGDPはほぼ前年比7-9％の高成長を続けている。世界金融危機に直面した2009年も，多くの先進国がマイナス成長に陥る一方で，オーストラリアの名目GDPは3％成長し，翌2010年には8.7％成長を達成した。ただし，2011年以降の成長率は2-4％程度に低下している。

2000年代のオーストラリア経済の好調をもたらした主な要因は，輸出の拡大であった。そして，その好調な輸出を支えたのはアジア諸国，特に中国，インドといった新興国であった。これらの新興国は，高度経済成長を維持するためにオーストラリアが産出する一次産品（資源，エネルギー，農産品）を必要とした。対中輸出額は2003年から11年まできわめて速いペースで連続して増加している。世界金融危機の影響で輸出総額が前年比10％減少した2009年でさえ，対中輸出は同30％近く増加している。中国は2009年にオーストラリアの最大の輸出市場となり，以後その地位を維持している。同期間の対インド輸出は規模としては対中輸出に及ばないが，急速に拡大し，2008年頃までには対米輸出に近い規模にまで成長している。対インド輸出も2009年に前年比9％以上成長し，世界金融危機時にオーストラリア経済を支えた要因の一つとなった。中国とインドは，資源，エネルギー，農産品に加え，オーストラリアの主要なサービス輸出相手国となっている点も重要である。特に教育関連サービス

第Ⅱ部 主要国のFTA・TPP政策

表7-2 オーストラリアの財・サービ

年 相手国	2003 額	前年比増加率	2004 額	前年比増加率	2005 額	前年比増加率	2006 額	前年比増加率	2007 額	前年比増加率	2008 額
ニュージーランド	10,889	3.6	11,656	7.0	12,085	3.7	12,098	0.1	12,891	6.6	12,738
シンガポール	5,719	-23.2	5,572	-2.6	6,604	18.5	7,455	12.9	7,308	-2.0	10,136
タイ	2,891	-8.1	3,682	27.4	4,790	30.1	4,961	3.6	5,206	4.9	6,198
マレーシア	3,209	-3.4	3,572	11.3	3,766	5.4	4,030	7.0	4,464	10.8	5,470
インドネシア	3,757	-8.1	4,131	10.0	4,421	7.0	5,190	17.4	4,751	-8.5	5,191
ASEAN 10カ国	17,477	-13.5	19,170	9.7	21,732	13.4	24,918	14.7	25,128	0.8	31,184
アメリカ	14,100	-13.3	13,964	-1.0	13,849	-0.8	15,504	12.0	15,609	0.7	17,966
チリ	141	-20.8	185	31.2	227	22.7	330	45.4	343	3.9	524
日本	22,748	-11.1	25,497	12.1	31,719	24.2	35,655	12.4	34,715	-2.6	53,222
韓国	9,236	-16.3	10,369	12.3	12,409	19.7	14,102	13.6	15,418	9.3	20,282
中国	11,157	11.1	13,700	22.8	19,173	39.9	23,702	23.6	27,659	16.7	36,837
インド	3,924	31.1	6,246	59.2	8,184	31.0	10,302	25.9	11,265	9.3	16,343
輸出総額	144,415	-7.0	156,226	8.2	180,138	15.3	209,268	16.2	218,004	4.2	275,744
名目GDP	864,955	7.5	925,864	7.0	1,000,787	8.1	1,091,327	9.0	1,178,422	8.0	1,258,074

［注］ ＊ 網掛け部分は相手国とのFTAが発効している年。
［出所］ オーストラリア外務貿易省統計，OECD *National Accounts of OECD Countries*（各年版）。

と観光サービスはオーストラリアの主要輸出品目に成長しているが（それぞれ2013年時点で，鉄鉱石，石炭，天然ガスに続く第4位，第5位），教育関連サービス輸出の40％以上，観光サービス輸出の30％程度が中国，インド向けである。

注目したい点は，**表7-2**で示された全期間中，豪中FTAも豪インド包括的経済協力協定（CECA）も発効して「いない」ことである。言い換えれば，2000年代のオーストラリア経済の成長を支えた対中，対インド輸出は，FTAとは無関係に増大したのである。

それでは，同期間中にFTAが発効した国・地域向けの輸出はどうなっているだろうか。対ニュージーランド輸出額は全期間を通して安定しているといえ

第 7 章 オーストラリア

ス輸出と GDP（2003 年～，FTA 相手国・地域別）

[100 万豪ドル，％]

	2009		2010		2011		2012		2013		2014	
前年比増加率	額	前年比増加率	額	前年比増加率	額	前年比増加率	額	前年比増加率	額	前年比増加率	額	前年比増加率
-1.2	11,055	-13.2	11,134	0.7	10,941	-1.7	10,939	-0.02	11,125	1.7	12,125	9.0
38.7	8,454	-16.6	7,549	-10.7	9,631	27.6	10,379	7.8	9,228	-11.1	12,085	31.0
19.1	5,237	-15.5	6,773	29.3	7,630	12.7	5,692	-25.4	5,720	0.5	6,105	6.7
22.5	4,727	-13.6	5,199	10.0	6,048	16.3	6,709	10.9	7,254	8.1	7,923	9.2
9.3	5,209	0.3	5,590	7.3	6,540	17.0	5,967	-8.8	6,384	7.0	6,922	8.4
24.1	27,604	-11.5	29,461	6.7	35,093	19.1	34,073	-2.9	34,069	-0.01	40,075	17.6
15.1	15,073	-16.1	14,359	-4.4	15,111	5.2	14,877	-1.5	15,853	6.6	18,510	16.8
52.8	408	-22.1	445	9.1	665	49.4	595	-10.5	531	-10.8	454	-15.1
53.3	40,482	-23.9	45,889	13.4	52,548	14.5	50,029	-4.8	49,529	-0.1	50,247	1.5
31.5	17,477	-13.8	22,393	28.1	25,007	11.7	21,612	-13.6	21,276	-1.6	22,017	3.5
33.2	47,763	29.7	64,288	34.6	77,594	20.7	79,314	2.2	101,709	28.2	98,210	-3.4
45.1	17,868	9.3	19,518	9.2	17,820	-8.7	14,259	-20.0	11,446	-19.7	11,354	-0.8
26.5	248,295	-10.0	283,204	14.1	314,256	11.0	301,800	-4.0	318,966	5.7	326,862	2.5
6.8	1,295,727	3.0	1,407,865	8.7	1,452,743	3.2	1,506,121	3.7	1,536,933	2.0	1,578,499	2.7

るだろう。これは CER による両国間貿易自由化が実現してから 20 年以上が経過し，両国間の貿易構造が定着していることが要因と考えられる。前年比増減率も相対的に小さい幅に収まっている。対シンガポール輸出は豪シンガポール FTA 発効後 2 年間マイナス成長を続けた後，増加に転じた。とはいえ，全期間を通じて必ずしも輸出総額の成長率を上回るペースで成長しているわけではない。似たようなことは豪タイ FTA 発効後の対タイ輸出にもいえる。ASEAN10 カ国への輸出も，AANZFTA 発効後，必ずしもその前年比増加率が輸出総額の増加率を上回ってはいない。そして，オーストラリアにとって，具体的な輸出促進効果が最も期待はずれに終わったのは豪米 FTA ではないか

と思われる。豪米FTAが発効した2005年以降もオーストラリアの対米輸出は増減を繰り返し，輸出総額に占める対米輸出の割合は漸減している。また，対米輸出額は2008年を境に対韓国輸出額を下回っている。2009年に豪チリFTAが発効してからの対チリ輸出も必ずしも順調とはいえないだろう。対チリ輸出は2009年に前年より22％減少した後，10年には9％，11年には49％の成長を記録する。しかし2012年以降は連続して二桁のマイナス成長となっている。もっとも，オーストラリアにとって対チリ輸出額は輸出総額の0.2％に満たないので，経済全体として大きな打撃というわけではない。

全体として，2000年代のオーストラリア経済の好調を支えた輸出拡大の主要因を，同国が締結したFTAに求めるのは難しいといえるだろう。それよりは，中国，インドを中心とする新興国の旺盛な需要を背景とする資源・エネルギーブームで説明するほうが説得力をもつ。オーストラリアの輸出の増減は，輸出相手国の，経済構造・経済状況によって変化する需要の増減に依存しており，その需要量をFTAで顕著に，しかも安定的に拡大させることは難しい。

このように，FTAの輸出拡大という面での効果は不明瞭であると次第にわかってきた中で，オーストラリアは近年，日本，韓国，中国とのFTA交渉を加速させた。それは2010年代に入り，オーストラリアの主要な輸出相手国（特に中国）の景気後退が懸念されるようになってきたからである。それは，オーストラリアの対中国，日本，韓国，インドへの輸出停滞に反映されている。今や中国，日本，韓国は，オーストラリアの第1，第2，第3の輸出相手国であることを考えれば，停滞していたこれら3カ国とのFTA交渉を早急に妥結し，可能な限り早く発効させることによって，同3カ国への輸出を制度面から支えたいとオーストラリアが考えたことは想像に難くない。

3 経済的利益以外のFTA政策の目標

対米FTA，対中FTA

これまで説明してきたように，オーストラリアのFTA政策は，基本的にはFTAに通常期待される経済的利益の獲得（または経済的不利益の解消）を主な目標にしてきたといえる。他方，一国がFTAを追求する際には，経済的利益以

外の効果が議論の対象となることも多い。ここでいう経済的利益以外の効果とは，例えば，経済関係の緊密化を通した安全保障の確保，連合形成効果を通した多国間フォーラムでの発言力強化，当該FTAで採用した規則・基準を域外にも広めていくルール設定効果，などが挙げられる（World Bank 2000）。

本節では，オーストラリアが，政治経済大国であるアメリカおよび台頭する中国と行ったFTA交渉を振り返り，それぞれのFTAにオーストラリアが期待する経済面以外の効果について考察する。

● 対米FTA交渉（1）──交渉の概要

アメリカは，オーストラリアにとって最も重要な同盟国である。第二次世界大戦以降，アメリカとの同盟関係がオーストラリアの安全保障の要であることには変化がない。アメリカは経済面でも中国，日本，韓国に次ぐ貿易相手国であり，投資関係（ストック）では対外投資，投資受入の双方で現在もオーストラリアの最大の相手国である。このような2国間関係が背景にあるため，対米FTAの影響は他のどの国とのFTAよりも強く，広範囲に及ぶと当初から予想されていた。

対米交渉の財貿易分野で主な焦点となったのは，アメリカの農産品（特に肉類，乳製品，砂糖）輸入関税・数量規制，オーストラリアの動植物検疫制度，オーストラリアの小麦・大麦・砂糖・コメの販売におけるシングルデスク制度（事実上の輸出独占制度）などであった。これらの課題は通常の2国間FTA交渉と同様に，交渉国双方の妥協によって解決された。例えば，オーストラリアのアメリカに対する肉類，酪農製品，園芸作物などの輸出に関する関税・非関税障壁が程度差はあれ削減，撤廃されたのに対し，砂糖輸出に関しては従来の障壁が維持された。また，オーストラリアの動植物検疫制度，シングルデスク制度は維持された。

● 対米FTA交渉（2）──**外国投資・社会保障・安全保障**

豪米FTA交渉で，具体的な経済的利益から離れたところで活発な議論が行われたのは投資，保健制度，安全保障などであった。まず外国投資規制の問題である。オーストラリア経済の規模は相対的に小さく，伝統的に国内資本のみ

では投資需要を賄えない。したがって，特に大規模プロジェクト（鉱工業，農業，インフラなど）の実施には外国資本が導入されることが多い。その一方でオーストラリアは，対米交渉当時も現在も，外国投資規制を維持している。オーストラリア政府は国益に反すると判断した外国投資案件を阻止できるし，一定の規模を上回る投資計画は外国投資審査委員会（FIRB）の審査を受けなければならない。国益にかかわると認識されている分野は鉱業，国内外航空産業，農業用地，国内放送産業（テレビ・ラジオ）などである。これらの産業で強い競争力を有するアメリカとのFTA交渉では，投資規制緩和の程度が争点となった。交渉結果は投資，サービス分野でオーストラリアとアメリカが互いに相手国企業に内国民待遇を与える一方，オーストラリアの外国投資規制制度は維持された。ただし，アメリカ企業の対豪投資については審査対象となる投資規模の閾値を分野別に引き上げることによって，他国より審査基準を緩めることとなった。

次に，オーストラリアの社会保障にかかわる，国内保健制度の問題である。オーストラリア政府は過去半世紀以上にわたり，国民の医薬品購入を補助する医薬給付スキーム（PBS）を維持している。PBSはオーストラリアの国民保健制度の中核を担ってきたといえ，対米交渉開始時点では処方薬成分の600種類以上，市販医薬品ブランドでは2500種類以上がPBSの対象となっていた。PBSは，同じ成分の医薬品が複数ある場合は最低価格を基準に補助を行うので，基本的にはジェネリック医薬品を優遇する制度である。アメリカの製薬産業は，研究開発投資に対する適切な報酬を阻む制度としてPBSを批判していた。対米交渉でアメリカの製薬産業の意に沿う形でPBSが改定された場合，医薬品価格全般の上昇が懸念されたのである。交渉の結果PBSは基本的に維持された。

最後に，安全保障の問題である。超大国アメリカとのFTAであるがゆえに，安全保障は当初から争点の一つであった。豪米FTAの働きかけを重要な目的の一つとしてハワード首相が訪米していた2001年9月に，同時多発テロ事件が発生し，同首相はG. W. ブッシュ大統領の対テロ戦争の呼びかけに間髪を入れずに呼応していた。また，対米FTA交渉が始まる直前の2002年8月にダウナー外相が示した同FTAの利益の中にも，アジア太平洋地域の安定と繁栄

を支える豪米同盟関係の強化が含まれていた (Downer 2002)。他方アメリカ側でも，2002年9月にG. W. ブッシュ大統領が同国の国家安全保障戦略の中にFTA政策を位置づける声明を発表したことによって (US President 2002)，安全保障は豪米FTAの前面に押し出された。

　オーストラリアの研究者の一部には，安全保障上の目標はFTAを含む経済関係とは別個に追求すべきだと主張し，対米FTAで安全保障を農業など他の重要な争点よりも優先するようなことがあれば，オーストラリア経済は大きな損害を受けると警告する者もいた。しかし，FTAの条文の中に安全保障協力が含まれるわけではないので，交渉結果と豪米同盟強化に直接的な関係はなく，間接的な効果も明瞭でないまま豪米FTAは発効した。

　対米交渉で焦点となった経済的利益以外の論点は，効果の測定が困難な安全保障以外，すべてオーストラリアの既存の国内制度の維持を目標としていたという特徴がある。オーストラリアは，豪米FTAがこれらの制度の攪乱要因になることを抑制するという，いわば受け身の対応に終始したといえよう。

● 対中FTA交渉（1）──交渉の概要

　2000年代以降の中国の経済的台頭，主要品目（資源・エネルギー，農産物，サービス）の対中輸出の急増を受け，オーストラリアでは，自国経済の将来は中国との良好な経済関係の構築・維持に強く依存していると認識されている。与野党，経済界などの政策アクターによって，中国との経済関係構築の前提条件や方法論などにある程度の相違は認められるが，貿易投資相手国としての中国の重要性についての認識はもはや合意事項となっている。

　オーストラリアのジレンマは，最大の経済パートナーとなった中国が，政治経済体制や安全保障面では相容れない価値観を有した存在であるということである。中国は，従来指摘されてきた民主主義，人権などに関する問題に加え，2010年代に入ってからは東シナ海，南シナ海における「領土問題」で強硬な態度をとり，近隣国との間に摩擦が生じている。連邦創設以来，オーストラリアは自国の安全保障を大国との同盟関係に依存してきた。第二次世界大戦まではイギリスがその同盟国だったし，同大戦以降はアメリカがそれである。この間，オーストラリアの最大の経済パートナーはイギリス，アメリカ，そして

第Ⅱ部　主要国のFTA・TPP政策

1960年代末以降は日本と変遷してきたが,いずれも民主主義体制と自由主義経済制度を有する国であった。この意味で,オーストラリアは台頭する中国との関係を構築するにあたり,対米,対日関係とは異なった外交上の考慮をする可能性がある。そして,その特別な外交上の考慮が,オーストラリアが対中FTAに求める経済的利益以外の目標に影響を与えているかもしれない。

さて,中国とのFTA交渉は2005年5月に始まっていたが,オーストラリアから中国への農産物およびサービス市場アクセス問題,中国からオーストラリアへの投資問題などいくつかの問題で折り合いがつかず,停滞していた。近年,オーストラリアが対中FTA交渉を加速させたのは,中国の経済成長に翳りが見え始め,実際に対中輸出が2000年代に比べて減速し始めたからである。豪中FTAは2015年7月に署名され,同年12月に発効した。

まず豪中FTAからオーストラリアが得る経済的利益を確認したい。財輸出では,発効と同時に2013年の輸出実績の約85％に当たる財の関税が撤廃された。撤廃される関税は発効4年目に同93％まで,最終的には同95％にまで引き上げられる。農産物については大麦,魚介類,羊肉,豚肉,園芸作物などの関税が発効直後または数年で撤廃され,酪農製品は4-11年,牛肉は9年,ワインは4年をかけて撤廃される。羊毛については,オーストラリア向けの無関税輸入割当が新設される。他方,砂糖,コメ,小麦,木綿などの関税削減は獲得できなかった。とはいえ,ニュージーランド以外の主要な農産品輸出国（アメリカ,カナダ,EUなど）が中国とのFTAを締結していないことを考慮すれば,オーストラリアにとって上記の農産物市場アクセス改善は非常に有利である。資源・エネルギー関連では,鉄鉱石,原油,液化天然ガスの対中輸出はすでに無関税となっている。これに加えて豪中FTAにより,石炭,精錬銅,アルミニウム,ニッケルなどの関税が発効直後または2年目までに撤廃される。対中投資・サービス輸出では,法律,教育,通信,金融,観光,保健・高齢者介護などの分野で市場アクセスが改善され,最恵国待遇が供与される。

● **対中FTA交渉（2）――外国投資・社会保障・安全保障**

対中交渉で,経済的利益から離れたところで活発な議論が行われたのは,中国の対オーストラリア投資についてであった。

第7章 オーストラリア

　2004年から14年までの10年間で中国の対オーストラリア投資は30倍以上増加して2014年時点で650億豪ドル規模となり，フローベースではオーストラリアにとって最大の投資国の一つとなっている。中国からの投資にかかわる議論には2つの側面があった。一つは中国企業に対する中国政府の影響力，もう一つは投資に伴う中国人労働者のオーストラリア入国問題である。後者については国内雇用に関係するので経済的利益の問題でもあるが，社会不安を換起する側面もあり，政治的保護主義，ナショナリズムを背景とした議論も行われた。

　長らく民営化が志向されているとはいえ，中国の大企業の多くは現在でも「国有企業」か，民間企業であっても厳密には自由主義経済諸国で定義される民間企業と同じではなく，その意思決定の重要な部分が政府に制御されている場合がある。オーストラリア政府としては，中国企業の投資の集積によって国内経済活動の重要な部分が，政治経済体制・価値観が異なる中国に制御されかねない状況を憂慮したわけである。そして，既存の外国投資規制の枠組みの中でFTAを通して中国企業の投資を優遇するにあたり，どの種類の企業にどの分野でどのような優遇措置を与えるかが焦点となった。交渉結果の概要は，(1)民間企業の投資については，FIRBの審査が必要となる投資額を大幅に引き上げる（2億5200万豪ドルから10億9400万豪ドルへ）が，農業用地，アグリビジネス，メディア，通信，防衛関連産業といったセンシティブ分野への投資については従来の基準投資額を維持する，(2)国有企業の投資については，従来通り，投資規模にかかわらず，すべての案件を審査する，というものになった。

　対オーストラリア投資に伴う中国人労働者の入国に関する議論は，オーストラリアがこれまでに交渉したFTAでは焦点とならなかった新しい問題であった。その背景には，中国企業が他の国（例えば中東諸国，アフリカ諸国）で実施している大規模投資プロジェクトには中国本国からの労働者が大量に送り込まれ，現地に雇用創出効果をもたらしていないという認識がある。また，相対的に賃金が安いと考えられている中国人労働者の大量入国が認められれば，オーストラリア国民の賃金水準が低下してしまうという懸念もあった。これもやはり社会不安を刺激した。豪中FTAの場合，交渉期間中に具体的な交渉内容は明らかにされず，全条文が公開されたのは協定署名後であったため，特に国内

の建設業関係労働組合の疑心暗鬼は募った。具体的には,「オーストラリア政府は,主要投資プロジェクトへの中国人労働者の導入を無制限に認めるのではないか」「オーストラリア基準の熟練技術を持たない中国人労働者の就労を認めるのではないか」「中国人未熟練労働者の入国も認めるのではないか」といった憂慮が表明された。豪中 FTA 全条文が公開された後も,建設業関係労働組合のメディア（新聞,テレビ,ラジオ）を通じた協定批准反対運動は高まり,第二次世界大戦以前の「黄禍論」を彷彿とさせるような議論まで現れた。

　中国人労働者に関する豪中 FTA の規定は,実際は既存システムを原則とするものである。オーストラリアの労働市場では技能労働者（熟練労働者）が不足しがちなため,その不足を補うために「457 ビザ」システムを導入している。このシステムは,特定分野の技能労働者不足をオーストラリア国内（国民）では補えない場合,海外からの技能労働者の導入を許可する制度であり,雇用者は当該技能労働を国内労働者で補えないことを証明し,導入する海外労働者のスポンサーとなり身柄を保証する義務がある。豪中 FTA も基本的にはこのシステムを踏襲しているが,同協定には「投資円滑化措置に関する覚書」が付属していることが明らかになった。覚書の概要は以下の通りである。(1) 1 億 5000 万豪ドル以上を投資する予定のインフラ関連プロジェクト（食料・アグリビジネス,資源・エネルギー,運輸,通信,発電・給電,環境,観光関連）を実施する中国企業（出資比率 50% 以上）は,オーストラリア移民省との間に投資円滑化措置（IFA）を締結することができる,(2) IFA を締結した中国企業は,当該プロジェクトで必要とされる技能労働の種類,必要とされる英語力・資格・経験,賃金などについて移民省と交渉し,労働協定を締結できる,(3) 当該中国企業は労働協定の内容に基づき,当該プロジェクト実施のために海外から技能労働者を導入でき,移民省は臨時就労ビザを発給する。簡単にいえば,特定のインフラ整備計画に投資する,特定の条件を満たした中国企業に対し,457 ビザシステムに加えて IFA 労働協定による海外からの技能労働者導入を認める内容であり,当該中国企業は無資格の中国人労働者を無制限に,無期限で導入できるわけではない。最終的には,建設業関係労働組合を中心とする豪中 FTA 批准反対の論拠は希薄であると判断され,同協定は連邦議会で批准された。

　最後に豪中 FTA の安全保障面についてであるが,これは,結果として,中

第7章 オーストラリア

国からの投資受け入れとそれに付随する中国人労働者入国問題に比べると大きな論点にはならなかった。対中 FTA 締結と豪中間の政治・戦略関係の緊密化，あるいはオーストラリアの安全保障の向上を結び付ける議論は概して低調だったといえる。

オーストラリアの学界では，アジア太平洋地域における中国の政治的・経済的台頭に関連して，アメリカは中国と対等なパートナーとして同地域での政治的，戦略的パワーを分担すべきであり，オーストラリアは中国の台頭による地域秩序の再編を容認し，政治的・戦略的にもアメリカと中国に等距離で接するべき（したがって，従来に比べれば中国に接近すべき）とする見解（White 2012）と，従来通りアメリカの同盟ネットワークの一員として地域秩序の現状維持を図るべきとする意見が存在している。政権党（労働党か自由党・国民党連合か）によって多少の差異が生じるとはいえ，オーストラリア政府は後者の地域秩序の現状維持を支持する立場を堅持している。例えば，2013 年 11 月に中国が東シナ海で防空識別圏を設定した際，オーストラリアは間髪を入れず，日本，アメリカと歩調を揃えて中国を批判し，南シナ海における領土問題でも，中国による資源探査活動，岩礁上の恒久建造物の建設などには一貫して反対の意を表明している。

アジア太平洋地域での中国の行動に対するオーストラリアの姿勢は，法の支配の尊重と一方的な現状変更への反対であり，これはアメリカや日本，ASEAN 諸国と軌を一にする。そして，政治的・軍事的な地域秩序の維持（中国への牽制）は豪米同盟，日米豪戦略対話（トライラテラル），日豪安全保障協力などの枠組みでの推進を意図している。つまり，中国との経済関係緊密化（FTA 締結）と地域秩序の維持は別物ととらえられているように思われる。

4 オーストラリアと TPP，RCEP

● TPP，RCEP の概要

オーストラリアが FTA に求める経済的利益以外の効果を考察する最後の対象として，TPP と RCEP を取り上げたい。TPP 交渉にはアジア太平洋地域の 12 カ国（日本，アメリカ，カナダ，メキシコ，ペルー，チリ，シンガポール，ブルネ

第Ⅱ部 主要国のFTA・TPP政策

イ,マレーシア,ベトナム,オーストラリア,ニュージーランド)が参加し,RCEP交渉にはいわゆるASEAN+6(ASEAN10カ国,日本,中国,韓国,インド,オーストラリア,ニュージーランド)が参加しており,発効すれば,同一地域に存在し,参加国が重複する広域FTAとなる。留意すべきは,現時点ではTPPには中国,インドが参加しておらず,RCEPにはアメリカが参加していないことである。

　TPPの重要性は,貿易投資に関して自由化レベルの高いFTAに合意したこと,原産地規則の累積計算ができるようになることに加え,労働基準,環境保護,食料安全基準,知的財産権,競争政策,国有企業の活動などのいわゆる参加国の「国境の内側」の問題について,ルールを共通化することにある。少なくない数のTPP参加国間にすでにFTAが存在し,貿易投資の自由化が行われていることを考えれば,むしろルールの共通化が最重要の成果といえるだろう。これらの共通ルールはTPP参加国同士の経済関係の透明性,予測可能性を高め,緊密化を加速させる。また共通ルールは2013年時点で世界のGDPの約40%,同輸出総額の約30%,輸入総額の20%を占める参加諸国で採用されることになるうえ,将来これら参加国が他地域の国と締結するFTAにも適用される可能性が高い。したがって,TPPルールは世界ルールへと発展する可能性があり,そのまま世界ルールにはならなかったとしても,その重要な基準の一つとなるだろう(序章参照)。

　TPPには,アジア太平洋地域における中国の台頭に対するアメリカの「リバランス政策」の一環という側面もある。アメリカは,中国が軍事力を背景として東シナ海や南シナ海で一方的な現状変更を意図することに対しては,同地域の同盟ネットワークを再活性化させることで対抗している。そして経済面では,過去10年間で中国への依存度を急速に高めたアジア太平洋地域に高度なFTAであるTPPを形成することで,同地域におけるルールに基づく透明性の高い経済統合を推進した(序章,第4章参照)。近年,中国の経済成長が失速していることで,中国経済のみに依存しない経済安全保障枠組みとしてのTPPの価値は上昇している。

　TPPと同様に,RCEPも通常FTAがカバーする貿易投資の自由化とともに,経済技術協力,知的財産権,競争政策,紛争処理,政府規制の調和など,幅広

い分野を視野に入れている。したがって TPP と RCEP はアジア太平洋地域における経済ルール形成で競争関係にある。とはいえ，ASEAN 中心性（ASEAN centrality）を原則の一つとする RCEP は交渉参加国の政治的，経済的，社会的多様性に配慮し，貿易投資障壁削減やルール共通化の程度とペースは TPP よりも緩やかになると予想されている（第8章参照）。RCEP 参加 16 カ国のうち 7 カ国が TPP 参加国であり，さらにもう 4 カ国（韓国，フィリピン，タイ，インドネシア）がすでに TPP 参加を検討し始めていることを考えれば，交渉参加国にとって RCEP の重要性はその経済効果よりも政治的意味に求めざるをえない。東アジア諸国（日本，中国，韓国，ASEAN 諸国）のすべてが参加する RCEP は，発効すれば，1990 年代末以降漸進的に経済統合に向かってきた東アジア地域を象徴する制度枠組みとはなりうる。

● TPP，RCEP への同時参加の意味

それでは，オーストラリアにとって TPP と RCEP への参加にはどのような目的があるのだろうか。まず TPP への参加には，自由化レベルの高い FTA をカナダ，メキシコ，ペルーと新たに締結することによる経済的利益がある。ただし，オーストラリアとこれら 3 カ国との貿易投資関係はそれほど大きくないので，多大な経済効果を期待することはできない。他方で，TPP 交渉への日本の参加はオーストラリアが TPP に期待できる潜在的な経済効果を飛躍的に引き上げた。これにより，オーストラリアの TPP 交渉への関与はさらに積極的なものとなった。TPP の設定する共通ルールに当初から参加することはオーストラリアにとっても重要であり，同ルールの形成過程に参加して，分野によっては自国に好ましい結果を得ることができたのは大きな収穫であった。例えば，医薬品（新薬）開発のデータ保護（知的財産権）についてアメリカが長期間の保護を主張するのに対し，オーストラリアは短期間の保護を主張して土壇場まで対立していたが，最終的には両国の主張のほぼ中間点をとって 8 年間の保護となった。

オーストラリアが RCEP によって獲得できる利益としては，RCEP 交渉参加国の中でオーストラリアが唯一 FTA を締結していないインドとの FTA による経済的利益が挙げられる。オーストラリアは 2011 年からインドとの 2 国

第Ⅱ部　主要国のFTA・TPP政策

間FTA交渉を行っているが，主にインド側の市場アクセス改善に関する提案が低調なことから，オーストラリアが望むようなペースで交渉が進んでいるとはいいがたい。RCEPのような多国間交渉であれば他の参加国からの圧力も期待でき，TPPにおける対日交渉のように，インドからもより高い自由化レベルを引き出し，交渉ペースも速まるかもしれない。

　オーストラリアの最大の経済パートナーであり，さらなる経済関係緊密化を追求している中国はTPPに参加していない。また中国（とインド）は，財・サービス貿易および投資の自由化・規制緩和水準の高さに加え，国有企業の活動，知的財産権，競争政策などに関する共通ルールのハードルが高いため，近い将来にTPPに参加できるレベルの国内制度改革を実施することは難しいだろうと見られている。そのため，中国がRCEP交渉でTPPに対抗し，TPPとは異なる共通ルールを提示して東アジア統合を推進しようとするかもしれない。その際，RCEP交渉に参加していることは，オーストラリアにとって「保険」の意味をもつ。つまり，オーストラリアはTPPを通してアジア太平洋地域の主要国との自由貿易と共通ルールに基づく透明性の高い経済統合を享受できる一方，中国がどのような方向で東アジア統合を意図しようとも，RCEP（と豪中FTA）を通して確実にそのプロセスに関与していくことができ，取り残されることはない。

　もう一つの可能性としては，近年経済成長に翳りの見える中国が，TPPへの参加を国内経済改革の梃子に使う場合があろう。中国は，国際協定への参加を掲げて経済改革を推進することはWTO加盟プロセスで経験済みである。この場合，中国は国内経済制度をTPPが設定した共通ルールに準拠させていくことになるため，オーストラリアにとっては最善のシナリオとなる。

5　経済的利益と新たな地域経済秩序の追求

　本章は，オーストラリアのFTA政策の基本的な目標は経済的利益の獲得（不利益の解消）にあることを説明した。オーストラリアは1980年代以降に痛みを伴う国内経済制度の一方的な自由化・規制緩和を実施し，その経済構造改革努力を下支えするためにアジア太平洋地域主義戦略を採用した。オーストラ

リアのFTA政策は，国際環境の変化によってアジア太平洋地域主義戦略の有効性が減少したため，同戦略を補完（または代替）するものとして採用されたからである。とはいえ，オーストラリアが締結したFTAが期待した通りの経済効果を生んでいるかどうかについては大いに疑問の余地があり，政府・経済界も発効したFTAについての詳細な検証を行っていない。一般的に，国際経済環境や当該国の経済構造・経済状況とは無関係に2国間経済関係を拡大させていくような力をFTAはもっていない。

　アメリカや中国などの大国とのFTAには，経済的利益以外の論点も存在した。具体的には投資，社会保障にかかわる保健制度，安全保障の各分野である。投資と保健制度については，アメリカあるいは中国の比較優位から自国の既存制度（外国投資規制，労働賃金水準，PBS）を守り，社会不安を抑えることが主要テーマで，これはとりあえず成功している。FTAの安全保障効果については，9.11テロ事件とその後の対テロ戦争という背景もあり，対米FTA交渉の際には強調された。ただし，豪米FTAが両国の安全保障関係にどの程度貢献しているのかについては，性質上明瞭な答えを提示することは難しい。対中FTA交渉では安全保障は大きな論点にならなかった。それはオーストラリアが，中国との経済関係緊密化と対中安全保障政策を別個の枠組みで追求しているからである。前者は豪中FTAとRCEPであり，後者は豪米同盟，日米豪戦略対話，日豪安全保障協力などである。

　直接的な経済的利益以外の目的の追求は，TPP，RCEPといった広域FTA交渉に，より強く表れている。オーストラリアとしては，カナダ，メキシコ，インドを除き，すでに主要なTPP参加国，RCEP参加国との間にはFTAを締結しているので，双方による貿易投資の自由化から得られる直接的な経済的利益は追加的なものがほとんどである。オーストラリアにとってTPPの重要性は，共通ルールの設定と失速しつつある中国経済への過剰な依存を回避する経済安全保障にある。その一方でRCEP交渉への参加は，TPPに参加していない中国がTPPとは異なるルール設定を提示して東アジア統合プロセスを推進しようとする場合にも，オーストラリアに同プロセスへの関与を保証する。この意味で，TPPとRCEPへの同時参加はオーストラリアにとっては危機回避のための絶好の準備戦略になっている。

第Ⅱ部　主要国のFTA・TPP政策

　最後に，TPPとRCEPの今後の中長期的な展望について簡単に述べたい。TPPを主導するアメリカ，日本，オーストラリアなども，RCEPを主導する中国も，最終的にはAPECメンバーをすべて含むアジア太平洋自由貿易圏（FTAAP）の創設をめざすことを明確にしている。すでにTPP交渉が終了し，その貿易投資自由化水準と共通ルールが設定された以上，FTAAPの水準・ルールがTPPより低いレベルで合意されることは想定しにくい。FTAAPの創設が国益に適うと中国が本当に考えているのであれば，RCEPの水準・ルールは漸進的にではあってもTPPに近づいていかなければならず，そうであるならTPPとRCEPの競争・競合関係は将来的には解消される。もしRCEPが何らかの理由でTPPより低い水準・ルールにとどまるのであれば，個々のRCEP参加国は準備ができた段階でTPPへの参加に動くだろう。TPPに参加してもRCEPを脱退する必要はないが，この場合RCEPは有名無実化するものと思われる。

◀注

1) オーストラリアとニュージーランドが2国間貿易に関する最初の協定を締結したのは1922年に遡る。ただし同協定は実質的には「両国は貿易を行う」旨を確認したに過ぎなかった。その後両国は1933年に相互に特恵関税を供与する協定を締結しているが，これは世界恐慌後のイギリスが帝国特恵貿易制度を模索し，32年の英帝国会議（於オタワ）でイギリス本国とその自治領（dominion）との間で一連の2国間特恵貿易協定が締結された流れを受けたものであり，関税撤廃（両国間自由貿易化）を目的としたものでもなかった。
2) CERは定期的に見直され，2000年までに両国間の財貿易に関する関税撤廃のみならず，輸入数量規制の撤廃，輸出補助金の廃止，産業財政支援の回避，サービス貿易の自由化，検疫手続きの共通化，製品基準調和・相互認証，ビジネス慣行および商法の調和など，さまざまな分野での自由化，円滑化が実施されている。CERは，現在では世界でも最も包括的なFTAと評価されている。
3) 域内協力の成果――例えば貿易・投資障壁の削減・撤廃――を自動的に最恵国待遇ベースで域外国にも適用するという考え方である。
4) ニュージーランドは1998年9月，シンガポールとのFTA交渉を開始した。同年12月には日本と韓国が準政府レベルでの2国間FTA共同研究の開始に合意する。その後日本はメキシコ（1999年），シンガポール（2000年）とも同様の共同研究を開始した。
5) ただし，オーストラリアのFTA政策が競争的自由化状態を主導したのかどうかは疑わしい。アメリカや日本のような大国がFTAを推進すれば，貿易転換効果を恐れる他

第 7 章　オーストラリア

　　国はアメリカの FTA ネットワークに参加するか，対抗するために独自の FTA ネットワークを形成するか，あるいは多国間自由化プロセスを加速させようとするかもしれない。オーストラリアのような規模の国の FTA には，アメリカ，日本の FTA がもつようなインパクトは期待できないだろう。
6）　これにより，域内生産ネットワークの発展が後押しされ，域内貿易投資のさらなる増加が期待される。
7）　中国人労働者入国問題とは関係ないが，「中国企業は国家と投資家の間の紛争解決制度（ISDS）を濫用し，投資プロジェクトが損失を出した場合にオーストラリア政府に補償を求めるのではないか」「協定は，中国企業に（アスベストなどの）危険物の輸入・使用を認めるのではないか」といった憂慮も表明された。

◁ 引用・参考文献

岡本次郎編 2001『APEC 早期自由化協議の政治過程——共有されなかったコンセンサス』アジア経済研究所．
Castles, Francis 1988, *Australian Public Policy and Economic Vulnerability: A Comparative and Historical Perspective*, Allen & Unwin.
Crawford, John G. 1968, *Australian Trade Policy 1942–1966: A Documentary History*, Australian National University Press.
DFAT (Department of Foreign Affairs and Trade) 1988, *Australia's Trade Policies*, Australian Government Publishing Service.
Downer, Alexander 2002, The Strategic Importance of a Free Trade Agreement to Australia-United States Relations, speech at the Australian APEC Study Centre conference on "The Impact of an Australia-United States Free Trade Agreement: Foreign Policy Challenges and Economic Opportunities," 29 August, Canberra.
Harris, Stuart 1989, "Regional Economic Cooperation, Trading Blocs and Australian Interests," *Australian Outlook*, 43(2), pp. 16–24.
Harris, Stuart 1992, "Australia in the Global Economy in the 1980s," in P. J. Boyce and J. R. Angel eds, *Diplomacy in the Marketplace: Australia in the World Affairs 1981–90*, Melbourne Longman Cheshire.
NFF (National Farmers' Federation) 2004, Submission to the Joint Standing Committee on Treaties (JSCOT) Regarding the Proposed Australia-US Free Trade Agreement, prepared by Ben Fargher (April).
Petri, Peter 1999, APEC and the Millennium Round, paper presented at the 25th PAFTAD conference on "APEC: Its Challenges and Tasks in the 21st Century, 16–18 June.
US President 2002, *The National Security Strategy of the United States of America*, 17 September.
White, Hugh 2012, *The China Choice: Why America Should Share Power*, Black Inc.
World Bank 2000, *Trade Blocs*, Oxford University Press.

第8章

ASEAN
自己変革と中心性の模索

湯川　拓

1 FTAをめぐる政治とASEAN

　通商秩序という観点から見たとき，東南アジア諸国連合（ASEAN）は2つの意味で大きな変動の只中にある。一つはASEAN経済共同体（AEC）の構築である。これはASEANがめざす経済統合の形であり，「公平な経済発展」「単一市場・単一生産基地」「グローバル経済への統合」「競争力のある経済地域」という4つの要素から構成されている。FTAを超えた非常に野心的な経済統合の試みであり，2015年末に一応の完成をみた。もう一つは域外諸国との自由貿易協定（FTA）の締結であり，さらには現在交渉が進められている東アジア地域包括的経済連携（RCEP）である。RCEPはASEAN 10カ国，日中韓，インド，オーストラリア，ニュージーランドの16カ国で域内の貿易投資の自由化を進めるという広域FTAである。これらはASEAN諸国にとって重要なプロジェクトであるにとどまらず，域外諸国を含むアジア太平洋通商秩序において大きなインパクトをもつ試みである。

　本章の目的はAECやRCEPの経緯や特徴を整理したうえで，このような通商秩序の変動においてASEAN諸国が何をめざしており，それを達成するためにはどのような障害があるのかを明らかにすることにある。その際に，AECや域外諸国とのFTAについての既存の経済学的な研究を基にしつつ，政治的な要因にも注目してみたい。FTAについては当然ながら経済学におけ

る研究も数多く存在する。では，政治学的にFTAを分析する視点としてはどのようなものがあるだろうか。ASEANを分析するための予備的作業として，考えられる視点を3点ほど挙げてみたい。

　第1に，FTAへの参加／不参加もしくは進展／蹉跌をめぐる国内政治過程の分析である。代表的なものとしては，利益集団への注目がある。自由貿易に賛成あるいは反対する集団を同定し，ロビー活動をはじめとする政治過程を分析するわけである。

　第2に考えられるのが経済分野における協力と他の分野（特に安全保障分野）との連関である。経済的相互依存の深化が国家間の武力紛争の生起に与える影響，あるいは逆に武力紛争が通商関係（例えば貿易量）に与える影響については議論の蓄積があり，FTAの構成国同士においては武力紛争が発生しにくいという指摘もある（Mansfield and Pevehouse 2000）。そうなると，FTAは経済的効果だけではなく，安全保障上の効果ももつことになる。

　そのようなイシュー間の相互作用をふまえて，国家がFTAを結ぶ政策背景として政治安全保障上の目的があることを指摘することもできる。この観点から東アジア地域におけるFTAの増加を説明しようとしているのがレイヴェンヒルである（Ravenhill 2010）。そこで指摘されているのは，東アジアにおいては，①FTAへの参加は政府主導であり自由化を推進しようとする企業などの非国家主体の意向が反映されたという性格は薄い（市場主導ではない），②FTAの目的は経済的な利益ではなく主に外交上あるいは安全保障上の利益である，という2点である。したがって東アジア地域におけるFTAの増加は「政治的ドミノ」として表現される（しばしば指摘される「経済的ドミノ」ではなく）。レイヴェンヒルのこの2点の指摘は，その妥当性の検証という意味合いも含め，この地域のFTAを政治学的に分析する際の1つの定点を提供してくれるだろう。

　第3に考えられるのが，組織としてのASEANの特殊性である。ASEAN研究では内政不干渉や非公式的な制度設計，コンセンサス方式などによる意思決定などの規範（いわゆる「ASEAN Way」）が協力のあり方を大きく規定してきたとされる[1]。そしてそのような伝統的な規範への拘泥がAEC構築をはじめとする経済協力を阻害しているという指摘が散見される。その他，ASEAN固有の特徴として本章で注目したいのが広域秩序における「中心性」の模索とい

う、政治的志向性である。これは域外諸国を含む広域的な地域枠組みにおいても中小国の集まりである ASEAN が主導権を握ろうとする志向性のことである。

本章では、以上述べたような視点を適宜ふまえながら、上記の問題設定に取り組んでいきたい。次節では AEC を扱い、次々節では域外諸国との通商関係を扱うことにする。

2 ASEAN 経済共同体
制度構築をめぐる政治的要因

本節ではまず ASEAN という地域機構において経済分野における協力がどのような意味を持ってきたのかについて簡単に振り返った後で、AEC の概要を整理し、最後にその進展（の遅延）について考察を加えたい。

● ASEAN にとっての経済協力

ASEAN は 1967 年に設立されたが、その機能は専ら政治安全保障分野にあった。中でも、設立後十年ほどは加盟国間の信頼醸成が主であった。つまり、ASEAN とは「何かをする」ための機構というよりは、相互不信に苛まれる国家間の善隣友好のために加盟国の外相が顔を合わせる「場」であったといってよい。その後、1980 年代にはカンボジア紛争に関連して国際社会において積極的なロビー活動を展開し、ASEAN という組織は国際社会における知名度や「成功した地域機構」としての評判を獲得するに至った（Yukawa 2011）。その意味で、1980 年代には政治安全保障分野でも域外国との折衝が重要な位置を占めていたのである。

他方、経済分野においては ASEAN 規模でのプロジェクトが 1970 年代後半から始まるものの、実質的な成果には乏しかった。むしろ地域機構としての ASEAN に意味があったとすれば、日本やアメリカ、ヨーロッパ共同体（EC）との交渉において ASEAN 諸国が一体となるという、いわば「圧力団体」としての機能であった。

転機となったのは 1992 年にシンガポールで開催された ASEAN 首脳会議で

あり，ASEAN 自由貿易地域（AFTA）創設をめざすことをはじめとして経済協力が進展することとなった。これは冷戦後の国際環境の変化の中で，投資がインドシナなどへ流れてしまうことを防ぐことを主眼としており，域外からの外資を呼び込むための自由貿易であった。いずれにせよ，それまでは政治安全保障協力が中心だった ASEAN は，1990 年代に入って本格的に機能的な協力に踏み出したことになる。

さらに，1990 年代後半にはインドシナへと加盟国を拡大させて 10 カ国体制を整えた ASEAN は，共同体構想を打ち上げる。ASEAN が 1 つの共同体をめざすという声明が最初に見られたのは，1997 年の非公式首脳会議で採択された「ASEAN ビジョン 2020」である。これは政治，経済，社会の各分野にわたって ASEAN の協力の長期的展望を示したものである。ただ，ここでの共同体構想は漠然としたものにとどまっていた。

共同体構想が本格化したのは，2003 年の「ASEAN 第 2 共和宣言」である。これは，「安全保障共同体」「経済共同体」「社会文化共同体」の 3 つの柱から成り[2]，2020 年までに ASEAN 地域を 1 つの共同体へと昇華させようとするものであった。その後，2007 年 1 月の第 12 回 ASEAN 首脳会議において共同体創設を 5 年前倒しして 2015 年とすることが宣言され，同年 11 月の第 13 回首脳会議ではそれぞれの共同体を創設するための具体的措置と実施スケジュールを定めたロードマップである「青写真」が発表された。それによると，本章で扱う AEC とは「物，サービス，人，投資の自由な移動，資本のより自由な移動」をめざすものであり，①市場統合，②共通政策，③格差是正，④域外との FTA，の 4 本柱から成る。この 4 分野がさらに 17 の行動分野に分かれており，合わせて 62 の措置が実施されることになっている。

● AEC の概要と目的

上記の 3 つの共同体のうち，報道されることが群を抜いて多いのが AEC であり，3 つの柱から成るはずの「ASEAN 共同体」が実質的には AEC と同一視されているような論じ方も多い。そして，首脳会議をはじめとする ASEAN 関連会議における議論を見る限り，これは ASEAN 加盟国自身の見解ともそれほど乖離しているわけではない。すなわち，当事者にとっても共同体構想に

おいて最も重視しているのはやはりAECであるように思われる。そのことは，ASEAN共同体の創設が当初の予定である2015年の初めから同年末へと実質的に1年後ろ倒しされた経緯からもうかがえる。というのも，ASEAN共同体は3つの柱から成るものの，後ろ倒しの実質的な原因は後述するAEC構築プロセスの遅延にあったと見てよいからである。逆にいうと，ASEAN諸国の側もAECについてはなし崩しにするのではなく「本気」で取り組んでいることがわかる。なお，AEC構築では諸項目に漸次取り組んで期限までにそれらすべてを100％達成することがめざされているのであり，2015年末に劇的な変化の下に経済共同体が生まれるわけではない。

では，AECとはどのようなもので，その恩恵は何だろうか。[3] 先に述べたようにAECは①市場統合，②共通政策，③格差是正，④域外とのFTAの4本柱から成る。EUのような共同市場まで統合が進むわけではないものの，経済連携協定（EPA）よりも広汎な分野を対象としている（石川ほか2013：24-25）。ある試算によるとAECは地域の国内総生産（GDP）を5.3％増加させるとされている（Petri et al. 2012）。

AECの主眼は単一の市場と生産基地を創設することによって外資を呼び込むことにある。2013年のASEAN地域に対する海外直接投資（FDI）流入のうち，域内からのものは16.5％，域外からのものは83.5％となっており（ASEAN FDI Statistics Database, ASEAN Secretariat），投資においては圧倒的に域外が重要である。この「外向きのFTA」というのがASEANにおける自由貿易の特徴であり，その点ではAFTAのときから一貫しているが，AECの場合は中国やインドの急速な台頭が重要な背景として存在する。

ではなぜAECが投資の呼び込みに寄与するのか。結論から述べると，それが域内の生産ネットワークの進展を促すからである。ASEAN地域においては，域内貿易比率は高くないが，[4] 域外諸国にとっては生産ネットワークを構築するうえでAECの構築は重要である。東南アジア域内において最適立地に基づき生産工程が分散化する中，国境を越えて分散している生産ブロック間の物流や通信のコスト（サービス・リンク・コスト）の引き下げに，AECは重要な意味をもつのである。

AECの進展具合，すなわち「AECの青写真」の実施状況は「スコアカー

ド」という項目ごとの成績表のようなものによってチェックされる。進展具合として，現在順調な状況にあるのが関税の撤廃である。2013年12月時点で，ASEAN 6（加盟10カ国から新規加盟のカンボジア，ラオス，ミャンマー，ベトナムのCLMV諸国を除いた6カ国）の関税撤廃率は99.1％となっており，CLMVは2015年（7％の品目は2018年）に撤廃となっている。すなわち，AFTAは一部の品目を除き，ほぼすべての品目で関税の撤廃に成功しているのである。さらに，AFTAの利用率も実際に上がってきている（石川ほか 2013：49-51）。これまで，AFTAは例えば「スキー靴」のような実際には域内でやり取りのないものが名目上品目に含められたり，企業による実際の利用率が低かったり，といったことが批判・揶揄されてきたが，その点が改善されてきているのである。それによって国際分業と生産ネットワークの確立が進展し，企業内貿易の量も増加してきた（Lim 2008；深沢・助川 2014：150-157）。

ちなみに，先にFTAが域内に平和をもたらす効果があるとする研究を紹介した。しかし，そのように経済協力を通して安全保障上の目的を達成することは，ASEANの場合は特に意図されていない。すなわち，ASEAN加盟国がAECに求めているのは，基本的には純粋に経済的な恩恵であるといえる。[5]

● **AEC構築をめぐる政治**

AECにおいて議論になっているのが，進展の遅れである。早い段階から，期限までのAEC創設は無理ではないかという憶測は飛び交っていた。また，進展の遅れはASEAN関連会議でも重要な議題としてたびたび取り上げられてきたし，統合を加速化させるための声明の発表や共同体創設の後ろ倒しなどの措置もとられてきた。2014年8月のASEAN経済閣僚会議で発表されたところでは，AECスコアカードによると2013年末までに実施予定の優先主要措置229のうち，達成されたのは82.1％とされている。その後，2015年4月のASEAN首脳会議の議長声明では2008年から15年に実施すべき優先主張措置508のうち，実施率は90.5％と発表された。

結論からいうと，これは2015年末のAEC創設に間に合うペースではなかった。特に遅れているのが非関税障壁の削減やサービス貿易の自由化である。先にも述べたようにAECとは別に「存在するかしないか」という「ゼロサ

第8章　ASEAN

ム」のとらえ方をするべきものではなく，すでに達成されたことにも意義がある。さらには2015年以降の行動計画の策定に取り組んでいくことについても，すでに2014年11月の首脳会議で「ASEAN共同体のポスト2015ビジョンに関するネピドー宣言」が出されており，「AEC2025」がめざされることになっている。その意味で，2015年末に設立が宣言されたAECは，あくまで今後も引き続き進んでいく自由化の「通過点」に過ぎない。そう考えると，期限に間に合わないことをもってASEAN経済協力に対して過度に否定的な見方をする必要はない。しかし，現時点でAECの計画がすべて達成できなかったことを重視する見方があることも確かであるし，ASEAN各国の当事者自身も焦りをもってこの問題をとらえてきたことも事実である。このような進展の遅れについて，ここではその政治的背景を探ってみたい。

● **制度と規範の観点から**

最初に，ASEANの規範や制度が経済協力の進展を妨げているのかどうかについて検討したい（Aggarwal and Chow 2010; Roberts 2013）。結論から述べると，本章では制度的不備のために統合が進展しないというよりは，統合を進めようとする政治的意思の不足から制度的不備が一定程度温存されているのではないかと考える。

ASEANの制度に改革が要求されていることは事実である。かつてのASEANは実質的には外相会議とほぼ同義だったといってよく制度としての実態は薄かった。その意味で一体どこにあるのかが見えにくい国際機構であったといえる。しかし協力の対象が拡大しさまざまな機能的・実務的なプロジェクトがASEANベースで実施されるようになるにつれ年間に開かれるASEAN関連の会議数も増大し，2000年には300回，07年には700回，そして12年には1000回を超えた。このような変化が，組織としてのASEANに非公式性を脱し効率的な機構へと変わるという制度改革を要求していることは事実である。2008年に発効した「ASEAN憲章」の焦点の一つは，まさにこの点であった。すなわち，グランドデザインのないままに折々の必要性に応じて増改築を進めてきた家屋のようなASEANを，より効率的な機構へと変えようとしたのである。具体的には，最高意思決定機関として首脳会議を明示する，常駐代表を

設置する，各種協定の違反に対し首脳会議が判断する，事務局と事務総長の権限を強化する（仲介や監視），などである（鈴木 2011）。

コンセンサス方式による意思決定についても，安全保障分野においては適当でも経済分野では不適当だという認識は存在する。具体的には，合意ができた国から履行していくという「ASEAN マイナス X 方式」の導入が挙げられる。ASEAN 憲章においても「ASEAN における意思決定は協議とコンセンサスに基づく」（20 条）としながらも，それに加える形で，経済協定の履行においてはコンセンサスが得られた場合には ASEAN マイナス X 方式を含む柔軟な参加の方式を適用しうることが規定されている（21 条 2 項）。

したがって，経済分野における協力を進展させるためには，制度改革が必要であるという認識は存在するし，対応もなされてきた。そしていまだに存在する制度的な問題が AEC 構築の遅延に与えている影響も挙げることができる。その最たるものが，合意したことの履行を確保するためのメカニズムの弱さ，あるいは履行のモニタリングの弱さである。例えば統合の進展をチェックするスコアカードがあくまで各国の自己申告であることが，情報の正確さという意味で問題視されている。このような問題は，加盟国から独立した事務局の権限の弱さゆえに生じてしまうものである。ASEAN の特徴として機構を運営するための加盟国からの拠出金が一律，ということがある。加盟 10 カ国間で経済規模にきわめて大きな隔たりがあるにもかかわらず，拠出金の額は最も貧しい国が支払えるものに一律に合わせているということである。これも事務局の権限と権威を限定的なものにしようとする意図が働いていることの表れだといえる。

ただ，AEC 構築遅延の主たる要因を制度に求めることはできないだろう。つまり，制度面の欠点がなければ AEC は順調に進んでいた，というのは実態とは遠い。まして，内政不干渉や主権尊重を重視する伝統的な規範を守ろうとする意識が各国の AEC プロジェクトの実行を妨げているのだ，という見解には慎重になるべきではないだろうか。

1990 年代後半以降，ASEAN 研究においては規範やアイデンティティを軸にした説明の仕方が盛んである。しかし先に見たように ASEAN 諸国も政治安全保障問題と経済問題では自覚的に異なったアプローチを試みており，規範

に対して教条的に振る舞っているわけではない。もちろん，実利と反する場合でも時にはある種の規範意識がASEAN構成国を縛っているのだという見解に妥当性がある局面やイシューもあるだろう。しかし，規範やアイデンティティの重要性を指摘する際には，少なくともそこに存在するさまざまなアクター（国内含む）の錯綜する利害や思惑を分析したうえで，観念的な要素の説明力を測るべきである。

　一例を挙げれば，内政不干渉という規範を墨守するがゆえに生じるASEANの機能不全としてインドネシアからの煙害の問題がしばしば挙げられてきた。これはインドネシア国内におけるアブラヤシ農園やパーム油産業のための用地造成に伴って生じる煙害が国境を越えてマレーシアやシンガポールに被害を与えてきた問題である。これに対して長年にわたって地域機構としてのASEANが有効な対策を打ち出せておらず，その原因はASEANにおける内政不干渉原則という規範の存在に帰されることが多い（Aggarwal and Chow 2010）。その一方で，インドネシアのアブラヤシ農園やパーム油産業には，巨額のマレーシア資本やシンガポール資本が流れ込んでいるという複雑な構造にふれられることはあまりない（加納 2014：198）。規範が効いている可能性があるにせよ，まずは利害構造を明確にすべきというのはこのようなことであり，それは通商問題でも同様である。したがって，次にASEAN各国の国内アクターに注目してみたい。

● 国内アクターの観点から

　最初に，ASEAN各国の一般市民にとってAECはどのような存在なのか，という点について述べる。ASEANはしばしばきわめてエリート中心的な機構だと批判される。確かに，欧州議会のように市民が直接機構に働きかける経路は存在しないし，かといって各国内において対外政策決定過程に民主的な手続きを通して影響を与えることができる余地がきわめて限られている加盟国が多いのも事実である。では，そのような中，各国の市民はAECをどの程度肯定的に見ているのだろうか。このようなことは一定規模以上の世論調査でしか測ることはできないが，管見の限りではそのような調査を行った研究はベニーらの研究に限られる（Benny et al. 2015）。そこでは2010年の6月から12月にか

けて，インドネシア，マレーシア，シンガポールという3カ国の11都市における主要大学において計1256人に調査を行っている。対象はASEAN10カ国のうちの3カ国なのであくまで暫定的な結論ではあるが，市民のAECへの姿勢としては支持するものが多く，自国がAECから利益を受けると考える者が多いことが指摘されている。AEC構築が市民からの反対によって遅延しているわけではない，ということになる。[6]

一般市民の世論という視点を離れて，次に，各国のビジネス・セクターにとってのAECについて考察してみたい。非関税障壁の削減がほとんど進まないことやAECの実施に国ごとにばらつきがあることをふまえると（ERIA 2012），AECの進展を見る際に結局はこの点が最も重要ではないかと思われる。

一方で，ASEAN地域においてはAECのような構想への抵抗は弱い，と考えることもできる。というのも，シンガポールやマレーシアに典型的なように，輸出の多くは多国籍企業の子会社によるものであり，それらの企業が求めているのは域内生産ネットワークを円滑にすることだからである。したがって，それらの企業は自国への輸入品に対する関税を下げることに利益を見出すことになる。

しかしそれと同時に，ASEAN各国内にはセクターによって，あるいは規模によって自由化に反対する企業も存在するし，それらの要望の下に政府の側も保護政策をとる誘因がある。AECで見られるのは，国内勢力からの自由裁量を得た政府が政治・外交上の理由でFTAを進めることではなく，さまざまな利益や権力関係が密接に絡み合った各国ごとの個別的な国内政治過程である。

すなわち，AECは一様に利益をもたらすわけではないし，政府も単に自由化を促進しようとする意思のみが存在するわけではない。[7]典型例としてしばしば挙げられるのが，マレーシア政府が非関税障壁によって国内自動車産業を保護しようとすることである。あるいはマレーシアの最大与党である統一マレー国民組織（UMNO）と密接に結び付いた銀行セクターが国際的には非競争的であることから政府は金融の自由化には消極的である。さらに例示を続けると，そのマレーシアも競争力のあるエア・アジアのホームであることから，航空市場の自由化には積極的である。しかし，インドネシアは格安航空会社（LCC）との競争を忌避するガルーダ航空ら国内からの要望を受けて，消極的である。

あるいは，企業への聞き取り調査によると，規模の大きい企業のほうが AEC に対して楽観的であり小さい企業のほうがそれによってもたらされる競争の激化に懸念をおぼえていることが指摘されている（Mugijayani and Kartika 2012）。また，熟練労働者の移動が自由化されることについても抵抗（例えばタイの医師の団体が反対する，といったように）が見られる。AEC 構築遅延の背景には，このような錯綜する利害と複雑な政治過程が存在するのである。

すでに述べたように，AEC は基本的に域外からの投資を目的とした「外向け」のプロジェクトである。実際，例えば日本は AEC を積極的に後押ししている。しかしそれと同時に，各国は利害の錯綜する国内政治を抱えている。その意味で各国政府はジレンマの中に立たされている。AEC の進展の遅れの背景には，このように各国ごとの個別的な国内政治が存在する。さらには，ASEAN の制度が拘束力が弱く，モニタリング機能も十分ではないものにとどまっていること自体も，規範に帰するのではなく，そのような過程の結果であるとみなすべきであると思われる。

3 域外経済関係

「中心性」の模索

前節では主に ASEAN 内の自由化について検討した。本節では地域機構としての ASEAN の域外諸国との折衝について分析する。最初に域外協力の簡単な歴史を振り返った後で，FTA について述べていきたい。

● 域外協力と ASEAN

域外諸国に対しては，ASEAN は設立後しばらくは「中立性」を保とうとしてきた。典型的には 1971 年の「ZOPFAN（平和・自由・中立地帯）宣言」であり，その意図は冷戦に巻き込まれることを防ごうとするところにあった。その後，1970 年代末から，アメリカ，EC，日本などの域外諸国と毎年協議の場をもつようになる。[8] このように中小国の集団（= ASEAN）が主要な域外大国を呼び寄せる形で年次会議を定例化させるという例は世界でもきわめてめずらしく，ASEAN の大きな特徴であるといえる。

その後，さらにASEANはアジア太平洋経済協力（APEC），ASEAN地域フォーラム（ARF），ASEAN＋3，東アジア・サミット（EAS）など，種々の広域的な地域枠組みの中心として機能してきた。他方，「ASEAN＋1」のFTA網も次々に結び，現在は中国（2005年7月発効），韓国（2007年6月発効），日本（2008年12月発効），オーストラリアおよびニュージーランド（2010年1月発効），インド（2010年1月発効）と広がりを見せている。ただ，このFTA網にアメリカは取り込めてはいない。

これら広域的な協力においてASEANがこだわるのが「中心性」，すなわちASEANが核となってそれらを進めることである。具体的には，ASEAN諸国が議長を務め，議題設定もASEAN側が行う，ということを求めてきた。さらに，東アジア広域経済制度においては，すでに存在するAFTA原則の適用をはじめとして，ASEANのルールを東アジアへ拡大させることが重要となる。この中心性をめざすことはASEANの公式文書の中にも盛り込まれており，「ASEAN憲章」，「ASEAN政治安全保障共同体の青写真」，「AECの青写真」という3つの重要な文書において確認することができる。その意味で，ASEANが域外諸国と折衝をする際の基盤となる指針として「中心性」が定位されているといえる。

ここで，なぜ中小国の集団が「中心性」を獲得・維持できるのかという点について考察してみたい。第1に，冷戦や日中関係，日韓関係などの国際環境によって，東アジア地域にASEAN以外には地域枠組みがなかった，ということが挙げられるだろう。第2に，どの国にとっても脅威ではない，ということが挙げられる。したがって域外諸国からすれば参加しやすいことになる。これは中小国という要素がむしろ有利に働いたといえる。第3に，このように有利な環境において「中心性」を発揮し続けることによって得た，経験値やある種の経路依存性の存在である。この地域において広域的な枠組みを運営する際にはまずはASEANを軸にする，ということが慣例として存在してきたということである。

そして最後に，中心性を発揮するための条件として「一体性」を指摘することができる。当然ながらASEAN加盟国は域外との折衝において常に利害が一致しているわけではない。典型的には，1970年代の中立地帯構想の際にも

加盟国内で意見の対立は存在したし、80年代のカンボジア紛争でも新冷戦の構図の中でどのような立ち位置をとるかについてきわめて激しい衝突が見られた。1990年代以降は人権や民主主義といった理念をどのように扱うかという点でも明確な違いがある。しかしそれでも、例えばカンボジア紛争ならば差し当たり前線国家タイの意向を尊重するという形で、少なくとも対外的には歩調を合わせてきた。そのように加盟国間での一体性を保つからこそ域外諸国との関係性の中で中心性を保てるのだとASEAN側も認識しており、そのことは「AECの青写真」にも記載されている。

　もっとも、先に述べたように「中心性」という用語はASEANの文書で見られるが、それは2000年代後半以降のことである。これは逆にいうと、ASEAN側が中心性の維持に危機感を持ち始めていることの表れでもある。次項ではそのような視点から、ASEANにとってのRCEPと環太平洋経済連携（TPP）について述べてみたい。

●「ASEAN＋1」FTA——経済と安全保障上の背景

　2000年代以降の東アジア地域における通商秩序とその転換について考える際に、最初に2つの重要な傾向を指摘しておきたい。1点目が中国の台頭、そしてアメリカおよび日本との競合の激化である。**図8-1**からもわかるように、貿易分野においてもASEAN地域における中国の台頭とアメリカの存在感の低下は顕著である。さらに、中国は貿易だけではなく、援助においてもインフラ整備に加え、特にインドシナ諸国に対しさまざまな無償支援を行ってきた。

　このような変化が東南アジアへの影響力について大国間での競合を招くことになる。そしてASEANの側からすると、中小国の集団として、その中でどのような舵取りをするか、ということが問題となってくる。その際にASEANがとっている基本的方針としては、差し当たり3点を挙げることができる。第1に、特定の国のみが東南アジア地域への関与を深め影響力を強める状況を避け、できるだけ多くの国を関与させてバランスをとろうとすることである。第2に、そのように多数の国を関与させた際に特定の国にASEANとして肩入れせずに中立的な立場をとることで、旗幟を鮮明にするのを極力避けることである。第3に、地域枠組みにおいては先に述べたようにASEANが「中心性」

第Ⅱ部 主要国のFTA・TPP政策

図 8-1 主要パートナーが ASEAN 貿易全体に占めるシェア（%）

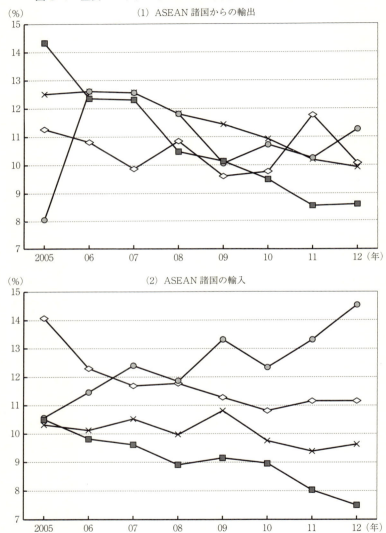

［出所］ ASEAN Statistical Yearbook 2013

を発揮することである。

　東アジアにおける傾向の2点目が，FTAの急増である。前節でも述べたように，ASEANは中国，韓国，日本，オーストラリア・ニュージーランド，インドと立て続けに「ASEAN+1」のFTAを結んできた。加えて，シンガポールやタイはASEANベースではなく2国間ベースでのFTAにも積極的である。さらに，TPP，RCEP，2012年11月に交渉の開始が宣言された日中韓FTAなど広域FTAも登場してきた。このように，東アジアでは2000年代に入ってからFTAが急増している。

　これらの点をふまえ，ペンペルは東アジアにおけるFTAの増加は経済と安全保障の連関の好例だとしている（Pempel 2010）。米シンガポールFTAに見られるようにFTA協定が安全保障上のパートナーへのある種の「報酬」であったり（Higgott 2004），外交的な意図を伝達するために用いられたりするのである（Capling 2008）。

　ASEAN+1のFTAにおいて政治的動機（経済的動機ではなく）が顕著に見られるとされるのが，2001年の中ASEAN首脳会議で合意されたASEAN・中国FTAである（トラン＝松本 2007：22-24）。これは中国からASEAN側に対して提案があって始まったものである。これに対してはASEAN諸国としても驚きをもって迎え，反発・警戒する加盟国も存在したが，自由化を進める際に一部の品目については早期に関税を引き下げるというアーリー・ハーベストや，ASEAN内では経済発展の度合いの低いCLMV諸国に対する支援強化などの，中国からの好意的な提案もあり，最終的には受け入れられることとなった。中国側の動機としては，ASEAN側の中国脅威論を和らげることが挙げられる。中国はこの時期には，2002年11月にASEAN加盟国の中の4カ国と領有権問題を抱える南シナ海紛争において「南シナ海における関係国の行動宣言」に署名したり，03年10月の中ASEAN首脳会議では東南アジア友好協力条約に署名したりして懐柔策を試みているが，FTAもその一環としてとらえられる。他の政治的要因としては，将来の東アジアの経済統合に対する主導権の確保や中国西南部開発の促進も考えられる。ただ，ASEAN・中国FTAに対して，ASEAN側は基本的には経済的なメリットを求めてのものだったとみてよいだろう。その意味で，中国側は政治的動機に，ASEAN側は経済的動機に，それ

それ基づいていたといえる。

　その後，次々とASEAN＋1のFTAは拡大していき，それらによって東アジアでは生産の分散立地や企業内および産業内貿易が進展してきた（Manger 2014）。他方，政治的背景としてはASEAN側の急速に成長する中国への警戒心が存在した。そのため，中国のみが過度に影響力を強めることになるのを避けるべく，日本などの域外諸国のFTAへの取り込みを通して域内における勢力均衡を図ろうとしたのである。そのような意図から，日本に対してはASEANのほうから積極的なアプローチがあった（深沢・助川 2014：51）。ちなみに，同様の理由から，ASEANは日本にも東南アジア友好協力条約への加盟を強く求めた。日本側としても中国との競合という観点からもASEANとのFTAは意義のあるものであった。

　なお，中国との競合という意味ではアメリカも同様である。2002年4月には10年ぶりにASEAN10カ国と経済相会議を開催し，10月のAPEC首脳会議の際には「ASEANイニシアチブ計画」を発表してASEAN諸国とFTA交渉を進めていくことを述べた。ただ，この場合の自由化はASEANとではなく，2国間ベースである。ASEAN側としては日本と同様，台頭する中国との間で地域のバランスをとるという意味でもアメリカの関与が歓迎された。

● **ASEANとRCEP構想**

　そして，5つのASEAN＋1のFTAをまとめるのがRCEP構想である。RCEPはASEAN10カ国とASEAN＋1FTA協定を結んでいる6カ国との間で構成され，それらの協定を統合し関税などのルールを一本化する意味合いがある。RCEP構想が提示される以前の段階では，東アジアにおける広域FTAとして，中国が提唱するASEAN＋3ベースの東アジア自由貿易地域（EAFTA）構想と日本が提唱するASEAN＋6ベースの東アジア包括的経済連携（CEPEA）構想の2案が競合しており，それらの間で一種の膠着状態にあった。しかし，研究期間をおいた後，最終的にはASEAN主導の下で両者の折衷案としてRCEP構想が2011年11月に発表され，2012年11月にASEANとそのFTAパートナー諸国はRCEP交渉開始に合意した。

　ASEANとしては，あくまでFTAがASEAN＋1のみで存在し，ASEANの

みがハブである状態が経済的には最も望ましいのかもしれない。その意味でRCEPはASEANにとっては最善とはいえない。では，なぜASEANはRCEPを推進するのだろうか。まず，そこにはいくつかの経済的な理由が考えられる。最初に指摘できるのが，FTAの「スパゲティ・ボウル」状態の解消である。先に述べたように，ASEANはRCEP交渉参加国とはすでにFTA協定を結んでいる。問題はそれぞれのFTAでルールが異なり，利用する側からすると使い勝手が悪いということである。特に利用者にとって厄介なのは原産地規則がFTAごとに異なることである。RCEPの創設は，これらを1つのルールの下にまとめるという効果が見込まれる。関連して，RCEPの創設によって既存のFTAをさらに質の高いものにすることが期待されている。域外諸国とのFTAは質にばらつきがあり，例えば，現状では関税撤廃率が最も低いのはインドとのFTAである。その意味で，RCEPという統一の枠組みを作ることによって，既存のFTA網の質を向上させることが期待される。加えて，日中韓FTA構想もRCEPの呼び水になったといえる。すなわち，日中韓FTAがもし形成されたとすると，そのときにRCEPが存在しなければASEAN諸国の損失は大きなものになるというシミュレーションも提示されているのである（Fukunaga 2014: 107）。

● ASEANにとってのTPP

しかし，ASEANがRCEPを推進することには，それらに加えて広域秩序における中心性の維持，という理由も存在する。その際に重要なのがTPPの存在である。TPPとRCEPはしばしばアメリカ対中国の対立，もしくは両者の陣取り合戦のような構図の中でとらえられることが多い。しかし，本章ではそのような解釈は妥当性を欠くと考える。まず，RCEPはめざされる自由化の水準としてはかなり低い。2015年8月に開かれたRCEP交渉の経済閣僚会合において10年以内に80%の品目について関税を撤廃することに合意したが，これは域内の通商関係を大きく変えるような目標ではない。理由としては，インドと中国が消極的である，ということが挙げられる。インドは40%というきわめて低い数字を主張しており，中国はインドほどではないものの決してRCEPそのものに積極的ではない。「10年以内に80%」という合意も消極的な

中国・インドとより高い自由化を志向する ASEAN 諸国との交渉の末の落としどころである。したがって，TPP を主導するアメリカに対して中国は RCEP を梃子にして対抗する，という解釈は現時点においては正しいとは思われない。中国は RCEP や日中韓 FTA には消極的であり，自国が独自に進める「一帯一路」構想などに傾斜しつつある。

　したがって，ASEAN からすれば RCEP とは中国ではなくまず何よりも「ASEAN 主導」の枠組みなのである。2011 年 11 月の ASEAN 首脳会議で採択された「RCEP のための ASEAN フレームワーク」では，ASEAN の中心性を維持していくことが明記されており，さらに RCEP が「ASEAN 主導のプロセス」だとされている。ASEAN の中心性については，2012 年 11 月の ASEAN 首脳会議で採択された「RCEP 交渉のための基本指針および目的」においても確認されている。また，RCEP 協定では，基本的には ASEAN と FTA を結んでいない国は RCEP 交渉に参加できないということが規定されている。つまり，ASEAN の FTA パートナーであることが RCEP 参加の条件ということである。さらに，交渉協議において議長国は ASEAN 諸国が務める。共同議長の提案を含め，この点については域外国からの異論もあったが，最終的には ASEAN 側の意向が通ることとなった（Fukunaga 2014: 105）。

　他方で，当然ながら，TPP は ASEAN ではなくアメリカが主導する枠組みである。アジア太平洋の通商秩序が TPP の下に構築されれば，ASEAN は中心性を発揮する余地がない。

　しかも，ASEAN でもシンガポール，ブルネイ，ベトナム，マレーシアの 4 カ国のみが TPP に参加するということになった。これら参加国にとって TPP の意義というのは，簡単にまとめると，進まない ASEAN・アメリカ FTA の代替，ということになる。先にも述べたように ASEAN の FTA 網はアメリカを欠いており，当面のところ進展の見込みはない。シンガポールとブルネイは TPP の初期構想からの原参加国なので参加しているのは当然として，ベトナムは国有企業の透明性という問題はあるものの，加盟国の中でも ASEAN 内での域内貿易比率が低く，逆にアメリカ市場の重要性が非常に高い。マレーシアもマレー人優遇措置であるブミプトラ政策や政府調達の問題という障壁はあるが，過去にアメリカと 2 国間 FTA を進めていたものの合意に至らず交渉が

中断してしまったという経緯もあり，やはりアメリカ市場は重要である。他方，タイやフィリピン，インドネシアも参加を検討している旨が報道されたこともあるが，実現には至っていない。いずれにせよ，ASEAN が TPP 参加国と不参加国に分かれてしまった。域外国との経済統合において ASEAN 諸国が分裂するのはこれが初めてのことであった。

したがって，ASEAN 主導ではない地域枠組みが提示されたという意味でも，参加国と不参加国に分かれることによって一体性が損なわれたという意味でも，TPP は ASEAN の中心性を揺るがすものとして懸念された。それを受けて，2011 年 11 月の ASEAN 首脳会議でインドネシアが議長国としての権利を利用して提示したのが RCEP 構想だったのである。そのため，先に述べたように RCEP 構想では ASEAN が中心であることが明示的に確認されている。RCEP は ASEAN が東アジアという広域 FTA で中心性を維持するための手段だったといえる。

もっとも，RCEP の交渉も順調ではない。先に述べたようにインドや中国が自由化に消極的であるからである。特にインドは巨大な国内市場をもつために FTA から得られる利益が限定的なうえ，RCEP によって中国製品が大量に流入することを警戒しているのである。

● **一体性を揺るがすもの**

このように ASEAN は広域的な枠組みにおいては，中心性を希求してきた。そして大国の中で ASEAN が中心性を維持するためには，ASEAN 諸国が足並みを揃えるという一体性が必要である。しかし近年，その一体性を揺るがすような要因が散見される。本項ではそのような ASEAN 協力への遠心力の問題として，南シナ海問題と ASEAN ベースではない貿易自由化の動きについて見てみたい。

ASEAN 内における亀裂が最も顕著なのが南シナ海問題である。豊富な天然資源を有する南シナ海においては，島々の領有権や海域の管轄権をめぐり，中国，台湾，フィリピン，ベトナム，マレーシア，ブルネイの 6 つの国・地域が対立している。この問題においては，対中強硬派のフィリピン，ベトナムと中国寄りの姿勢を見せるカンボジア，ラオス，ミャンマーという形で ASEAN

加盟国内に深刻な亀裂が見られる。それが最も顕著に表れたのが 2012 年 7 月の ASEAN 外相会議である。そこでは，加盟国間の対立の結果として，特に議長国カンボジアが強硬に中国寄りの姿勢を見せたために，ASEAN 史上初めて外相声明を出すことができないという結果になってしまった[9]。

これまでどれだけ加盟国間で利害が衝突しても，対外的には最低限の一体性を示してきた ASEAN としては，これはきわめて異例のことであった。事態を重くみたインドネシア外相は，この外相会議の直後に ASEAN 諸国を相次いで訪問するというシャトル外交を行い，その結果として「南シナ海の 6 原則」という外相声明を発表することには成功した。これは内容的には新味はなく応急措置に過ぎないものであり，対外的に ASEAN が分裂しているというイメージを極力与えないようにしようとする懸命な努力の賜物であった。外相会議における対立はこの後，2014 年にも見られた。

カンボジアが中国寄りの姿勢を見せるのは，ASEAN の中でも中国との関係が深く経済的な依存度も高いからである。その意味で，中国が経済的に台頭していることが，南シナ海問題という安全保障問題において ASEAN 諸国の足並みを乱しているといえる[10]。したがって，南シナ海問題は経済と安全保障の連動が如実に表れているイシューであり，同時に ASEAN の一体性を大きく損なっているイシューでもある。ただ，現在のところ，南シナ海における ASEAN 加盟国の不調和が RCEP や ASEAN＋1 の FTA といった広域通商政策を阻害するという形での波及は見られない。ある意味では安全保障分野における足並みの悪さと切り離す形で，広域的な経済協力を積み重ねているといえる。

しかし，この南シナ海問題から見えてくるのは，CLM 諸国は ASEAN というまとまりよりも中国との関係性を重視する可能性がある，ということである。これは中国による「囲い込み」の成果であるとともに，加盟国自身にとっても ASEAN という地域機構の意義が相対化され始めていることを示している。その意味で南シナ海問題は ASEAN の一体性に対する重大な挑戦であるといえる。

貿易自由化においても，ASEAN ベースの協力は相対化されてきている。しばしば指摘されるように ASEAN 加盟国は経済規模や産業構造，政治体制に

おいて多様性がきわめて高く，しかも経済的に補完的というよりは競合的であるため，通商問題においても歩調を合わせるのが難しい場合もある。そのようなときに，東南アジア諸国は ASEAN という枠組みを離れて単独で行動することもできる。事実，参加している FTA の数は，現段階で発効しているもので，AFTA や ASEAN＋1 も含めて，シンガポールが 21，マレーシアが 13，タイが 12，インドネシアが 9，ブルネイとラオスが 8，フィリピンが 7，カンボジアとミャンマーは 6，となっている（FTA Database, Asian Development Bank）。シンガポールやマレーシア，タイはきわめて活発に FTA を進めているのに対して，カンボジアやミャンマーは ASEAN ベースのもの以外は締結しておらず，大きな隔たりがあることがわかる。

4 地域機構としての ASEAN とその重要性

　本章では AEC や RCEP において ASEAN が何をめざし，そこにはどのような障害が存在するのかを，政治的要因に注目しながら分析してきた。AEC においては自由化による域外からの投資の呼び込みが主たる目的であるが，そこには制度的な問題や国内における自由化への抵抗という障害が存在し，その実施は必ずしも順調ではない。RCEP においてはさまざまな経済的目的があるとともに，東アジアにおける ASEAN の中心性の維持という政治的な目的も存在する。その一方で，中心性の基盤となる一体性を揺るがす要因が存在することも指摘した。

　「ASEAN」はしばしば東南アジアという地域と同義の言葉として用いられたり，加盟 10 カ国の総称を指す言葉として用いられたりするが，厳密には「地域機構」を指す言葉である。今後重要になってくるのは，地域機構としての ASEAN がどの程度有用であり続けられるかということだろう。これは域外大国からすれば ASEAN という「場」での協議や ASEAN が培ってきたルールを用いることにどれほどの価値を見出すかという問題になる。かつて 2000 年代末にオーストラリアのラッド首相が示した「アジア太平洋共同体構想」のような ASEAN ベースではなく大国を中心とした地域枠組みに流れずに，今後も ASEAN が中心でいられるかということである。他方，ASEAN

加盟国からすれば，ASEAN ベースの協力への優先度の問題ということになるだろう。ASEAN 以外の選択肢が浮上してきた際に，何が加盟国を ASEAN へとつなぎとめるのか，あるいはどの加盟国が ASEAN の重要性を主張し，変革を促し，他の加盟国の ASEAN 離れを防ごうとするのか。このような意味での地域機構としての ASEAN の重要性が今後の焦点となってくると思われる。

◀ 注

1) その主張の批判的検討という意味合いも含め，ASEAN Way については Yukawa (2012) 参照。
2) 「安全保障共同体」は 2007 年以降は「政治安全保障共同体」に名称を変更。
3) AEC について詳しくは，石川ほか (2013)，深沢・助川 (2014)，Bas Das et al. (2013)，参照。
4) ASEAN 加盟国間の域内貿易比率は 1970 年以降およそ 20% から 25% の間を，増加傾向を示しながら推移している (Direction of Trade Statistics, International Monetary Fund)。
5) この点においては ASEAN の軌跡はヨーロッパ統合とは異なっている。ヨーロッパにおいては第二次世界大戦後の独仏の対立を緩和し域内平和を構築していく際，まずは経済統合を中心とする機能的な協力を進展させ，やがて地域機構の射程が政治安全保障分野へと伸びていった。それに対し ASEAN ではまずは政治安全保障分野すなわち加盟国間の信頼醸成が地域機構の対象となり，域内における武力紛争の発生が相当程度考えられなくなった後に経済協力などの機能的な協力が進展していった。
6) ただ，AEC には例えば TPP に盛り込まれているような労働基準や労働基本権の順守に関する項目は含まれておらず，社会保障や社会政策の要素を欠いたものになっていることは指摘しておきたい。
7) この点について（以下で挙げる例も含め），詳しくは Jones (forthcoming) 参照。
8) 初期 ASEAN における対外的な機能については，山影 (1991: 153-184) 参照。
9) この事件について，事実経緯を含め詳しくは湯川 (2013) 参照。
10) 南シナ海問題における各国の立ち位置は，①中国をどの程度安全保障上の脅威だととらえるか，②中国がどの程度経済上重要な意味をもっているか，という 2 点で決まっているといえる (Chen and Yang 2013)。

◁ 引用・参考文献

石川幸一・清水一史・助川成也編 2013『ASEAN 経済共同体と日本——巨大統合市場の誕生』文眞堂．
加納啓良 2014『図説「資源大国」東南アジア——世界経済を支える「光と陰」の歴史』

洋泉社。
鈴木早苗 2011「ASEAN における組織改革──憲章発効後の課題」山影進編『新しいASEAN──地域共同体とアジアの中心性を目指して』日本貿易振興機構アジア経済研究所。
トラン・ヴァン・トウ＝松本邦愛 2007『中国──ASEAN の FTA と東アジア経済』文眞堂。
深沢淳一・助川成也 2014『ASEAN 大市場統合と日本──TPP 時代を日本企業が生き抜くには』文眞堂。
山影進 1991『ASEAN──シンボルからシステムへ』東京大学出版会。
湯川拓 2013「南シナ海問題をめぐる亀裂と経済共同体構築への取り組み」『アジア動向年報 2012』アジア経済研究所。
Aggarwal, Vinod K. and Jonathan T. Chow 2010, "The Perils of Consensus: How ASEAN's Meta-regime Undermines Economic and Environmental Cooperation", *Review of International Political Economy*, 17(2), pp. 262-290.
Basu Das, Sanchita Jayant Menon, Rodolfo Severino, and Omkar hal Shrestha 2013, *The ASEAN Economic Community: A Work in Progress*, Institute of Southeast Asian Studies.
Benny, Guido, Tham Siew Yean, and Rashila Ramili 2015, "Public Opinion on the Formation of the ASEAN Economic Community: an Exploratory Study in Three ASEAN Countries", *IJAPS*, 11(1), pp. 85-114.
Capling, Ann 2008, "Preferential Trade Agreement as Instruments of Foreign Policy: An Australia-Japan free Trade Agreement and Its Implications for the Asia Pacific Region," *Pacific Review*, 21(1), pp. 27-43.
Chen, Ian Tsung-Yen and Alan Hao Yang 2013, "A Harmonized Southeast Asia? Explanatory Typologies of ASEAN Countries' Strategies to the Rise of China," *Pacific Review*, 26(3), pp. 265-288.
ERIA (Economic Research Institute for ASEAN and East Asia) 2012, *Mid-term Review of the Implementation of AEC Blueprint: Executive Summary*.
Fukunaga, Yoshifumi 2014, "ASEAN's Leadership in the Regional Comprehensive Economic Partnership," *Asia & the Pacific Policy Studies*, 2(1), pp. 103-115.
Higgott, Richard A., 2004, "US Foreign Policy and the 'Securitisation' of Economic Globalization," *International Politics*, 41(2), pp. 147-175.
Jones, Lee forthcoming, "Explaining the Failure of the ASEAN Economic Community: the Primacy of Domestic Political Economy," *Pacific Review*.
Lim, H. 2008, "Regional Economic Cooperation and Production Networks in Southeast Asia," in Ihuo Kuroiwa and Toh Mun Heng eds., *Production Networks and Industrial Clusters: Integrating Economies in Southeast Asia*, ISEAS.
Manger, Marks S. 2014, "The Economic Logic of Asian Preferential Trade Agreements: The Role of Intra-Industry Trade," *Journal of East Asian Studies* 14(2), pp. 151-184.
Mansfield, Edward D. and Jon C. Pevehouse 2000, "Trade Blocs, Trade Flows, and International Conflict," *International Organization*, 54(4), pp. 775-808.

Mugijayani, Widdi and Pratiwi Kartika 2012, "Perspective of the Indonesian Business Sector on the Regional Integration Process," Sanchita Basu Das ed., *Achieving the ASEAN Economic Community 2015: Challenges for Member Countries and Businesses*, ISEAS.

Pempel, T. J. 2010, "Soft Balancing, Hedging, and Institutional Darwinism: The Economic-Security Nexus and East Asian Regionalism," *Journal of East Asian Studies*, 10(2), pp. 209-238.

Petri, Peter A., Michael G. Plummer and Fan Zhai 2012, "ASEAN Economic Community: a General Equilibrium Analysis," Asian Economic Journal 26(2), pp. 93-118.

Ravenhill, John 2010, "The 'new East Asian regionalism': A Political Domino Effect," *Review of International Political Economy*, 17(2), pp. 178-208.

Roberts, Christopher B. 2013, *ASEAN Regionalism: Cooperation, Values and Institutionalization*, Routledge.

Yukawa, Taku 2011, "Transformation of ASEAN's Image in the 1980s: The Cambodian Conflict and the Economic Development of ASEAN Member Countries," *Southeast Asian Studies*, 49(2), pp. 240-267.

Yukawa, Taku 2012, "Analyzing the Institutional and Normative Architecture of ASEAN: Reconsidering the Concept of the 'ASEAN Way'," 『東洋文化研究所紀要』162号, pp. 314-342.

［第Ⅲ部］

2国間関係

バッファー・システムの変化

第9章

日米関係

アメリカの政策機構における均衡化

大矢根 聡・冨田晃正

1 日米関係の安定の陰で

● 静かなる危機

あとの2章にみる日中・日韓関係とは異なり、日米関係は2000年代以降も一見するとそれほど動揺していない。もちろん、沖縄の普天間基地移設や牛海綿状脳症（BSE）感染による牛肉輸入停止など、いくつかの問題をめぐって両国間に緊張は生じた。とはいえ、日中間・日韓間のように首脳会談が開催されず、各分野の政府間協議が中断するような事態は生じなかった。表層的に波風が立っても、日米関係の基層は揺らいでいないようにみえる。しかしカルダーは、こうした日米関係を「静かなる危機」と形容した（カルダー 2008）。その根拠として、彼は政治的な対話の枠組みや経済的な相互依存関係が緩み、両国政府や専門家などの政策ネットワークが先細りしている点を指摘している。

振り返れば、本書が主な対象とする貿易・経済分野において、1970年代末から1990年代半ばまでの日米関係史は摩擦の歴史であった。日米経済摩擦は時に激しい軋轢（あつれき）を伴い、1987年4月には、半導体摩擦をめぐってアメリカ政府が対日経済制裁を発動したほどである。また1994年2月、細川護熙とクリントンの首脳会談は、経済摩擦を争点として実質的に決裂した。しかし、そうであるからこそ、経済摩擦が日米関係を動揺させないように、一定の復元力が浮上してきた。こうした軋轢と協調回復の過程が、経済摩擦のたびに繰り返さ

れ，その政治過程が次第に制度化していった。ここにバッファー・システムが成立し，経済分野では軋轢が表面化するものの，それが政治的対立に発展しにくい状態が生まれたと考えられる（渡辺 1988; 大矢根 2001）。

とはいえ，1990 年代半ばに日米経済摩擦が鎮静化すると，バッファー・システムの作用も終わりを告げた。関係悪化の懸念が去ると，それを協調へと突き動かす駆動力も勢いを失ったのである（カルダー 2008: 35）。したがって，2000 年代半ばに広域自由貿易協定（FTA）が両国の課題になった頃，両国政府はいわば白紙の状態で，新たな経済問題に対応するよう迫られた。日本が東アジア包括的経済連携（CEPEA）構想や東アジア・サミット（EAS）を推進すると，アメリカはこれらに関与できなかったため，アメリカ政府・議会で懸念が広がった。このためアメリカ政府は環太平洋経済連携（TPP）を推進し始めたが，今度は日本の TPP 交渉参加や参加後の対応をめぐって，両国間に微妙な齟齬が生じた。

● **もう一つのアジアの問題**

また，日中・日韓関係が悪化すると，それは東アジア地域の安定を望むアメリカにとって懸念材料となった。アメリカでは，中国を牽制するために日本と協調するはずであったのに，日本が「もう一つのアジアの問題」となってしまった，と報じられた（*Washington Post*, 2013 Dec. 26, 28; *New York Times*, 2013 Dec. 26)。アメリカ政府は，従来から日中・日韓関係に直接的に関与するのを避けつつ，それらの安定化を期待する立場を示唆していた。しかし，日中・日韓関係が緊張を帯び，それが広域 FTA の動向に影を落とすようになると，アメリカ政府は対応に苦慮した。

本章では，以上のような問題関心に基づいて，まず広域 FTA をめぐって日米の対応にどのような齟齬があったのかを，確認する。そのうえで，過去の日米関係を振り返り，両国間のバッファー・システムの様相を検討する。バッファー・システムは 2 国間関係によって多様な形態をとりうる。あとの 2 章でみるように，日中間のバッファー・システムは人的ネットワークに大きく依存しており，日韓間のそれは，政治・経済関係の全体構造に組み込まれていた（第 10・11 章を参照）。本章では，最初に日米間の人的ネットワークに着目して，連

邦議会議員と国会議員のつながりと役割，その推移を検討する。次に，この人的要素が機能する場となる政策決定メカニズムに目を移し，特にアメリカの政府内および政府・議会関係を考察する。アメリカの政策決定は世界を対象とし，対日政策もその枠組みの中で決定される場合が多い。その政策決定において，どのようなメカニズムが対日関係の安定化を可能にしていたのだろうか。他方で近年，TPPをめぐって日米間に微妙な立場の齟齬が生じ，それに日中関係の悪化が交錯し，問題が複雑化した。その際に，日米間の調整が必ずしも円滑に進まなかった背景にも言及する。

● 広域 FTA をめぐる齟齬

　まず，広域 FTA をめぐる日米関係について，簡潔に確認しておこう。両国政府が正面から対立したわけではないが，双方の立場の齟齬や調整不良が散見された。

　第1に，2000年代半ばに日本を含む東アジア諸国が地域統合を進め，広域 FTA を検討し始めた頃，アメリカはこの動きに関与できず，懸念を抱いた (Vaughn 2005)[1]。

　広域 FTA の東アジア自由貿易協定（EAFTA）や CEPEA を提案・検討する舞台となったのは，ASEAN＋3 と ASEAN＋6（2005年に EAS に発展）であった。前者は ASEAN の10カ国と日本，中国，韓国をメンバーとし，後者は，これらにオーストラリアとニュージーランド，インドを加えていた。つまり，両者はアメリカの同盟国や関係の良好な国々を含んでいたものの，アメリカ自体は参加していない。アメリカは東アジア地域に大きな経済的・政治的利害をもっているため，この動きに懸念を抱かざるをえなかった。もちろん日本政府も，EAS の創設時にアメリカをオブザーバーとする案や，メンバー国を二重構造にして第2メンバー群にアメリカを含める案などを検討した。しかし，これらの案はアメリカを含む各国の同意を得られず，実現に至らなかった。アメリカが EAS にロシアとともに参加したのは2011年11月（第6回 EAS）であり，TPP 交渉の開始後であった。

　また2009年には，民主党政権の鳩山由紀夫首相が東アジア共同体構想を提示し，その際に日本がアメリカと距離を置き，東アジア諸国との関係を強める

第Ⅲ部　2国間関係──バッファー・システムの変化

方針を示唆した（鳩山 2009）。これにアメリカ政府は反発し，東アジア諸国もその波紋を警戒した。

　第2に，アメリカがTPPの推進を2008年8月に表明し，10年3月に交渉を開始した。その際，アメリカ政府は日本政府に参加を呼びかけたものの，日本は迅速に応じられなかった。日本の交渉参加が実現したのは，2013年7月であった。その間，日本国内で交渉参加の是非が政治問題化し，世論はもとより民主党政権内でも意見が分かれた。しかもこの議論において，アメリカに対する不信や批判が浮上したのである（第3章を参照）。

　第3に，日本のTPP交渉参加後，交渉をめぐる日米関係は基本的に円滑に推移したが，緊張も表面化した。確かに日本政府は，交渉において対米協調を基調とし，またアメリカと発展途上国の橋渡しに力を注ぎ，アメリカ側の好評を得た。しかし，争点が日本の農産物関税の削減に移行すると，やはり交渉は難航せざるをえなかった。このため合衆国通商代表部（USTR）は，2013年11月頃から日本側，ひいては安倍首相の決断を求めるに至った。しかし日本政府は容易に譲歩しようとはせず，それはオバマ大統領が訪日した2014年4月の日米首脳会談においても，同様であった。

　むしろ日本政府は4月，アメリカと同様に日本の牛肉市場開放に期待するオーストラリアとFTA交渉の妥結を急ぎ，アメリカ側に揺さぶりをかけた。また9月，日米閣僚会談に臨んだ甘利明TPP担当相が「アメリカからは誠意が感じられない」と発言するなど，厳しい対応を避けなかった。この間の7月には，アメリカ議会の超党派議員140名がオバマ大統領に書簡を送り，日本が貿易自由化に消極的姿勢を続けるならば，「日本を外してTPP交渉を進めることを強く望む」と求めるに及んだ（Nunes, et. al. 2014）。

　このように，広域FTAをめぐる日米関係は，無視できない軋轢や立場の齟齬を伴った。以前の日米経済摩擦においては，より継続的に対立が生じたとはいえ，両国政府間にいわば「ゲームのルール」があり，両国政府の中核メンバーは妥結のための落としどころを想定できた。しかし今日では，より流動的で，予測困難な展開が生じているようである。以下では，従来の「ゲームのルール」を支えた可能性のある，両国間の人的ネットワークとバッファー・システム，それらの変化を検討しよう。

第9章 日米関係

2 人的ネットワークとその限定的な役割

● 先細る議員交流

　日米間においては，日中間のように特定の人的ネットワークが外交政策の決定上，固定的に影響力をもったわけではない。もちろん，日米間の議員交流は緊密な時期もあったが，後でみるようにアメリカの政策決定メカニズムは多元的で複雑である。知日派の議員や政府スタッフが存在しても，影響力を行使できる余地は限られており，また一時的にとどまりがちであった。両国間の人的ネットワークは日米関係の悪化傾向を指摘し，警鐘を鳴らすうえで有益な役割を担ったとしても，バッファー・システムとして安定的に機能するのは難しかったのである。

　この人的ネットワークは，日米経済摩擦と並行して拡大した。しかし以下にみるように，1980年代に経済摩擦があまりに激化すると，ネットワーク自体が揺らいだ。また，経済摩擦が発生しなくなり，2000年代に入ると，人的交流そのものが衰退した。その展開を確認してみよう。

　1968年に日米議員交流プログラムが創設され，これが日米間の議員交流の中心的な場になってきた。このプログラムの派遣議員は**表9-1**と**表9-2**の通りである。日本側からは，1974年の11名を皮切りに，2000年までの間に平均して7.5名の国会議員が参加し，渡米した。とはいえ，この期間の1975年と86年，91年，95年の4年間には，派遣が実施されていない。1975年以外は，日米経済摩擦が特に激化していた時期に当たる。特に1986年は，アメリカ議会で対日非難決議や対日報復を求める決議が可決され，また一部の議会議員がメディアの前で日本製品を破壊するパフォーマンスを披露していた。2001年以降になると，むしろ訪米を実施した年のほうが少なくなり，2003年と05年，13年，14年に過ぎない。議員交流の先細りは明らかであろう。

　他方のアメリカ側からは，1968年の8名を皮切りに，2000年までの間に平均12名の議員が日本を訪問した。しかし，1990年代になると派遣しない年が目立ち，91年と92年，95年，96年に実施していない。2000年代には交流の衰退がさらに顕著になる。

第Ⅲ部 2国間関係──バッファー・システムの変化

表9-1 訪米プログラムに参加した国会議員リスト

年度	訪米プログラムに参加した議員
1974	**自**：大石千八（衆），加藤紘一（衆），髙鳥修（衆），水野清（衆），山崎拓（衆）　**社**：河上民雄（衆），田英夫（参），土井たか子（衆）　**公**：新井彬之（衆），坂井弘一（衆），塩出啓典（参）【11】
75	派遣なし
76	**自**：水野清（衆）　**社**：堂森芳夫（衆），秦豊（参）　**公**：矢原秀男（参）　**民社**：永末英一（衆）【5】
77	**自**：加藤紘一（衆），林義郎（衆）　**社**：佐藤観樹（衆）　**公**：中川嘉美（衆）　**民社**：渡辺朗（衆）　**新自ク**：中馬弘毅（衆）【6】
78	**自**：池田行彦（衆），大坪健一郎（衆），小渕恵三（衆）　**社**：上原康助（衆）　**公**：長谷雄幸久（衆）　**民社**：中井洽　**新自ク**：柿澤弘治（衆）【7】
79	**自**：愛知和男（衆），池田行彦（衆），衛藤征士郎（参），大坪健一郎（衆）　**社**：日野市朗（衆）　**公**：古川雅司　**民社**：中野寛成（衆）　**新自ク**：柿澤弘治（参）【8】
80	**自**：池田行彦（衆），浦野烋興（衆），大城眞順（衆）　**社**：日野市朗（衆）　**公**：藪中義彦（衆）　**民社**：林保夫（衆）【6】
81	**自**：小渕恵三（衆），長野祐也（衆），野上徹（衆），森田一（衆），柳沢伯夫（衆）　**社**：小野信一（衆），横路孝弘（衆）　**公**：草野威（衆）　**民社**：小西博行（参）　**新自ク**：小杉隆（衆）【10】
82	**自**：小渕恵三（衆），木村守男（衆），野田毅（衆），浜田卓二郎（衆）【4】
83	**自**：上草義輝（衆），小渕恵三（衆），加藤紘一（衆），白川勝彦（衆），藤井孝男（参）　**社**：本岡昭次（参）　**公**：鶴岡洋（参）　**民社**：部谷孝之（衆）【8】
84	**自**：小渕恵三（衆），加藤紘一（衆），金子原二郎（衆），二階俊博（衆），町村信孝（衆）　**社**：伊藤忠治（衆）　**公**：坂口力（衆）　**民社**：青山丘（衆）【8】
85	**自**：熊谷弘（衆），羽田孜（衆），宮島滉（参）　**社**：辻一彦（衆）　**公**：山田英介（衆）　**民社**：神田厚（衆）【6】
86	派遣なし
87	**自**：小川元（衆），小渕恵三（衆），額賀福志郎（衆），谷津義男（衆）　**公**：斎藤節（衆）　**民社**：伊藤英成（衆）【6】
88	**自**：斎藤斗志二（衆），武村正義（衆），二田孝治（衆），山崎拓（衆）　**社**：早川勝（衆）　**公**：森本晃司（衆）　**民社**：塚田延充（衆）【7】
89	**自**：金子一義（衆），山東昭子（参），園田博之（衆），与謝野馨（衆）　**社**：沢田広（衆）　**公**：井上和久（衆）　**民社**：大矢卓史（衆）【7】
90	**自**：愛知和男（衆），加藤紘一（衆），小杉隆（衆），武村正義（衆），羽田孜（衆）　**社**：日野市朗（衆）　**公**：冬柴鐵三（衆）　**民社**：菅原喜重郎（衆）【8】
91	派遣なし
92	**自**：逢沢一郎（衆），大島理森（衆），小渕恵三（衆），塩谷立（衆），原田義昭（衆）　**社**：外口玉子（参）　**公**：倉田栄喜（衆）　**民社**：小平忠正（衆）【8】
93	**自**：中谷元（衆），中村正三郎（衆），簗瀬進（衆），山口俊一（衆）　**社**：伊東秀子（衆）　**公**：日笠勝之（衆）　**民社**：伊藤秀成（衆）【7】
94	**自**：小杉隆（衆），中谷元（衆）　**社**：土肥隆一（衆），日野市朗（衆）　**公**：石井啓一（衆）　**さ**：宇佐美登（衆）【6】

95	派遣なし
96	**自**：小渕恵三（衆），鈴木俊一（衆），鈴木宗男（衆）　**社民**：齋藤勁（参）　**さ**：前原誠司（衆）　**新**：佐藤茂樹（衆），松沢成文（衆）【7】
97	**自**：逢沢一郎（衆），武見敬三（参），林芳正（参）　**新**：若松謙維（衆）　**民**：前原誠司（衆），玄葉光一郎（衆）　**社民**：照屋寛徳（参）　**太**：小坂憲次（衆）　**無**：樽床伸二（衆）【9】
98	**自**：嘉数知賢（衆），竹本直一（衆），額賀福志郎（衆）　**自由**：佐々木洋平（衆）　**民**：吉田治（衆）　**公**：丸谷佳織（衆）【6名】
99	**自**：小野寺五典（衆），鴨下一郎（衆），塩崎恭久（衆），根本匠（衆）　**公**：益田洋介（参）　**社民**：日下部禧代子（参）【6】
2000	**自**：逢沢一郎（衆），伊藤達也（衆），下村博文（衆）　**公**：白保台一（衆）　**民**：枝野幸男（衆），原口一博（衆）　**自由**：達増拓也（衆）【7】
01–02	派遣なし
03	**自**：小坂憲次（衆），伊藤達也（衆），下村博文（衆）　**公**：遠山清彦（参）　**民**：原口一博（衆），松井孝治（参），渡辺周（衆）【7】
04	派遣なし
05	**自**：逢沢一郎（衆），石破茂（衆），岩屋毅（衆），吉岡泰男（参）【4】
06–12	派遣なし
13	**自**：木原誠二（衆），越智隆雄（衆）　**維**：足立康史（衆）【3】
14	**自**：小坂憲次（参），塩崎恭久（衆），武見敬三（参），豊田真由子（衆）　**民**：風間直樹（参），古川元久（衆）【6】

［注］　衆＝衆議院議員，参＝参議院議員。
自＝自民党，社＝社会党，社民＝社会民主党，公＝公明党，民社＝民社党，新自ク＝新自由クラブ，さ＝新党さきがけ，新＝新進党，民＝民主党，太＝太陽党，自由＝自由党，維＝日本維新の会，無＝無所属。
【　】内の数字は合計人数。

［出典］　日米議員交流センターのウェブサイトをもとに冨田が作成。

表9-2 訪日プログラムに参加した連邦議員リスト

年度	訪日プログラムに参加した議員
1968	民：ジェフリー・コヘラン（下），ジョン・カルバー（下），ロバート・レゲット（下），ジェームズ・オハラ（下），共：ウィリアム・マイラード（下），ドナルド・ラムズフェルド（下），ハーマン・シェネーベリ（下），ウェンデル・ワイアット（下）【8】
69	民：リー・メトカルフ（上），フランク・モス（上），エドマンド・マスキー（上），スパーク・マツナガ（上），ジェームズ・オハラ（下），デービッド・プライアー（上），ルイス・ストークス（下），モーリス・ユデール（下），共：ハワード・ベーカー（上），クリフォード・ケース（上），ジェームズ・ピアソン（上），ヒュー・スコット（上），ウィリアム・マイラード（下），ドナルド・ラムズフェルド（下）【14】
70	派遣なし
71	民：バンス・ハートキ（上），リー・メトカルフ（上），ジェームズ・コーマン（下），トーマス・フォーリー（下），デービッド・プライアー（上），ルイス・ストークス（下），モーリス・ユデール（下），共：ヒュー・スコット（上），ウィリアム・ロス（上），グレン・ビール（上），ポール・ファニン（上），ロバート・マサイアス（下），トーマス・レイズバック（下），ハーマン・シュニーブリ（下），ウェンデル・ワイヤット（下）【15】
72	民：ジャック・ブルックス（下），ジェームズ・ハワード（下），ウィリアム・ハンゲード（下），共：ウィリアム・ロス（上），ロバート・スタッフォード（上），ジョン・アーレンボーン（下），ボブ・マクウェン（下）【7】
73	民：ウィリアム・クレイ（下），ドナルド・フレイザー（下），サム・ギボンズ（下），ジェームズ・オハラ（下），サミュエル・ストラットン（下），共：ジェームズ・マクルーア（上），ウィリアム・ロス（上），アル・キー（共），ハーマン・シュニーブリ（下），ウェンデル・ワイヤット（下）【10】
74	派遣なし
75	民：ディック・クラーク（上），ジェームズ・マクルーア（上），サム・ナン（上），フランク・エバンス（下），トーマス・フォーリ（下），アンドリュー・ヤング（下），共：ビル・アーチャー（下），ビル・フレンツル（下），ジョゼフ・マクデード（下），サミュエル・ストラットン（下）【10】
76	民：ジョン・ダーキン（下），ロバート・ダンカン（下），トーマス・フォーリー（下），ノーマン・ミネタ（下），共：チャールズ・パーシー（上），リチャード・シュワイカー（上），トーマス・レイズバック（下），ウィリアム・スタイガー（下）【8】
77	民：ロバート・モーガン（上），トーマス・ダウニー（下），アラン・エーテル（下），バーバラ・ミカルスキー（上），共：ヘンリー・ベルモン（上），ダン・クエール（上），ハロルド・ソーヤー（下）【7】
78-79	派遣なし
80	民：トーマス・ダウニー（下），トーマス・フォーリー（下），共：ウィリアム・ロス（上），ビル・グラディソン（下），ジョエル・プリチャード（下）【5】
81	民：ビル・ブラッドリー（上），バトラー・デリック（下），トーマス・フォーリ（下），アル・ゴア（上），レオン・パネッタ（下），フィリップ・シャープ（下），サミュエル・ストラットン（下），共：ウィリアム・ロス（上），ウィリアム・クリンガー（下），トーマス・ペトリ（下）【10】
82	民：ローレンス・デナーディス（下），トーマス・フォーリー（下），ウィチェ・ファウラー（上），リー・ハミルトン（下），共：カルドウェル・バトラー（下），トーマス・コールマン（下），ノーマン・シュムウェイ（下）【7】
83	民：ジェームズ・サーサー（上），トーマス・フォーリー（下），リチャード・ジェファード（下），ビル・グラディソン（下），リー・ハミルトン（下），ノーマン・ミネタ（下），ジェームズ・シャノン（下），共：ヘンリー・ハイド（下）【8】
84	民：レス・オーコイン（下），ノーマン・ディックス（下），サミュエル・ゲイデンソン（下），サミュエル・ストラットン（下），ティム・ワース（下），共：フランク・マーカウスキー（上），ト

第 9 章　日 米 関 係

	ーマス・ペトリ（下），ジョン・ポーター（下），ジェームズ・センセンブレナー（下）【9】
85	民：ジェフ・ビンガマン（上），デニス・エッカート（下），バーニー・フランク（下），マーティン・フロスト（下），マシュー・マクヒュー（下），デニー・スミス（下），共：ウィリアム・ロス（上），ビル・アーチャー（上），ジャド・グレッグ（下）【9】
86	民：トーマス・フォーリー（下），ダン・グリックマン（下），ロバート・マツイ（下），パット・ウィリアムズ（下），共：ダグ・バーウーター（下），ハワード・ニールソン（下）【6】
87	民：ジェイ・ロックフェラー（上），トーマス・フォーリ（下），ビル・リチャードソン（下），ジョン・スプラット（下），共：ウィリアム・ロス（上），ロッド・チャンドラー（下）【6】
88	民：リック・ブーシェー（下），ロナルド・コールマン（下），トーマス・フォーリ（下），レオン・パネッタ（下），ボブ・ワイズ（下），共：ロバート・ミッチェル（下），ジェームズ・センセンブレナー（下）【7】
89	民：ジェフ・ビンガマン（上），ハワード・バーマン（下），トーマス・フォーリ（下），バード・ゴートン（下），ジェームズ・ヘイズ（下），チャールズ・マクミレン（下），共：ナンシー・ジョンソン（下），ジョン・ミラー（下）【8】
90	民：ジェフ・ビンガマン（上），トーマス・フォーリー（下），サンダー・レビン（下），チャーリー・ローズ（下），ボブ・ワイズ（下），共：ウィリアム・ロス（上），ダグ・バーウーター（下），トーマス・ペトリ（下）【8】
91-92	派遣なし
93	民：トーマス・フォーリー（下），マーティン・フロスト（下），ジム・マクデルモット（下），ビル・リチャードソン（下），ボブ・ワイズ（下），共：ダグ・バーウーター（下），シェアウッド・ボラート（下），ヘンリー・ハイド（下）【8】
94	民：アール・ヒルヤード（下），ペニー・トンプソン（下），ジョリーン・アンソエルド（下），ボブ・ワイズ（下），共：ヘンリー・ハイド（下）【5】
95-96	派遣なし
97	民：エニ・ファレオマバエガ（下），トニー・ホール（下），パッツィー・ミンク（下），共：ハーバード・ベイトマン（下），ジム・センセンブレナー（下）【5】
98	民：ポール・サーペンス（上），ピーター・ディファジオ（下），ボブ・フィルナー（下），ジム・マクデルモット（下），ディビッド・スカッグス（下），リン・ウールジー（下），共：ウィリアム・ロス（上），トム・キャンベル（下），マイケル・コリンズ（下）【9】
99	民：リック・ブーシェー（下），トーマス・アレン（下），ダイアナ・デゲット（下）【3】
2000	派遣なし
2001	民：リック・ブーシェー（下），ボブ・エザーリッジ（下），リン・ウールジー（下），ポール・サーベインズ（上），共：クリフ・スターンズ（下），グレッグ・ウェルデン（下）【6】
2002	派遣なし
2003	民：ブライアン・ベアード（下）【1】
04-06	派遣なし
2007	民：リック・ブーシェー（下）【1】
08-09	派遣なし
10	民：ジム・ウェッブ（上），スーザン・デービス（下），ダイアナ・デゲット（下），メイジー・ヒロノ（下），ニタ・ローウィー（下），共：トム・ピートライ（下）【6】
11-14	派遣なし

［注］　上＝上院，下＝下院　　民＝民主党，共＝共和党．
　　　　【　】内の数字は合計人数．
［出典］　日米議員交流センターのウェブサイトをもとに冨田が作成．

日米間の議員交流は，活発な時期においても，日米経済摩擦に対する好影響を具体的に見出すのが難しい。日本の政治では，対米外交は選挙区の利益に直結するわけではなく，政治家にとって「うまみ」のある分野とはいいがたい。そのためか，自民党政務調査会の外交部会長ポストも人気がないという。また外交通として知られ，対米外交にも力を注いだ中尾栄一，椎名素夫などは，この交流プログラムに参加してはいない（日本経済新聞社 1983: 36-37）。とはいえ，交流プログラムに複数回参加した議員には，加藤紘一や愛知和男，小渕恵三，林義郎など，外交に力を入れた議員も見られる。しかし，加藤は同時に農林族でもあり，小渕は郵政族，林は水産族・商工族でもある。日米経済摩擦が，利害関係のある分野にかかわるとジレンマに直面し，力を発揮するのは難しくならざるをえなかった。国会議員の影響力には限界があり，彼ら自身も議員交流の意義をその時々のアメリカ事情，「生きている」情報を日本に伝える点に見出すようになっている（猿田 2015: 91-92, 101-102; 日本経済新聞社 1983: 38-39）。

　アメリカ側でも状況は基本的に類似している。ただし，交流プログラムに参加した議員は，自由貿易主義や日米同盟の観点から，対日批判や対日貿易の制限に反論を展開した。連邦議会議員で最多のプログラム参加回数を誇るのはロス議員（共和党，デラウエア州選出）であり，1970年代初めから90年代末までに9回訪日している。彼は共和党を代表する知日派として知られ，日米経済摩擦の抑制に力を注いだとされる[4]。また，1973年に訪日したギボンズ議員（民主党，フロリダ州選出）も，保護貿易主義を牽制する発言を重ねた。1982年に対日自動車貿易の抑制を念頭に置いて，ローカル・コンテント法案が議会に提出された際，ギボンズはそれを保護貿易主義の典型とされるスムート・ホーレー法案に準え，「私たちは歴史をまた繰り返そうとしているのだ」と批判を展開した（信田 1989: 165）。彼らの発言によって，日米経済摩擦の展開が大きく変わったわけではないが，やはり無視できない意義をもった。

　このように，議員交流の直接的影響は限定的だとしても，2000年代以降の交流の減少はあまりに顕著である。それは，日米関係に対する両国議員の関心の低下を象徴していよう。またそれは，両国間に新たな懸案が発生した際に，相手国の動きについて国会・議会内で的確な情報を発信し，多様な主張が浮上する機会が減少することを意味した。

第 9 章　日米関係

● アメリカ議会におけるロビイング

　国会・議会の動きは，民間からの入力によっても変化する。その点で注目されるのは，アメリカ議会におけるロビイングである。日本とは異なり，アメリカでは外国代理人登録法に基づいて外国政府・企業などが弁護士などの代理人と契約し，議員に働きかける行為を一定の制限のもとに容認している。それが，連邦議会における法案や決議案の提出，審議に作用する場合がある。

　日本政府・企業は，このロビイングを比較的早くから展開してきた。1960 年にはロビイスト 28 名を雇っており，その規模は各国別で 7 位であった[5]。1980 年には，日米経済摩擦の激化を背景にロビイングに頼る度合いが拡大し，日本政府・企業のロビイストは 159 名にのぼり，1 位を記録した[6]。その存在はワシントン DC で目立たざるをえず，『ニューヨーク・タイムズ』や『ワシントン・ポスト』などの新聞，『ナショナル・ジャーナル』や『US・ニュース＆ワールド・レポート』などの雑誌が批判的に報じたほどであった。特に『ビジネスウィーク』の記事「アメリカにおける日本の影響」(1988 年夏) は注目を集め，日本からの政治的影響力の増大に対する警戒感を喚起した[7]。その後，日本政府・企業によるロビイングはさらに拡大し，1990 年に契約したロビイストは 275 名に達した。

　しかし 2011 年になると，日本政府・企業のロビイストは 34 名に減少していた。日米経済摩擦は発生しておらず，日米同盟のためのロビイングも必要性が限られていたのである。それと反比例するかのように，中国や韓国などによるロビイングが活発化し，その成果も表れた（カルダー 2014: 101）。

　こうした状況に対して，日本政府も対応を試みている。2013 年に日本の駐米大使館や日本貿易振興機構（JETRO）はエイキンガンプ法律事務所と契約し，TPP 交渉への対応を念頭に置いて議会に働きかけたのである。その一環として 10 月には，連邦議会に TPP 推進のための議員連盟を創設した（Lipton et al. 2014; 猿田 2015: 84）。また 2014 年 3 月には，ジャパン・コーカス（議員連盟）を 62 名の議員の参加を得て発足した。その代表はニューネス議員（共和党，カリフォルニア州選出）とカストロ議員（民主党，テキサス州進出）が務めたが，前者は下院歳入委員会・貿易小委員会の委員長であり，TPP の審議を左右しうる権限をもっていた。また彼は，米中貿易に関して厳しい姿勢をとり，安全保障

の観点からも TPP の必要性を主張していた（Nakayama 2014）。

とはいえ，日本政府の企図が十分な成果を上げていたとは言い難い。先に言及したように，140 名の超党派議員が 2014 年 7 月に大統領に書簡を送り，日本を TPP 交渉から外すように主張した。この書簡を取りまとめたのは，日本が頼ったニューネス議員だったのである。

3 アメリカの政策決定メカニズム

先にみたように，日米間の人的ネットワークは，バッファー・システムと称することができるような外交関係安定化の基盤にはならなかった。人的ネットワークの役割が限定的だったのは，アメリカの政策決定メカニズムが多元的で複雑であり，流動的な性格をもっているためでもあろう。特定の人的ネットワークが政策決定に継続的に関与するのは，元来難しかったのである。

そのメカニズムのもとで政策決定をする際，アメリカは超大国として国際秩序やグローバルな戦略を念頭に置いている。そのため，同盟国であり経済大国でもある日本に対する政策についても，国際安全保障や自由貿易主義などの大局的な観点から，一定の復元力が働いた。すなわち，日米経済摩擦が続発したため対日政策決定が繰り返され，そのたびに政府内の多様な関係省庁や議会の委員会が関与し，複雑な相互作用を展開した。そのような中で，政策決定過程は流動的でありながらも，関係機関が比較的類似した立場を繰り返しとり，それらの相互関係がパターン化していった。その際に，日米関係の安定化に資する復元力も，一定の頻度で表れた。それが，バッファー・システムとなったのである。

したがって，日米間のバッファー・システムはある程度の安定性をもっていても，元来流動的な政策決定メカニズムの中にある。しかも，その政策決定メカニズム自体が，アメリカの国際システム上の地位や日米経済摩擦のあり方によって変化した。そのバッファー・システムのあり方と，変化の様相を確認してみたい。

第9章 日米関係

● 対日批判の「叫び声・ため息」──アメリカ議会・政府関係

　日米経済摩擦は，日本の対米輸出が急増することでアメリカ企業が打撃を受け，倒産や失業が問題化して，発生した。あるいは，逆に日本の対米輸入が拡大せず，アメリカ企業が不満を覚え，日本側の不公正な貿易慣行を批判して発生した。こうした企業や産業団体，労働組合は，利益集団として議会や政府に対して働きかけた。すなわち，1970年代後半から80年代前半でいえば，日米カラーテレビ摩擦においてはアメリカ・カラーテレビ産業保護委員会（COMPACT）が，自動車摩擦においてはクライスラー社やフォード社，全米自動車労働組合（UAW）が，またコメ摩擦では全米精米業者協会（RMA）が，対日批判の急先鋒に立ったのである（デスラー＝佐藤 1982; 宮里・国際大学日米関係研究所 1990）。

　こうした産業・労働団体は，アメリカ貿易法に基づいて日本企業・政府を提訴して議会の関心を引き，またロビイングを展開した。もちろん，アメリカには対日貿易に利益を見出す企業や消費者も存在し，対抗する主張を展開したが，前者の動きを優位に推移した。

　これを受けた議会では，公聴会の開催や法案・決議案の提出と審議，議員による大統領宛書簡の送付などを繰り返した。これらの動きは，日米両国で広く報道され，日米貿易は高度に政治問題化した。こうして，アメリカ産業の声は，議員の保護貿易主義的な対日輸入の抑制，対日輸出の拡大を求める「叫び声」となった。

　これに対してアメリカ政府は，自由貿易主義を維持しようと抵抗し，日本などの貿易国との交渉に乗り出した。他方で日本側は，アメリカ議会の強硬な動きに驚き，アメリカ政府との交渉を経て，対米輸出の抑制策や対米輸入の促進策などに譲歩した。その結果，アメリカ政府はもとより，元来は保護貿易主義の実現を望んでいなかった議会議員も安堵し，「ため息」をついたのである（Pastor 1980）。

　この議会・政府関係のパターンを「叫び声・ため息逆説」と名づけて提示したのは，パスターであった。その指摘で興味深いのは，議会の「叫び声」が一見，外国産業・外国政府を標的にしているようでも，実際にはアメリカ政府に向いている点であり，したがって議会の動きは外国ではなく，アメリカ政府に

211

第Ⅲ部　2国間関係——バッファー・システムの変化

対する信頼に左右される点，アメリカ政府も議会も，実際には保護貿易的な強硬策を望んでいない点である（Pastor 1980）。これはかなり以前の説であり，その後，貿易以外の問題や国際的・国内的要因の相互連関などを視野に入れた説も登場した（Destler 1995）。またアメリカでは，議会で多数を占める政党と政権政党が異なる，「分割政府」状態が一般的になり，議会・政府関係がより対立的になった（O'Halloran 1994; Galderisi et al. 1996）。さらに，議会改革によって権限の分散と手続きの公開化が進み，貿易問題について有力議員や下院歳入委員会などの有力委員会がリーダーシップを発揮することは難しくなった。こうした変化は生じたものの，基本的なパターンとして，「叫び声・ため息逆説」が消失したわけではない。

● **アメリカ政府の分裂構造**

議会と対峙する政府も，それ自身が多元的であり，各官庁が異なる立場をとる。貿易政策をめぐっては，政府内は次の3つのグループに分かれがちであり，政策はその対立と駆け引きを通じて定まるのが一般的であった。（フクシマ 1992: 45-51）。すなわち①「貿易グループ」の商務省やUSTR，労働省など，②「純粋経済グループ」の財務省，大統領経済諮問委員会，行政管理予算局，司法省など，そして③「外交グループ」の国務省，国防総省，国家安全保障会議などである。①貿易グループは，自由貿易を通じて得られるアメリカ産業・労働者の利益を重視し，必然的に自由貿易主義の原理そのものは実際的かつ柔軟に解釈しがちであった。逆に②純粋経済グループは，経済学上の自由貿易主義の原理そのものを尊重した。他方で③外交グループは，アメリカの貿易政策が世界戦略や同盟にどのように作用するかに，重きを置いた。

この対立構造のもとで政策決定を実施すると，①貿易グループは産業・労働団体や議会の圧力に応じがちであり，これに②純粋経済グループと③外交グループが抵抗した。②は日米関係の経済的相互依存や消費者の利益，自由貿易の原理などを重視し，③は日米同盟の安定性を重視し，日本側の政治的反発を懸念したのである。

この三者の駆け引きの過程で，関係者は次第に中間的な次善の選択に収斂しがちであった。その結果，自由貿易主義に実質的に反していながらも，関税

と貿易に関する一般協定（GATT）違反に陥らない措置が実現した。すなわち，対米輸出については日本の自主輸出規制，対米輸入については自主輸入拡大である。いずれも，日本側がGATTに基づく多国間自由貿易の権利を自発的に放棄する形をとった（Hindley 1980; Bhagwati and Irwin 1987: 125-127）。

バッファー・システムは，このようにアメリカの多元的で流動的な政策決定過程が繰り返される中で，中間的な選択に至る動的なパターンとして成立し，持続したのである。もちろん，こうした選択は日本政府の譲歩によって可能になった。その意味では，アメリカのバッファー・システムは，日本の対応に補完されてこそ機能した。

その日本でも，国会ではアメリカ側の強硬な主張や対日要求に反発の声が上がり，政府内でも対米譲歩に抵抗感が生じた。とはいえ，アメリカは2003年までは日本の最大の貿易相手国であり，同盟国でもあった。日米経済摩擦が過熱する事態を懸念し，一定の輸出抑制や輸入促進はやむをえないとする判断は，政府内に広く浸透していた。ただし，対米譲歩の程度やタイミングなどをめぐって，外務省と通商産業省（当時）が衝突するケースが多く，農産物の貿易自由化については農林水産省が抵抗した。それでも最終的には，自主輸出規制や自主輸入拡大の実施で妥結したのである。

その結果，日米両国で対立の火の手があがっても，それがアメリカの明白な保護貿易主義的措置や日本側の強硬策には至らなかった。アメリカ政府は経済摩擦の個別ケースごとに対応し，対日政策を全般的に転換したり，外交関係を見直したりはしなかった。もちろん，バッファー・システムが常に同じように機能したのではない。その変化をたどってみよう。

4 バッファー・システムの展開

● バッファー・システムの形成——日米経済摩擦とともに

対日貿易政策について，バッファー・システムが成立したのは1970年代であり，80年代初めには機能したと考えられる。キャンベルは，1969-71年の日米繊維摩擦が契機となり，両国間の政治ゲームにパターンが生まれたと指摘している（Campbell 1993: 49-51）。

第Ⅲ部 2国間関係——バッファー・システムの変化

　それ以前の1950-60年代，アメリカ議会では大物議員の発言力が強く，自由貿易主義の主張が優位にあった。政府内でも外交グループが有力であり，対日貿易政策の立案も交渉も国務省が主導した。例えば1953年，対日繊維輸入の拡大を批判した上院議員に対して，ダレス国務長官は「輸入規制はアメリカの対外政策を傷つけ，自由陣営の結束を弱めることになる」と，同盟の観点から批判している。類似した声は議員からも聞かれ，翌1954年の対日関税引き下げ交渉に関連して，下院歳入委員会委員長のリード議員（共和党，ニューヨーク州選出）は，「我々は，（日本で）多くの人間が失業して，共産主義者がこれらの人々を自分の側につけようと最善の努力をしていることを知っている」と論じた（佐藤 1983: 45）。

　しかし国際システム・レベルの変化が，バッファー・システムに影を落とした。1960年代後半以降，国際システム・レベルにおけるアメリカのパワー，特に経済力が相対的に低下し，対照的に日本が大きく台頭した。日米間の貿易収支は，1967年に初めてアメリカ側の赤字となり，70年代にはその規模が拡大し続けた。

　こうした状況において，国務省が経済摩擦に関する対日政策・交渉を主導するのは難しくなった。アメリカ政府は，議会の要求に基づいて特別通商代表（STR。1980年にUSTRに改組）を創設し，この組織がアメリカ産業や議会の声を考慮しながら対日交渉を担当するようになったのである。議会では保護貿易主義的な主張や，それを反映した公聴会や法案がみられるようになり，アメリカ政府内でも，貿易グループのSTR／USTR，商務省などの影響力が相対的に強まった。それは，1970年代後半から80年代前半の日米経済摩擦に表れ，両国間の対立が高まった。それでもバッファー・システムが機能して，揺り戻しが起こった。すなわち，アメリカ政府内で自由貿易主義や日米同盟重視の主張が浮上し，経済摩擦は鉄鋼やカラーテレビ，自動車などの自主輸出規制，牛肉やオレンジなどの自主輸入拡大によって妥結したのである。

　したがって，日米の全般的な関係はどうにか安定性を維持し，そのような中で1978年11月には「日米防衛協力のための指針（ガイドライン）」が決定した。また1979年末，国際情勢が新冷戦へと転じると，大平正芳政権は対米協調を明確にした。1980年代初めの中曾根康弘とレーガンの政権期には，日米経済

摩擦は激化したものの，安全保障協力がより鮮明になった。日本政府は，防衛予算の増額や対米武器技術の供与に踏み出したのである。中曾根首相は「経済摩擦があっても，それは上部構造に過ぎぬ。基礎構造は安全保障だ」(鈴木 1991: 195) と語っている。これはアメリカにおけるバッファー・システムの作用を，日本側から表現した言葉だともいえよう。

● バッファー・システムの機能低下——1980年代後半の対日強硬姿勢

しかし，1980年代半ばには様相が変わった。1985-88年は，デスラーによると「貿易の年」であった (Destler 1995: 89-92)。国際システム・レベルで，アメリカの貿易赤字が拡大し，また債務国に転落するなど，パワーの衰退がより鮮明になった。他方で，日本の経済力は事実上ピークに達し，アメリカとは逆に世界最大の債権国になった。[8]

日米経済摩擦はかつてないほど激化し，連邦議会では強硬論が勢いを増した。議会改革によって小委員会が増加した影響もあり，特に下院商業小委員会における強硬論は顕著であった。こうした議会の声が追い風となって，アメリカ政府内で貿易グループ，とりわけ商務省の発言力が拡大した (Mastanduno 1992; 宮里 1995)。

こうなると，「叫び声・ため息逆説」パターンからすれば「叫び声」が大きくなり，相対的に強い対日措置によって関係者がどうにか「ため息」をつくことになる。実際にアメリカ政府は，アメリカ貿易法301条やスーパー301条を利用し，経済制裁の可能性を示唆して日本側に譲歩を迫った。「強硬な単独主義」と形容される姿勢が実現したのである (Bhagwati and Patrick 1990)。[9]

それでも，G.ブッシュ政権がスーパー301条に基づいて対日交渉を検討した際，日本政府が対応しやすい分野を考慮するなど，バッファー・システムの作用はうかがえた (宮里・国際大学日米関係研究所 1990: 48-54)。しかも1980年代後半，アメリカで日本異質論が浮上し，日本の官民一体的な産業保護や貿易拡大などを批判の標的にしたが，アメリカ政府はこうした議論を受け入れなかった (Dryden 1995: 298; 草野 1991: 109-114)。こうしてスーパー・コンピュータ，電気通信，保険，建設など，多分野で経済摩擦が発生したものの，日本の自主輸入拡大措置によって妥結した。こうした問題の中には，政治的妥協だけでは

対処できず、高度に専門的、技術的な検討が必要なものもあった。そこで両国政府は、1985年1月に市場分野別個別（MOSS）協議を開始し、89年9月からは日米構造問題協議を実施した。

このように日米経済摩擦は激化しながらも妥結していったが、この時期には、経済摩擦が安全保障分野にも及んでしまった。1987年5月の東芝機械ココム（対共産圏輸出統制委員会）違反事件や89年の次期支援戦闘機（FSX）共同開発などをめぐる対立は、その表れであった。

● システムの形骸化——1990年代前半の対立激化と収束

冷戦終結後の1990年代に入ると、アメリカ経済は相対的な復活を示した。それとは対照的に、日本ではバブル経済の崩壊後、長期的な景気後退に陥った。日米経済摩擦は1990年代前半に最後の激化のときを迎え、その後、鎮静化していった。

1993年1月にクリントン政権が誕生し、対日貿易政策を念頭に置いて政策決定メカニズムに修正を施した。ホワイトハウスの直属機関として国家経済会議（NEC）を新設し、先に述べた政府内の3グループの位置を変えたのである（Destler 1996）。すなわち、純粋経済グループの中核である大統領経済諮問委員会委員長に、戦略的貿易政策を唱えるタイソンを任命し、その立場を貿易グループに近づけた（Tyson 1992）。またNECでは大統領補佐官が議長を務め、大統領自身も議論に深く関与して、3グループの調整を図った。こうしてクリントン政権は、純然たる自由貿易主義でも明確な保護貿易主義でもない第三の道を模索し、産業界や議会の「叫び声」に近い線で、「ため息」をつく選択肢を求めたのである。

この体制による政策決定は、まず日米包括経済協議に結実した。この協議は1993年5月に始まり、アメリカ政府は自動車部品や電気通信、医療機器などの分野で日本の対米輸入拡大を実現するために、厳格な「数値目標」を設けるよう要求した。

苦慮した日本側が選択したのは、いわばバッファー・システムを補完する方法であった。すなわち日本政府は、これまでアメリカで作用してきた自由貿易主義の原則を前面に掲げ、アメリカ政府の要求を保護貿易主義だと明確に否定

したのである（大矢根 2002: 257-259）。また，1995年に世界貿易機関（WTO）が成立すると，その紛争解決手続きに則して対処すべきだとも主張した。

しかし，両国政府間の協議は難航し，双方は結局，「不合意の合意」による妥協を選んだ。例えば，自動車部品の対米輸入拡大策では，日本企業が自発的に購入予定をたて，アメリカ政府はこれに依拠して数値目標的な基準を算出した。しかし日本政府はこれに関与しないと，合意文書に明記したのである。他の日米経済摩擦も，このようにアメリカ政府のほうが実質的に譲歩して，妥結した。

この後，日米経済摩擦は発生しなくなった。日本政府の対応が奏功し，またアメリカ政府は，期待した第三の道を見出せなかったのである。経済摩擦が頭をもたげても，WTOの紛争処理手続きに基づいて処理された。

その間，安全保障上の協調は，一見深まりを示した。1996年4月にクリントン大統領と橋本龍太郎首相は，冷戦後に東アジア地域が不安定化する中で，日米同盟を「再定義」した。また両国政府は1997年9月，新たな「日米防衛協力のための指針」にも合意した。2001年に9.11テロが発生すると，両国政府は協調姿勢を確認し，日本政府はテロ対策特別措置法に基づいて海上自衛隊の艦艇をインド洋に派遣し，アメリカなどの艦艇に燃料補給を実施した。また，2003年には，イラクにおける人道復興支援活動に自衛隊員を派遣した。

このように，日米間の経済摩擦が安全保障協力を阻害する事態はなくなった。同時に，安全保障上の観点から，経済関係の悪化を抑制する動きもあまりみられなくなった。それは，第1に日米経済関係が変化し，経済摩擦のような軋轢が生じなくなったためである。日本の経済力は相対的に衰退し，日米両国の最大の貿易相手国は中国に入れ替わった。アメリカの貿易赤字に占める対日赤字の比率は，1981年の70.8%をピークに，2010年には9.4%にまで低下した。

第2に，アメリカの政策決定メカニズムにおいて，特に議会の動きが変化し，その「叫び声」が従来と異なるものになった。議会に対する働きかけは，産業界だけでなく環境NGO（非政府組織），人権保護団体などに広がり，議会の関心も貿易と関連する環境保護，労働上の人権などに広がった（Destler and Balint 1999）。また民主党内，共和党内の貿易をめぐる立場も多様化し，同時に民主党・共和党間の対立も激化した。そのため議会は，明確なメッセージを伴っ

た「叫び声」を上げなくなり，アメリカ政府も対日経済問題に関して，明確な対応を示さなくなったのである。関係者が「ため息」をつくまでもなくなったといえる。

こうした状況を反映して，日米政府は貿易・経済協議の枠組みを継続したものの，それは先細りしていった。すなわち，1996年12月に日米包括経済協議が終了すると，1997年から2001年に日米規制緩和対話，2001年から10年まで（成長のための）日米経済パートナーシップ，10年から日米経済調和対話などが実施された。しかしこれらは，経済摩擦を処理する枠組みではなく，一般的な協議の場となった。したがって，経済的懸案を処理するために，バッファー・システムを再建する手がかりにはならなかった。

こうして，カルダーの指摘する「静かなる危機」のもとで安全保障協力が進み，特段の経済問題も生じなくなった。この状況において，広域FTAが両国間の懸案となり，両国間の齟齬が時に表面化したのである。

5　TPPと日中・日韓関係の悪化

広域FTAとしてのTPPについて，日米両国の経済的利益はおおよそ合致していた。もちろん，日本の農産物やアメリカの自動車部品などの貿易自由化をめぐって，立場の相違はあった。TPPをめぐる日米関係に特徴的なのは，この経済的懸案が安全保障上の認識の齟齬と交錯した点である。

TPPは貿易自由化の措置にほかならないが，本書の序章でふれたように地域秩序を形成する意味をもち，必然的に安全保障上の効果を伴った。特にTPPは日米両国を中心的メンバーとし，中国をメンバーとしていないために，対中牽制の装置として機能した。この対中牽制の程度や位置づけについて，日米の認識に相違が生じたのである。

日本政府は中国の潜在的脅威に敏感であり，TPPに対中牽制とそのための日米同盟強化の機能を期待した。しかも，TPP交渉と前後して日中関係が悪化したため，日米協調への関心は一層強まった。特に2012年12月に誕生した安倍政権は，安全保障上の効果に対する願望を強めた（第3章を参照）。

これに対してアメリカ政府は，中国を不安定要素とはしても，脅威の対象と

することには慎重だった。もちろん，オバマ政権は2011年，中国の台頭を念頭に置いてリバランス政策を打ち出し，アジアへの関与を強めようとした。TPPは，その中核的要素の一つに位置づけられた（Froman 2014）。その意味において，TPPはアメリカにとっても対中牽制の一手段であり，日米同盟強化の含意を伴っていた。しかしアメリカ政府は，TPPを過度に対抗的な措置とは考えず，当初は中国をメンバーから外して高度な貿易自由化をめざすものの，その成立後には中国が参加することを想定していた。むしろTPP参加によって，中国経済に自由主義が浸透し，それが社会的な自由の慣行につながり，ひいては政治的な民主主義を促進する展望を描いていた。こうした期待は，2000年頃以来，アメリカ政府に根強く認められる（USTR every year）。またアメリカ政府は，中国に対応する手段を確保する観点から，東アジアの地域的安定を重視し，良好な日韓関係や日中関係を望んでいた。

したがって，アメリカ政府の立場からすれば，日本でTPPによる対中牽制に過度な期待が高まり，また日韓・日中関係が悪化する事態に，当惑せざるをえなかった。しかも，日韓・日中関係の悪化が歴史問題を一因としていることにも，困惑を隠せなかった。アメリカ政府は，歴史問題は当事国に委ね，自らは関与しない立場をとっていたのである。とはいえ，問題が過度に複雑化しかねない局面では，アメリカ政府も日本政府に踏み込んだ対応をし，自制を促した（モチヅキ 2011）。

このように，日米両国はTPPをめぐって立場を微妙に異にしており，その調整は，自国の脅威認識や安全保障にかかわっていたため，容易ではなかった。もはやバッファー・システムは機能しておらず，しかも経済的懸案と安全保障が複雑に絡み合った問題では，従来型のバッファー・システムでは十分に対応できなかったかもしれない。TPPのような広域FTAをめぐって，日米関係の円滑な運営は微妙で，難しいものになっている。アジア太平洋自由貿易圏（FTAAP）を展望して，TPPの今後を含めて，広域FTAはなおも日米の課題となり続けそうである。

第Ⅲ部　2国間関係——バッファー・システムの変化

◀ 注

1) これに先行して，1990年12月にマレーシアのマハティール首相が東アジア経済グループ（EAEG）構想を提起した際には，日米両国は協調的に対応した。
2) 鳩山政権は事態の鎮静化を図ろうとし，2009年10月のEASにおいて東アジア共同体の具体的形態やメンバーを議論しない方針を示した。
3) 日米共同声明は，TPPについて「前進する道筋を特定した」という抽象的な合意を示すにとどまった。このときの日本の対応について，『毎日新聞』（2014年5月19日）の世論調査によると，妥協すべきは38%，妥協すべきでないが52%であり，『産経新聞』（2014年4月29日）の世論調査では，妥協はやむをえないが33.6%，妥協すべきでないが53.9%であった。
4) ロス議員は，1994年に開始したマンスフィールド・フェローシップ・プログラムを立ち上げた中心人物でもあった（マンスフィールド財団 2013: 8-11）。ロス議員は，日米関係に関する貢献を理由として，2001年に勲一等旭日大賞を授与された。
5) 1位はフランスの50名。2位以下はメキシコ49名，キューバ38名，カナダ32名，イスラエル30名，（旧）ソ連29名であった（カルダー 2014: 101）。
6) 2位はカナダの69名，3位以下は（旧）ソ連58名，メキシコ58名，（旧）西ドイツ49名であった（カルダー 2014: 101）。
7) "Japan's Influence in America," *Business Week*, 1988 pp. 64-75.
8) 1980年代後半から90年代前半にかけて，アメリカの国内総生産（GDP）は日本の2倍を下回っており，覇権安定論の観点によれば日本がアメリカの地位を脅かす状況になった（飯田 2013: 22-23）。
9) ベイヤードとエリオットの分析によると，貿易法301条に基づく交渉の成功率は76%，スーパー301条は62.5%の成功率であった（Bayard and Elliot 1994: 327）。

◁ 引用・参考文献

飯田敬輔 2013『経済覇権のゆくえ——米中伯仲時代と日本の針路』中央公論新社。
五十嵐武士 2010『グローバル化とアメリカの覇権』岩波書店。
大矢根聡 2001「国際通商摩擦」国際法学会編『日本の国際法の100年・第7巻——国際取引』三省堂。
大矢根聡 2002『日米韓半導体摩擦——通商交渉の政治経済学』有信堂高文社。
蒲島郁夫・松原望 1989「日本経済紛争の収束過程——日米自動車交渉をケースとして」『レヴァイアサン』5号，52-74頁。
カルダー，ケント・E./渡辺将人訳 2008『日米同盟の静かなる危機』ウェッジ。
カルダー，ケント・E./ライシャワー東アジア研究センター監訳 2014『ワシントンの中のアジア——グローバル政治都市での攻防』中央公論新社。
草野厚 1984『日米・摩擦の構造』PHP研究所。
草野厚 1991『アメリカ議会と日米関係』中央公論社。
栗山尚一 1997『日米同盟——漂流からの脱却』日本経済新聞社。
佐藤英夫 1983「国際経済をめぐる政治についての理論と実証——米国の対外貿易政策を背景にして」『国際政治』74号，37-54頁。

第9章 日米関係

佐藤英夫 1985「日米経済摩擦と政策決定」『国際法外交雑誌』84巻2号，113-141頁。
猿田佐世 2015「日米外交における『米国』とは——ワシントンの可視化にむけて」遠藤誠治編『日米安保と自衛隊』(シリーズ・日本の安全保障2) 岩波書店。
信田智人 1989『アメリカ議会をロビーする——ワシントンのなかの日米関係』ジャパンタイムズ。
鈴木健二 1991『歴代総理，側近の告白——日米『危機』の検証』毎日新聞社。
田中明彦 1988「日米経済関係の政治過程」『国際問題』No. 336。
デスラー，I. M. = 佐藤英夫編／丸茂明則監訳 1982『日米経済紛争の解明——鉄鋼・自動車・農産物・高度技術』日本経済新聞社。
日本経済新聞社編 1983『自民党政調会』日本経済新聞社。
鳩山由紀夫 2009「私の政治哲学——祖父・一郎に学んだ『友愛』という戦いの旗印」『Voice』9月号。
廣瀬淳子 2004『アメリカ連邦議会——世界最強議会の政策形成と政策実現』公人社。
フクシマ，グレン・S.／渡辺敏訳 1992『日米経済摩擦の政治学』朝日新聞社。
細谷千博編 1995『日米関係通史』東京大学出版会。
マンスフィールド財団 2013『ユニークな経験・視点——マンスフィールドと彼らが内側から見た日米関係』。
宮里政玄・国際大学日米関係研究所編 1990『日米構造摩擦の研究——相互干渉の新段階を探る』日本経済新聞社。
宮里政玄 1989『米国通商代表部（USTR）』ジャパンタイムズ。
宮里政玄 1995「ポスト覇権時代の日米関係——1985-1993」細谷千博編『日米関係通史』東京大学出版会。
モチヅキ，マイク 2011「未完の課題としての歴史和解——地域安全保障と米国の戦略への影響」菅英輝編『東アジアの歴史摩擦と和解可能性——冷戦後の国際秩序と歴史認識をめぐる諸問題』凱風社。
藪中三十二 1991『対米経済交渉——摩擦の実像』サイマル出版会。
渡辺昭夫 1988「日米欧政治過程の比較分析」『日米欧の経済摩擦をめぐる政治過程』総合研究開発機構。
Bayard, Thomas O. and Kimberly Ann Elliot 1994, *Reciprocity and Retaliation in U. S. Trade Policy*, Institute for International Economics.
Bhagwati, Jagdish N. and Douglas A. Irwin 1987, "The Return of the Reciprocitarians: US Trade Policy Today," *The World Economy*, 10(2), pp. 109–130.
Bhagwati, Jagdish and Hugh T. Patrick, eds. 1990, *Aggressive Unilateralism: America's 301 Trade Policy and the World Trading System*, University of Michigan Press.
Campbell, John C. 1993, "Japan and the United States: Games That Work," in Gerald L. Curtis, ed., *Japan's Foreign Policy After the Cold War: Coping with Change*, M. E. Sharpe.
Chanlett-Avery, Emma, et al. 2015, "Japan-U. S. Relations: Issues for Congress," *Congressional Research Service*, September 29.
Cohen, Stephen D. 1985, *Uneasy Partnership: Competition and Conflict in U. S.-Japanese Trade Relations*, Ballinger Pub. Co.

Destler, I. M. 1995, *American Trade Politics*, Third Edition, Institute for International Economics, The Twentieth Century Fund.

Destler, I. M. 1996, *The National Economic Council: A Work in Progress*, Institute for International Economics.

Destler, I. M. 2012, "First, Do No Harm: Foreign Economic Policy Making under Barack Obama," in Hook, Steven W., and James M. Scott, eds., *U. S. Foreign Policy Today: American Renewal?*, CQ Press.

Destler, I. M. and Peter J. Balint 1999, *The New Politics of American Trade: Trade, Labor, and the Environment*, Institute for International Economics.

Dryden, Steve 1995, *Trade Warriors: USTR and the American Crusade for Free Trade*, Oxford University Press.

Fordham, Benjamin O. 2010, "Trade and Asymmetric Alliances," *Journal of Peace Research*, 47(6), pp. 685–696.

Froman, Michael B. 2014, "The Strategic Logic of Trade: New Rules of the Road for the Global Market," *Foreign Affairs*, 93(6), pp. 111–118.

Galderisi, Peter F., et al., eds. 1996, *Divided Government: Change, Uncertainty, and the Constitutional Order*, Rowman & Littlefield Publishers.

Hindley, Brian 1980, "Voluntary Export Restraints and the GATT's Main Escape Clause," *The World Economy*, 3(3), pp. 313–342.

Hook, Steven W., and James M. Scott, eds. 2012, *U. S. Foreign Policy Today: American Renewal?*, CQ Press.

Lincoln, Edward J. 1999, *Troubled Times: U. S.-Japan Trade Relations in the 1990s*, Brookings Institution.

Lipton, Eric, Brooke Williams and Nicholas Confessore 2014, "Foreign Powers Buy Influence at Think Tanks," *The New York Times*, sept. 6, 2014.

Liska, George 1962, *Nations in Alliance The Limits of Interdependence*, The Johns Hopkins University Press.

Martin, Pierre 1994, "The Politics of International Structural Change: Aggressive Unilateralism in American Trade Policy," in Richard Stubbs and Geoffrey R. D. Underhill, eds., *Political Economy and the Changing Global Order*, Macmillan.

Mastanduno, Michael 1992, "Framing the Japan Problem: The Bush Administration and the Structural Impediments Initiative," *International Journal*, 47(2), pp. 235–264.

Nakayama, Shin 2014, "Japan gains an interest group in US congress," *Nikkei Asian Review*, January 16.

Nunesm Devin, Charles B. Rangel, Frank D. Lucas and Mike Thompson 2014, *The Letter to The President*, July 30.

O'Halloran, Sharyn 1994, *Politics, Process and American Trade Policy*, University of Michigan Press.

Oyane, Satoshi 2004, "The United States: Linkage between Domestic Agreement and Foreign Disagreement," Jiro Okamoto, ed., *Trade Liberalization and APEC*, Routledge.

Pastor, Robert A. 1980, *Congress and the Politics of U. S. Foreign Economic Policy:*

1929–1976, University of California Press.

Porges, Amelia 1995, "U. S.-Japan Trade Negotiations: Paradigms Lost," in Paul Krugman, ed., *Trade with Japan: Has the Door Opened Wider?*, University of Chicago Press.

USTR (United States Trade Representative), every year, *Trade Policy Agenda and Annual Report of the President of the United States on the Trade Agreements Program*, U. S. Government Printing Office.

Tyson, Laura D'Andrea 1992, *Who's Bashing Whom?: Trade Conflict in High-Technology Industries*, Institute for International Economics.

Vaughn, Bruce 2005, "East Asian Summit: Issues for Congress," *CRS Report for Congress*, RS22346.

第10章

日中関係

派閥政治の変容と対外政策

井 上 正 也

1 何が日中関係を安定させたのか

　1992年8月27日，北京の空港に車いす姿の1人の政治家が日本航空のチャーター機から姿を見せた。8年前に脳梗塞で倒れて以来，久しく公に姿を見せていなかった元首相・田中角栄である。73歳になる田中が中国の土を踏むのは，実に日中国交正常化交渉以来であった。20年ぶりの北京訪問は，一気呵成に国交正常化を成し遂げた在りし日の栄光を偲ぶ旅でもあった。

　この田中を北京で迎えた2人の人物がいる。駐中国日本大使の橋本恕と中国日本友好協会（以下，中日友好協会）会長の孫平化である。橋本も孫も田中とのかかわりは日中国交正常化以来であり，日中関係を長年支えてきた「チャイナ・スクール」と「知日派」の重鎮であった。日中国交正常化20周年の記念事業として，田中訪中を水面下で働きかけたのは孫平化である。他方，体が不自由な田中の訪中を取り仕切ったのは長女の真紀子であった。真紀子は6月に打ち合わせのために中国を訪れて下準備を進めていた（田中 1992：212-224）。田中の訪中は，「プライベートな訪問」と位置づけられており，日本政界で大きな関心をひくことはなかった。「もはや日中友好のシンボル以上の意味はない」というある竹下派幹部の言葉に象徴されるように，政界を引退していた田中はすでに過去の人となっていた（『朝日新聞』1992年8月14日）。

　しかし，日本側の無関心とは対照的に，中国側は田中を「国賓級」の待遇で

第Ⅲ部　2国間関係——バッファー・システムの変化

迎えた。到着後の歓迎式典の場として中国側が用意したのは，かつて周恩来と田中が日中共同声明の調印式を行った人民大会堂の東大庁の間であった。そして，江沢民総書記や李鵬首相との会見を含めた過密なスケジュールを中国側は用意し，国交正常化当時の関係者との懇談も企画するなど，田中を厚く遇したのである（『朝日新聞』1992年8月29日，8月30日）。

　中国政府による異例の厚遇は，日中関係に対する田中の貢献の大きさを物語っていた。田中政権によって実現した日中国交正常化の政治的意義は，日中共同声明の序文が示すように，日本の戦争への「反省」と中国の賠償請求放棄によって，戦争状態に終止符を打ち，新たな日中関係の構築を実現したことである。中国政府は日中共同声明を重要な政治文書として位置づけ，以後の対日政策の基礎に据えた。

　この日中国交正常化によって形成された合意の枠組みは，しばしば「1972年体制」と呼ばれる（国分 2013：115-123）。しかし，華やかに演出された「日中友好」とは裏腹に，両国の合意枠組みは，「体制」と呼べるほど強固なものではなかった。国交正常化交渉において合意が図られた安全保障問題，台湾問題，歴史問題は，いずれも「不同意の同意」の域を出ないものであった。国交正常化に際して法律的に処理されるべきであった諸争点は，双方に解釈の余地を残したまま政治的な決着がなされた。後年，尖閣諸島の領有権に関する1972年の「棚上げ」の解釈をめぐって両国が対立したことが示すように，日中国交正常化の合意枠組みには異なる解釈の余地が残されていたのである（井上 2010：8章）。

　それゆえ，国交正常化以後も日中関係において，台湾問題や歴史問題をめぐる対立が周期的に浮上した。これらの争点は，いずれも対応を誤れば両国関係を破綻させかねない危険性をもっていた。にもかかわらず，日中両国はこれらの緊張を巧みに緩和し，1980年代から90年代半ばまで良好な関係を維持し続けたのである。

　それではいかなる要因が，同時期の日中両国の対立を抑制したのか。しばしば指摘されるのは日中両国の経済的相互依存の拡大である。文化大革命後の中国指導部は，経済建設を加速すべく対外経済関係の拡大をめざしており，日本からの外資導入を特に重視していた。他方，日本側も中国の要請に応える形で，

1979年から25年間で総額3兆4000億円にのぼる政府開発援助（ODA）を供与した。1980年代から90年代を通じて，日本は中国にとって最大の援助国であった。中国大陸に新たな市場と資源エネルギー源の開拓を求める日本側と，近代化のために西側諸国に資本導入を渇望していた中国側の思惑は一致していたのである[1]。

しかし，日中貿易総額や日本からの対中投資の拡大にもかかわらず，1990年代後半から，次第に政治面での対立が顕在化した。そして，小泉純一郎政権期には「政冷経熱」と呼ばれるまでに日中関係が悪化する。経済的相互依存の拡大は日中両国の対立を抑制する十分条件たりえなかったのである。

本章では1972年の国交正常化から，2005年の小泉政権退陣までを対象に，日中対立を抑制するバッファー・システムについて主に国内政治の観点から考察する。従来，日中関係においては，田中角栄や大平正芳といった政治指導者の個性に研究関心が偏る傾向があった。それは制度よりも人を重視する中国の伝統的思考を背景に，中国との間で特殊な友好関係をもつ政治家や財界人によって交流の基盤が形成されてきたという視点に基づいている（天児・園田 1998：13）。

しかし，親中的とされる政治家の個性に着目するだけでは，なぜ1990年代後半から日中両国の対立を抑制することが難しくなったのかを説明できない。本章が着目するのは，田中派＝経世会を中心とする自民党派閥が日中関係に果たしたバッファー機能である。実は日中関係が良好であった時期は，自民党最大派閥であった田中派＝経世会が影響力を保持していた時期と重なっている。以下，本章では日中両国の対立を抑制するバッファー・システムがいかに形成・発展を遂げたかを論じ，そのシステムが機能不全に陥っていく過程を明らかにしたい。

2 「田中支配」とバッファー・システムの形成

● 転換点としての日中国交正常化

日中関係においてバッファー・システムが構築された背景には，国交正常化以前からの日中関係の特殊性があった。朝鮮戦争の勃発によって決定的となっ

第Ⅲ部　2国間関係──バッファー・システムの変化

た東アジア冷戦の中で，日本政府と中国政府は長らく公式の政府間関係をもつことがなかった。こうした中，両国関係を担ったのは専ら「民間」関係者であった。しかし，この日中民間関係の実態は非対称的な関係であった。日本側は「友好人士」と呼ばれる親中的な政治家，財界人や文化人が個別に関係を担っていたことに対して，中国側のそれは人員，組織ともに中国共産党に統制されたものであった。

中国政府にとっての日中民間関係は，「人民外交」と呼ばれた中国の対日戦略の一環に位置づけられていた。中国政府は，国交関係をもたない日本との政府間交渉を避ける一方で，日本の各界有力者への招待外交や民間協定の締結を通じて，財界や世論を取り込み，最終的に日本政府の対中姿勢の転換をめざしていた。こうした「人民外交」の中で中国側が重視したのは保守政党に対する工作であった。1955年に保守合同によって自由民主党が成立すると，中国政府は自民党内の派閥対立に着目し，非主流派へのアプローチを強化していくことになる。

岸信介政権期に入ると中国政府の「人民外交」は先鋭化し，自民党内の反主流派への積極的な訪中を働きかけるようになった。その結果，1959年9月に石橋湛山元首相，翌月には松村謙三が相次いで訪中する。これ以後，石橋と松村は中国寄りの立場を鮮明にし，翌年には三木・松村派と宏池会を主体とする中国問題研究会と，石橋派の宇都宮徳馬を中心とする日中国交改善研究会が発足した（井上 2010：222-233）。

1960年7月に池田勇人政権が発足すると，松村謙三や高碕達之助を中心に日中民間貿易を再開させる動きが進められた。その結果，1962年11月に日中長期総合貿易に関する覚書（LT貿易協定）が交わされ，保守政権と中国との新たなパイプが構築された。この交渉に同行した古井喜實や田川誠一といた代議士が，以後のLT貿易交渉を担当し，自民党内での親中国派を担っていくことになる。

しかしながら，松村ら親中国派は党内では少数勢力であり，その影響力も限定的であった。池田政権においては，池田首相や大平正芳外相の支援の下で，親中国派は日中民間貿易を推進できたが，党内の親台湾派からの牽制もあって，池田政権の中国政策を転換させるには至らなかった。1964年11月に佐藤栄作

政権が発足すると，松村ら親中国派は再び反主流派に転じる。ベトナム戦争や文化大革命によって日中国交正常化の可能性が遠のく一方，後ろ盾であった池田や河野一郎といった実力者が相次いで逝去したこともあり，親中国派は不遇の立場に置かれた（井上 2010：4-5章）。

中国をめぐる国際環境が不透明である中，自民党の主要派閥の領袖は概して中国政策に慎重であった。対中接近を試みる政治家は，藤山愛一郎や三木武夫といった佐藤政権下で反主流派に転じた者に限られていた。ところが，1971年7月の米中接近はこの状況を一変させた。米中接近は日本国内にニクソン・ショックと呼ばれる衝撃をもたらし，財界の対中接近も加速していく。日中国交正常化を求める世論を背景に台頭したのが，ポスト佐藤を窺う新しい派閥領袖であった。1972年5月に佐藤派から独立した田中角栄は，前年春に宏池会会長に就任した大平正芳，三木武夫と中国問題をめぐる三派協定を結び，同年7月の自民党総裁選挙で福田赳夫を打ち破って田中政権を発足させた。そして，発足からわずか2カ月後に田中首相と大平外相は，党内の親台湾派の反対を押し切って北京を訪問し，一気呵成に日中国交正常化を実現したのである[2]。

中国政府にとって，田中と大平の台頭は新しい親中国派の登場を意味した。党内基盤の弱かった従来の親中国派とは異なり，田中と大平はそれぞれ田中派（七日会）と宏池会という主要派閥を率いていた。国交正常化によって正式な外交関係が開いた後も，中国政府は「人民外交」を通じて培った非公式ルートに重きを置き続けた。それはアジア冷戦を背景に形成された日中特殊関係の存続を意味した。中国政府は「井戸を掘った」世代として，LT貿易以来の古い親中国派を尊重しつつも，対日工作において，有力派閥を率いる田中や大平らとの関係を重視していくのである（天児・園田 1998：1章）。

● 「田中支配」の確立

日中関係において，田中や大平の存在が大きくなった背景には2つの要因があった。第1は親台湾派の影響力の縮小である。1972年以後も自民党内では中国政策をめぐる論争が続いていた。とりわけ，国交正常化を強行した田中政権への反発は根強く，1973年より本格化した日中航空協定交渉は，日華議員懇談会（日華懇）や青嵐会といった親台湾派議員の反発によって難航を余儀な

くされた。しかし，自民党内の親台湾派の活動は，自民党内の反田中運動と連動していた。日中平和友好条約交渉では，親台湾派を自派に多く抱えていた福田赳夫首相が，日華懇に代表される条約締結反対派を自ら説得して党内調整を進めることになった。1978年8月に日中平和友好条約が福田首相によって調印されたことは，中国政策が自民党内の政争から切り離されたことを意味した。[3]

　第2に，政界における「田中支配」の確立である。田中角栄は自身の金脈問題による退陣後，1976年7月にロッキード事件によって逮捕され，政界の表舞台を退かざるをえなくなった。だが，派閥の領袖が首相を退任した後，世代交代や派閥解体に向かうそれまでの慣例とは異なり，田中派は潤沢な政治資金を背景に肥大化の一途をたどり，最終的には自民党国会議員の4分の1を占めるに至った。数を力の源泉とする田中派は，宏池会との「同盟」によって，大平正芳以後の歴代政権の成立に一貫してキャスティング・ボートを握り続け，事実上の二重権力構造を確立したのである。[4]

　このように親台湾派の影響力低下と，「田中支配」による二重権力構造の確立は，日中関係における田中と大平の存在感を高めた。とりわけ，政治の表舞台を去らざるをえなかった田中にとって，日中国交正常化は自らの政権が達成した唯一の外交業績であった。ロッキード裁判で無罪を勝ち取り，将来の復辟(ふくへき)をめざしていた田中は，自らの「神話」を守るためにも「日中友好」の中心にあり続けようとしたのである。

　こうしたなか，彼らの影響力を十全に活用したのが，廖 承志(りょうしょうし)とその部下（「廖班」）からなる中国の「知日派」であった。1950年代から対日工作に従事してきた彼らは，日本の政界事情に通じ，政界工作の手法にも熟知していた。日中国交正常化後，日中両国の公式ルートは外交部が担うことになったが，その後も中日友好協会を拠点に廖承志は，中国の対日政策に隠然たる影響力を振るい続けた。[5]

　廖承志の田中に対する信頼はロッキード事件後も変わらなかった。1983年5月，廖は部下の孫平化が訪日する際，次のように指示している。「目白には必ず行かなければならない。中国の友人が大変気に掛けており，くれぐれもご自愛くださいと田中氏に伝えるのだ。私が再び日本へ行くことがあったら，誰が何と言おうと，必ず目白の田中氏に会いに行く」（孫 2012a：25）。この翌月に

廖は急死するが、孫平化を中心とする「廖班」が廖の遺言を継承していく。「廖班」は日中関係に問題が生じるたびに、非公式ルートによる政界工作を担った。彼らは日本側への水面下の働きかけだけでなく、中国指導部に対しても穏健な政策をとるべく調整的な役割を果たしたのである。

他方、日本側でも「知日派」と類似の役割を担ったのが、「チャイナ・スクール」と俗称される外務省の中国専門家であった。彼らは正式な外交ルートよりも非公式ルートを重視する中国側の交渉スタイルを熟知していた。日中両国に問題が生じるたびに、中国側が主張する原則論から本音を引き出すと同時に、日中両国の紛争解決を図るために、時には水面下での政界工作も辞さなかった。一般的に職業外交官は、政治家のような非公式アクターが外交交渉に関与することを好まない。だが、「チャイナ・スクール」は日中関係の特殊性を理解しており、自民党の親中国派との密接な接触を保ちながら、情報提供や助言を行い、政治家が独走する危険性を回避していたともいえよう[6]。

このように遅くとも1970年代末には日中間の対立拡大を防ぐバッファー・システムは形成された。日中両国間で対立が生じると、外務省の「チャイナ・スクール」と中国の「知日派」の双方が、正式な外交ルートと並行して水面下での折衝を進めて妥結点を探り、田中派や宏池会の派閥の力を背景にした政治指導者が合意内容の履行を担保するという調整メカニズムが機能するようになった。換言すれば、「田中支配」による二重権力構造の確立が、政権交代による中国政策の振幅を最小限にとどめ、前述した「1972年体制」と呼ばれる合意枠組みに安定性を与えたのである。

3 中曾根政権と歴史問題

● 歴史問題の浮上

1979年12月に訪中した大平正芳首相は、中国向け援助の開始を表明し、79年度内に500億円の円借款を行うことを表明し、対中ODAが開始された。社会主義国家であった中国に対して援助を行うのは西側先進国では日本が最初であったが、中国の改革開放の開始も相まって、日中経済関係は本格的な拡大を見せ始める。

しかし、1980年代に入ると歴史問題をめぐる対立が浮上してくる。1982年7月に中国政府が対日批判キャンペーンを開始した第一次歴史教科書問題は、メディアの誤報が発端であったが、外務省と文部省の双方にまたがる問題であったため、調整の難航が予想された。9月末に鈴木善幸首相が訪中を控えていたこともあり、早急な解決を首相官邸が求める中、両国の調整役を果たしたのは、外務省「チャイナ・スクール」の橋本恕情報文化局長であった。

日中国交正常化に際して中国課長として尽力した橋本は、このとき教科書問題を主管する立場ではなかったにもかかわらず、中国政府の要請もあってこの問題に関与した。橋本は内閣官房長官談話の原案を起草し、訪中して中国側に原案の骨子を示したうえで中国側から内諾を得たという。結局、第一次歴史教科書問題は8月26日に宮澤喜一内閣官房長官が、学校教育や教科書検定において、アジア近隣諸国との関係に配慮して是正するという内容の談話を発表し、9月以降、中国の対日批判キャンペーンは終息に向かった（服部 2015：24-38；江藤 2012：41-58）。

同年11月に中曾根康弘政権が成立すると、中国共産党の総書記に就任していた胡耀邦との相互訪問を実現し、日中関係は大きく好転した。だが、「戦後政治の総決算」を掲げ、憲法改正を模索する中曾根に対して、中国側は不信感を拭うことができなかった。1985年8月に中曾根首相が靖国神社に参拝すると、中国側は、A級戦犯が合祀されている靖国神社に首相や閣僚が参拝することに強く反発する。

● **後藤田正晴と伊東正義**

この靖国問題の調整を中曾根政権内で主導したのが、田中派の後藤田正晴内閣官房長官であった。日中国交正常化の際に内閣官房副長官を務めた後藤田は、警察官僚の前歴を活かし、中国代表団の訪日時に警備関係の便宜を図り、中国側から信頼を得ていた（孫 2012a）。後藤田の初訪中は、1977年10月の二階堂進の訪中に同行したときである。田中政権の内閣官房長官として国交正常化交渉にも同行した二階堂は、その後も田中派屈指の親中国派であった。田中が政界の表舞台から退いた後も、日中議員交流を積極的に展開していた。その後、二階堂が政界で影響力を失う中で、後藤田は二階堂の役割を受け継ぐようにな

っていた（後藤田 1988：134-139）。

　後藤田にとってのもう一つの中国人脈は，旧内務省の先輩にあたる古井喜實との関係である。古井は国交正常化以前からの親中国派であり，旧満洲の留学生を受け入れていた善隣学生会館を前身とする日中友好会館の運営にかかわっていた。その後，日中国交正常化10周年を記念して，会館を建て替える際に，後藤田は，古井に代わって官庁や財界からの寄付を募った。こうした関係もあって，のちに後藤田は古井の後任として日中友好会館会長に就任している（後藤田 1998：326-330）。

　外交問題となった靖国参拝に対する後藤田の姿勢は明確であった。中曾根政権によるA級戦犯分祀の試みが挫折し，1986年8月が近づく中で，参拝を模索し続ける中曾根に対して，後藤田は国際的配慮を重視した参拝自粛を主張した。この頃，後藤田にインタビューした読売新聞記者の老川祥一によれば，後藤田は「ワシが行かせません。絶対に行かせない」という強い口調で言い切ったという（老川 2012：224）。また，8月初旬に訪中して胡耀邦，鄧小平と会見した二階堂からも中国側の姿勢が伝えられた（『朝日新聞』1986年8月7日）。中曾根政権下において，参拝自粛に対する党内の反発は強く，閣僚においても橋本龍太郎運輸相のように靖国参拝を主張する者もいた。だが，後藤田はこうした不満をかわしながら，中曾根首相の靖国参拝自粛決定に持ち込んだのである（後藤田 1989：148-151）。

　後藤田が閣内から日中関係を支える一方で，民間交流から日中関係に貢献したのは宏池会の伊東正義であった。1980年に大平正芳が急死した後，鈴木善幸政権で外相として入閣するが，日米首脳会談における共同声明の解釈をめぐる首相との対立から辞任する。外相を辞任した伊東は，大平の遺志を継いで日中関係に本格的に携わっていく（国正 2014）。

　伊東は1981年8月に訪中して趙紫陽首相と会談し，翌年10月には第一回日中民間人会議を東京で開催した。日中民間人会議は，2年に1回の割合で北京と東京で交互に開催され，中国側は日中友好協会が運営を担い，日本側では伊東が資金調達や人選などで中心的役割を担った。同会議には，岡崎嘉平太や木村一三といった国交正常化以前からの親中国派だけでなく，財界人，研究者や代議士なども参加しており，日中友好の担い手を次世代へと広げる狙いがあっ

たといえよう。こうした伊東を中国側は篤く信任しており，日中間において政治問題が生じた際に，しばしば伊東による自民党内への影響力に期待を賭けたのである（孫 2012a）。

中曾根政権期の日中関係は日本側ではしばしば良好な時代と記憶されることが多い。だが，実際には中曾根の政治姿勢や，歴史問題をめぐって紛争の火種は絶えず存在しており，自民党内部も必ずしも対中宥和路線で一枚岩ではなかった。田中が一線から退き，大平が死去した後，派閥の力を背景に，党内に睨みを利かせることができる後藤田や伊東ら長老政治家は，この時期の日中関係におけるバッファー・システムの要であった。

4 「経世会支配」と日中関係

● 天安門事件への対応

1985年2月に竹下登が田中に反旗を翻して創政会を立ち上げた。その2カ月後，田中は脳梗塞で倒れ，「田中支配」は終焉を迎える。だが，田中派を継承した経世会竹下派も中国側とのパイプの継続を重視していた。1987年11月に首相に就任した竹下登は，中曾根政権末期に起こった光華寮問題を発端に一時悪化していた日中関係を好転させるべく，翌年4月，自民党総務会長に就任していた伊東正義を特使として北京に派遣した。そして8月には自ら訪中し，中国側の経済協力要請に応える形で，第2次円借款のおよそ1.5倍に当たる総額8100億円の第3次円借款（1990-95年度）を提示したのである（小嶋 2012）。

1989年6月の天安門事件後，西側諸国と歩調を合わせる形で，日本政府は第3次円借款供与を凍結した。しかし，財界や自民党内から早期再開を訴える声もあり，結局，欧米諸国に先駆けていち早く制裁解除を決定した。中国の国際的孤立を避け，改革開放政策を後押しするという政財界のコンセンサスが存在したとはいえ，中国側が日本の早期制裁解除を実現するうえで最も重視していたのは，海部俊樹政権の背後で隠然たる力をもつ経世会であった（三宅 2012；城山 2009：3章）。

経世会の指導者であった竹下と金丸信は，もともと中国との特別なつながりをもっていたわけではない。彼らには田中や大平がもつ中国への親近感や，後

藤田や伊東がもっていた日中友好への使命感も希薄であった。だが，対中援助を通じて中国経済の競争力を養うという経済外交を重視する点では彼らも同じ考えであった（花岡・小林 1987：273-274）。またODA供与額の拡大によってもたらされる利権も経世会には無視できないものであった[9]。

さらに彼らには中国側から実力者に相応しい待遇を受けることによって，国内での権力を誇示する狙いもあったように思われる。金丸信は1990年8月に初めて訪中するが，その際中日友好協会名義での招待を断って，複数のルートを通じて訪中を働きかけ，通常の派閥領袖より上の「公賓」ランクでの受け入れを要求した。国内政局の延長として日中関係をとらえる姿勢は，金丸や小沢一郎といったフィクサー型の政治家に顕著に見られる特徴といえよう（孫 2012a：437-438）。

経世会との関係は中国側にとって依然重要であった。自民党内の多数派を占めることによって二重権力構造を作り上げ，歴代政権を牛耳る手法は，「田中支配」から竹下派幹部による「経世会支配」に移行しただけで，本質的には変わりはなかった。リクルート事件によって，竹下は予期せぬ形での退陣を迎えたが，宇野宗佑や海部といった党内基盤の弱い首相を擁立することで実権を握り続けた。権力の所在を重視する中国側にとって，経世会は最重要のパートナーであり続けたのである。

● 天皇訪中

経世会の政治力がいかんなく発揮されたのが，1992年10月の天皇訪中であった。中国側は，日本が中国を侵略したという歴史を鑑み，中国の国家主席が日本を訪れる以前に，天皇が中国を訪問することを望んでいた。天皇訪中によって歴史問題の「清算」をめざす思惑もあり，1970年代末から天皇訪中を働きかけていたのである（杉浦 2012）。

1989年1月に昭和天皇が崩御して今上天皇が即位し，同年6月の天安門事件によって中国が国際的孤立に陥る中，中国政府は，対西側外交の突破口として，天皇訪中の働きかけを再開した（楊 2007：119-128）。だが，日本国内では，天皇訪中は皇室の政治利用にあたるという声も根強く，自民党内でも賛否両論であった。こうした中，中国側の意を受けて，天皇訪中に動いたのが，「チャ

イナ・スクール」と経世会幹部であった。天安門事件の余韻の残る1989年11月，駐中国大使に赴任した橋本恕は，中国側の要請を受けて天皇訪中に向けて邁進することになる。

1992年春に一時帰国した橋本は，宮澤喜一首相から自民党内の工作を一任されると，自ら福田赳夫や中曾根康弘といった首相経験者や有力政治家を回り説得工作を開始した。外務省本省でも渡辺美智雄外相の下，小和田恆外務事務次官，谷野作太郎アジア局長，阿南惟茂アジア局中国課長のラインが天皇訪中に向けて動いた。橋本工作については，城山英巳の著作に詳しいが，党内の意見が割れる中，決断を渋る宮澤首相の背中を最後に押したのは金丸であったといわれている。橋本は中国側との折衝と並行して，自民党実力者への説得工作を展開し，天皇訪中を実現させたのである（城山 2009：3章）。

しかしながら，天皇訪中が実現したとき，経世会の夏の時代にも終焉が訪れようとしていた。田中が北京を訪問した同じ1992年8月，東京佐川急便事件が発覚し，自民党副総裁である金丸が議員辞職に追い込まれた。金丸の失脚は経世会支配の崩壊の始まりであった。同年12月，小沢一郎グループが経世会から離脱して同会は分裂する。さらに翌1993年6月，小沢は自民党から離党し，羽田孜を代表とする新生党を結成した。そして7月18日の衆議院議員総選挙を経て，日本新党を率いる細川護熙を首班とする非自民8党連立政権が成立した。38年間に及んだ自民党政権は，総選挙による敗北ではなく最大派閥経世会の分裂によって瓦解したのである。[10]

自民党下野によって政界再編が進む中，親中国派の巨頭も次々と姿を消した。田中角栄は1993年12月，伊東正義は翌94年5月にこの世を去った。東西冷戦の終結によって中国をめぐる国際環境が激変する中，国内政治の変動もまた日中関係に新たな局面をもたらすことになる。

5　ポスト冷戦期の日中関係

● 歴史問題の争点化

非自民連立政権の成立は，歴史問題をめぐる日本政府の姿勢に新たな動きをもたらした。1993年8月，細川首相は就任直後の記者会見で，「私は先の戦争

を侵略戦争，間違った戦争だと認識している」と発言し，歴代首相の公的発言として初めて「侵略戦争」を明言した（波多野 2011：171-172）。

また，1994年6月に村山富市社会党政権が発足すると，翌年に控えた「戦後50周年」を機に過去の戦争と植民地支配を総括する機運が政府内外で高まり始めた。その結果，1995年6月の衆議院本会議において，「歴史を教訓に平和への決意を新たにする決議」が採択され，同年8月15日に「植民地支配と侵略」に対する「心からのお詫び」を表明した首相談話（いわゆる「村山談話」）が発表された。

ところが，一連の歴史認識の見直しは，保守勢力の反発を招いた。とりわけ，自民党の集票機関でもあった日本遺族会は危機感を募らせ，各地の地方支部や自民党議員との連携を通じて反対運動を進めた。1994年12月には自民党議員による終戦五〇周年国会議員連盟（奥野誠亮会長），翌年2月には新進党議員による正しい歴史を伝える国会議員連盟（小沢辰男会長）が発足する。連立政権下の閣僚による不用意な発言も相次いだ。羽田政権の永野茂門法務大臣の南京事件否定発言や，村山政権の桜井新環境庁長官による侵略戦争をめぐる「不適切発言」は，中国側を刺激した（波多野 2011：177-188）。

硬直的な保革対立が続いた冷戦下で，自民党を中心とする保守陣営は利益誘導による集票を軸とした政治体系として結び付いていた。経世会はこの「利益の体系」の頂点に位置していた。だが，冷戦終結によって保革対立が融解し，経世会支配も崩れ始める中で，歴史認識などの価値をめぐる対立が政界で表面化するようになる。保革対立の消滅は，逆説的ながら保守陣営内のイデオロギー的主張を先鋭化させる結果をもたらしたのである。

日本国内の動きは，中国側にとっては日本の「右傾化」や「軍国主義」の復活として理解された。とりわけ，中国では，1993年に国家主席に就任した江沢民の下，天安門事件の再発を防ぐ目的から愛国主義教育が進められていた。そのため，歴史問題に対する対日姿勢は一層硬直化していった（清水 2003：7章）。その結果，日中関係も1990年代半ばから，中国政府の対日批判と，それに対する日本人の反発という関係悪化の負の循環に陥っていく。近隣諸国との歴史問題を総括すべく行われた非自民政権の動きは，逆に新たな対立の始まりとなったのである。

第Ⅲ部　2国間関係――バッファー・システムの変化

● 橋本龍太郎の苦悩

　日中関係が変化し始める中，1996年1月に橋本龍太郎政権が発足した。橋本政権は自民党，社会党，新党さきがけの3党連立政権であったとはいえ，本格的な自民党政権の復帰であった。また橋本の首相就任は竹下政権以来となる経世会からの首班輩出であった[11]。橋本の中国とのかかわりは厚生相時代に遡る。1979年に戦時中に福建省沖で撃沈された阿波丸が発見され，遺骨返還のために橋本は初訪中している。その後も橋本は，残留孤児問題や日中友好病院建設に見られる医療交流など，もっぱら厚生族議員として中国とのかかわりをもっていた（五百旗頭・宮城 2013: 144-146）。

　しかし，橋本が首相に就任したとき，かつての中国と経世会との蜜月関係は望めなくなっていた。中国との最初の摩擦は靖国問題である。1996年7月29日，橋本は「自分の誕生日」を口実に靖国神社を参拝した。現職首相の参拝としては中曾根首相以来11年ぶりである。橋本の靖国参拝は，1990年代以降，自民党の集票機能として一層重きをなすようになった日本遺族会への配慮があった。長らく自民党厚生族の中心であった橋本は，戦没者遺族年金などの増額への影響力が期待され，1993年に日本遺族会会長に就任していたのである。だが，橋本の靖国参拝に中国側は反発して遺憾の意を表明する。橋本は族議員としての国内支持調達と外交問題の板挟みとなったのである（『朝日新聞』1996年1月11日[12]）。

　橋本政権がさらに向き合わなければならなかったのは，中国の軍事的台頭であった。1996年3月，中国政府はミサイル発射演習を台湾海峡で実施した。初めての総統民選選挙を控えた台湾の独立運動に対する威嚇であった。だが，これに対して，アメリカは空母戦闘群を台湾近海に派遣し，中国を強く牽制したのである。

　中国の軍事的脅威が注目される中，橋本が重視したのは日中防衛交流であった。1997年の訪中時に，橋本は日中防衛交流の必要性を中国側に強調した。その結果，1998年2月には中国の遅浩田国防部長が訪日し，同年5月に久間章生防衛庁長官の訪中が実現するなど，閣僚レベルでの防衛交流が実現した。人民解放軍の中国政府への影響力を重視する橋本は，首相退陣後も精力的に日中防衛交流に取り組みつづけた（江 2009: 336-338；五百旗頭・宮城 2013: 146-

148)。

　台湾海峡危機を契機に，日米安全保障条約と台湾問題との関係も，日本国内で再び注目を集めるようになった。冷戦後の日米同盟の役割を「再定義」する試みは，日本の「樋口レポート」やアメリカの「ナイ・イニシアティブ」に見られるように，日米両国で同時並行的に行われていた。これに拍車をかけたのが1994年の朝鮮半島核危機である。この危機によって，北東アジア有事に際しての日米協力態勢の不備が明らかになった（御厨・渡邉 2002: 162-168）。村山政権は歴史問題で独自性を示す一方，日米安保の再定義に関しては，自民党の意向を尊重し，防衛庁や外務省主導による政策形成が進められた。

　橋本政権が成立すると，日米同盟の再定義に向けた流れは本格化する。1996年4月のクリントン訪日に合わせて発表された日米安保共同宣言は，日米安保再定義プロセスの集大成となった。アジア太平洋地域の平和と安定を維持するための国際公共財としての日米同盟の意義を示し，グローバルな協力と地域的協力という2つの次元から日米関係を発展させることを明らかにした。さらに1978年に制定された日米ガイドラインの見直しも盛り込まれた（田中 2009: 85-88；防衛省防衛研究所戦史部編 2010: 223-228）。

　しかし，中国政府は新ガイドラインの制定に反発した。日本のガイドライン見直しは，朝鮮半島が念頭に置かれており，台湾海峡危機を想定していたわけではない。だが，中国政府は台湾海峡がガイドラインの定義する「周辺事態」に含まれ，日米同盟の対象が台湾海峡に向けられることに強い懸念を示したのである。

　ガイドラインへの中国の反発は国内政局にも波及した。加藤紘一自民党幹事長は，1997年7月に訪中した際，ガイドラインは「中国を念頭においていない」と明言して波紋を呼んだ。加藤は外務省「チャイナ・スクール」の出身であり，宏池会で伊東正義の後を継ぐ親中国派の代表的存在と見られていた（仲 1992）。だが，梶山静六内閣官房長官は，台湾海峡が「周辺事態」に含まれるという認識を示し，加藤とは対照的な見解を示した。この背景には，「自社さ連立」を重視する加藤と，小沢一郎との「保保連合」を模索する梶山の路線対立も関連していた（『朝日新聞』1997年7月16日，8月18日）。

　冷戦後の日米安保再定義の過程で，1980年代から沈静化していた台湾問題

をめぐる自民党内の路線対立が表面化した。また，中国脅威論を背景に，経済援助を通じた対中関与政策に公然と異議を唱える保守系知識人も台頭してくる[13]。冷戦後の中国を取り巻く国際環境の変化と，経世会支配の弱体化は，相互に連関することで国交正常化以来の日中関係の枠組みを揺るがし始めていたのである。

それでも橋本は日中関係の亀裂を広げないよう苦慮していた。1997年9月に訪中した橋本は，戦後の首相として初めて瀋陽を訪れ，同市郊外の柳条湖にある「九.一八事変博物館」を訪問した。橋本は訪問に際して，日本の「軍国主義」化をあらためて否定し，歴史を直視することを強調した（江口 2012）。

他方，台湾問題についても，橋本政権は慎重姿勢をとり続けた。日米安全保障条約の適用範囲に台湾海峡が含まれるか否かは，国交正常化交渉でも詳細に議論されることがなく，その後も解釈の余地を残したまま曖昧にされてきた。そのため，日米安保再定義は日米安保条約と日中関係の矛盾を顕在化させるおそれがあった。だが，橋本政権は台湾海峡が「周辺地域」に含まれるかを最後まで明確にせず「戦略的曖昧さ」を貫いた。中国側から繰り返し表明される懸念に対して，橋本は「周辺事態」は地理的な性質ではなく，事態の性質に着目したものとする政府見解を一貫して主張し続けた（秋山 2002：250-260）。

橋本政権は，日米安保再定義に象徴されるように，冷戦後の新たな国際環境に対応した外交課題に取り組む一方で，対中国外交では経世会の伝統を貫き，歴史問題や台湾問題に慎重に対応した。「1972年体制」のもつ曖昧さを顕在化させず，経済協力を手段として中国との関係を構築する点で，橋本政権は田中派＝経世会の親中国路線を継承していた。

だが，橋本政権は親中国派の伝統を尊重しつつも，新たな日中関係の構築を模索していた。1997年8月，訪中を控えた橋本は，読売国際経済懇話会で「新たな対中外交を目指して」と題する講演を行った。橋本はこの講演で，異なる体制と価値観を有しながらも相手方の歴史や考え方を尊重することで相互理解を促進すべきであると主張した。そして，安全保障分野での，2国間，多国間，政府レベルや民間レベルでの「多元的・重層的な交流・対話」の重要性を強調し，これらを通じて日中両国がアジアの平和と安定を確保する共通の秩序形成に貢献できると述べている（陳・王 2009：240-241；佐藤 2012）。

第 10 章　日中関係

　橋本は経世会の政治風土に育まれながらも，弱体化した自民党を政治改革の推進によって刷新しようとしていた。こうした姿勢は対中外交にも共通していた。橋本には非公式ルートに比重を置いた経世会時代の日中関係から脱却し，非公式・公式双方で多元的な交流を制度的に構築する狙いがあったように思われる。しかし，彼がめざした新しい対中外交が芽吹くことはなかった。

● **最後の経世会内閣**

　1998 年 7 月の参議院議員選挙における自民党敗北を受けて，橋本は退陣を余儀なくされる。後継内閣を組閣したのは小渕恵三であった。小渕は，竹下登の後援を受けながら経世会会長として党務から橋本を支えてきた。さらに第 2 次橋本政権で外相を務めたことから，対中外交のアプローチは，基本的に橋本政権と共通していた。

　だが，小渕政権は橋本以上に歴史問題の難局に直面することになる。1998 年 11 月に日中平和友好条約 20 周年を記念して江沢民が中国国家主席として初めて公式に来日した。この訪問に際して，中国側は台湾問題と歴史問題を重視し，共同宣言に謝罪の表現を盛り込むことを要求した。だが，日本側はこれを拒否し，小渕首相の口頭による「お詫び」の表明にとどめたのである（江口 2012）。

　中国側がお詫びの文書化を強硬に求めた背景には，江沢民訪日直前の 10 月に発表された日韓共同宣言があった。日韓の歴史的和解の実現をめざした小渕政権は，金大中大統領訪日に際して，韓国に対する日本の植民地支配についての「心からのお詫び」を文言に入れた「二十一世紀に向けた新たな日韓パートナーシップ」に署名したのである。中国側はこの日韓共同宣言を受けて，当初の態度を変化させ，韓国と同じく文書における謝罪を日本側に要求した。だが，日本側は，日韓基本条約には過去への言及がなかったことに比べて，1972 年日中共同声明で「反省」の意志を示していることや，天皇訪中をすでに実現したことを鑑みて，中国側の要求を拒否したのである[14]。

　日本側の対応に不満を抱いた江沢民は，小渕首相との首脳会談で前例のない厳しい姿勢をとり，訪問先の日本各地でも歴史認識問題を強調し続けた。小渕政権がめざしたのは，金大中訪日による日韓パートナーシップに続いて，江沢

241

民訪日を機会に未来志向の日中パートナーシップを構築することにあった。だが，江沢民の姿勢は日本国内に強い反発を引き起こした。日本国内では，中国が歴史問題を政治カードに用いているとの不満が強まり嫌中感情が広がっていった（清水 2003：28-30）。

　1990年代の政界再編は，経世会の分裂に始まる劇的な政権交代に始まった。小沢離党後の自民党経世会を担った橋本と小渕は，日米安保の再定義プロセスを進めると同時に，経世会の伝統を継承しつつ新たな日中関係を構築しようとした。だが，従来の日中友好一辺倒から脱却して，未来志向の新たな関係を構築する試みは挫折し，日中両国はナショナリズムを背景にした歴史問題の桎梏にとらわれることになった。

　日中両国が新しい関係の形を見出せない中，両国関係を支えた人脈も次々と姿を消していった。中日友好協会会長として日本とのパイプを維持してきた孫平化は1997年8月15日に死去した。同年3月，病床にあった孫は「小渕恵三，中山太郎，武見敬三各氏等の自民党訪中団が中日友好協会の招きで訪中したが，日本の政治家は，中日友好協会を通すと国家指導者になかなか会えないと，協会への関心がどんどん薄れているようだ」と日記に記している（孫 2012b：473）。孫の逝去は廖承志以来の「知日派」の時代の終焉を印象づけるものであった。

　日本側でも経世会に連なる実力者の逝去が相次いだ。小渕首相は在職中に脳梗塞に倒れ2000年5月に死去した。そして，小渕の後見人であった竹下登も同年6月に病没する。1996年に政界を引退した後藤田正晴は，対中人脈について「日本も僕なんかのところでほぼ終わり」と語り，「総理をやった人とか総裁をやった人というのは，それなりの関係はありますけれども，本当の意味では若い人が大切なんですが少ない」と憂いている（後藤田 1998：329）。小沢グループの離党によって主だった中堅層を失った経世会は，次世代の日中関係を担う有力政治家を欠く状況になりつつあったのである。

6 小泉政権と経世会の弱体化

● **靖国問題の政治過程**

2001 年 4 月の小泉純一郎政権の誕生は経世会の凋落を決定づけた。「自民党をぶっ壊す」と宣言した小泉がめざしたのは経世会支配の打破であった。小泉政権が民営化を推進した道路公団や郵政事業は，いずれも経世会の利権構造の中心であり，「聖域なき改革」に抵抗する経世会は，既得権益を守る「抵抗勢力」とみなされたのである（野中 2008：2 章）。

外交よりも財政再建と行政改革に強い関心を向ける小泉政権の登場は，日中関係にも影響を及ぼした。最大の争点は靖国参拝問題であった。小泉は元々靖国問題に強い関心があったわけではない。だが，自民党総裁選挙で，首相に就任した際には靖国神社を 8 月 15 日に公式参拝すると発言したことから，中曾根政権，橋本政権で繰り返されてきたこの問題が再び注目されることになった（加茂 2012）。

小泉首相が靖国参拝に固執したのは 2 つの要因があった。第 1 は，中国の要求に屈しない姿勢を世論に示すというポピュリズム的思考である。小泉政権の政権基盤は国民の高い支持率に支えられたものであった。小泉の靖国参拝は，公約を遵守する小泉の強い指導力を示すと同時に，1990 年代を通じて広がってきた国民の嫌中感情に応えるものであった（清水 2003）。第 2 に，日本遺族会からの支持調達である。小泉は靖国参拝を強行することで，在任中に一度の私的参拝にとどめた橋本首相との違いを強調することができた。中国に譲歩しない姿勢を示すことで，最大の政敵たる橋本の支持基盤である遺族会を切り崩す狙いがあったといえよう（読売新聞政治部編 2006：222-223）。

しかし，それにも増して重要であるのは，小泉の靖国参拝を阻止する手段が中国側に失われていた点である。中国側はさまざまなルートを通じて参拝自粛を働きかけた。唐家璇外交部長は，「日本幇」と呼ばれた「廖班」の薫陶を受けた外交部の代表的な「知日派」であった（『朝日新聞』2002 年 10 月 2 日）。2001 年 5 月，田中真紀子外相と北京で会見した際，唐は小泉の靖国参拝の抑制を申し入れた。また 7 月に ASEAN 地域フォーラムでの外相会談でも日本

243

側の「賢明な判断」を求めている（唐 2011：6-8）。

　終戦記念日が近づく中で，唐や王家瑞中国共産党対外連絡部副部長は，自民党実力者への働きかけを強化し，北京を訪れた経世会の野中広務や，宏池会の古賀誠らと靖国問題を議論した。だが，彼らからも肯定的な回答を得られなかった。また，小泉の盟友である自民党幹事長の山﨑拓にも駐日大使を通じて働きかけ，8月に山﨑が訪中した際には，江沢民国家主席が歴史問題への慎重姿勢を申し入れた。さらに連立政権を構成する公明党や，保守党の野田毅幹事長にも働きかけを行った。しかし，懸命の努力にもかかわらず，中国側は小泉を翻意させるに至らず，辛うじて靖国参拝を8月13日に前倒しさせられたに過ぎなかった（読売新聞政治部 2006：226-230；倉重 2013：134-135）。

　小泉の靖国参拝を阻止できなかったとはいえ，日程を前倒しさせたこともあり，中国側の小泉批判はいまだ抑制的であった。10月8日に小泉が北京を日帰り訪問し，北京郊外の盧溝橋にある中国人民抗日記念館を，日本の首相として初めて訪問し献花を行ったことで，歴史認識をめぐる対立も一時は沈静化した。2002年4月に海南島でのボアオ・アジア・フォーラムで，小泉は朱鎔基国務院総理と会談し，日中経済パートナーシップを事務レベルで設置すること，さらに秋の日中国交正常化30周年に小泉が中国を公式訪問することを要請した。

　ところが，この会談から9日後の4月21日に，小泉は再び靖国神社を参拝した。その結果，国交正常化30周年の小泉訪中は中止となり，以後，小泉退陣まで日中両国首脳の相互訪問は完全に断絶したのである（加茂 2012）。

● **経世会の凋落**

　日中関係が冬の時代を迎える中で，経世会が両国関係の改善に寄与する余地は少なかった。小泉の反経世会姿勢に加えて，政治資金規正法や小選挙区制度の導入によって，派閥は弱体の一途をたどり，経世会の往年の威光は失われていた。派閥の論理ではなく，自民党地方支部の支持を得て，総裁選挙に勝利した小泉首相は派閥の影響力を無視することができた（信田 2004：57-62）。

　また，制度面でも内閣官房の権限強化によって，中国側による政界工作の効果も薄れた。2001年の橋本行革による中央省庁再編で，首相の重要政策に関

する「発議権」が明確化され，政策主導権限が強化された。また首相を補佐する内閣官房においても，政治任用の内閣官房副長官補が新設された。小泉政権はこの統治機構改革の恩恵を最初に享受（きょうじゅ）した政権であり，官邸主導外交を可能とする制度的基盤が整いつつあった。これらの制度変化によって，中国側がいかに自民党親中国派への工作を強化しても，首相の方針を翻意させることが難しくなっていたのである（竹中 2006：149-158）。

　経世会の利権とかかわりの深い対中 ODA も転換期を迎えた。1990 年代以降，たびたび批判にさらされながらも，対中 ODA は橋本，小渕政権下で増額され，2000 年度まで拡大していた（2000 年度：2273 億円）。しかし，2000 年 5 月，日本政府は対中 ODA 見直しに着手し，2001 年度の対中円借款は前年度から 25％減少した。小泉政権成立後も対中 ODA の削減は続けられ，2003 年度の対中 ODA は 1080 億円となり，ピーク時の半分以下となった（経済産業調査室 2005）。小泉政権は経世会の影響力の源泉であった人事権と利権の双方を根底から掘り崩したのである。

　経世会が凋落する中で，経世会とのかかわりの深かった外務省「チャイナ・スクール」に対しても批判の矛先が向けられた。その契機は，2002 年 5 月の瀋陽日本総領事館への北朝鮮人亡命者駆け込み事件であった。外務省機密費流用事件や，田中真紀子問題などで外務省スキャンダルが報じられる中で発生した瀋陽事件は，「チャイナ・スクール」による「土下座外交」の典型と論じられ，右派メディアからの激しい批判にさらされたのである（高橋 2002）。

　2002 年 9 月，北京で日中国交正常化 30 周年式典が盛大に執り行われた。日本からは，与党三党からなる「日中国交回復 30 周年を成功・発展させる議員の会」のメンバーや，超党派の日中友好議員連盟（林義郎会長）代表団などの議員訪中団が相次いだ。この議員訪中団の牽引的役割を担ったのが，小渕没後に平成研究会（経世会）会長に就任した橋本龍太郎である。橋本は，「日中国交回復 30 周年を成功・発展させる議員の会」や日本国際貿易促進協会（国貿促）の会長を務め，今や自民党の親中国派を代表する立場であった。80 名の議員を引き連れ訪中した橋本は，銭其琛（せんきしん）国務院副総理と会見し，「場所を拝借できれば国会を開ける」と訪中団の威容を誇った（『朝日新聞』2002 年 8 月 16 日，9 月 10 日，9 月 22 日）。

しかし，華やかな式典に小泉首相の姿はなかった。絶大な影響力を誇った経世会も昔日の力は失われていた。そして，小泉が長期政権を確立する過程で，残された経世会幹部も政治の表舞台から姿を消していく。

　竹下，小渕亡き後，経世会の実力者は野中広務であった。経世会分裂後の政界再編の中で頭角を現した野中は，小渕政権の内閣官房長官，森政権では自民党幹事長を務めた。野中の中国側とのパイプは，江沢民の右腕として「上海閥」の中心であった曽慶紅である。曽は2003年に国家副主席に就任したが，経世会の影響力低下もあり，野中─曽ラインが日中関係の好転に活かされる局面はなかった（城山 2009: 202-209）。

　自民党内で「反小泉」の筆頭であった野中は，2003年9月の自民党総裁選挙において，経世会内部で主戦論を唱えて藤井孝男を擁立した。しかし，小泉再選を主張する青木幹雄参議院幹事長と対立して分裂選挙となり大敗を喫した後，政界引退を表明した（御厨・牧原 2012）。2003年の総裁選挙は，かつてはキング・メーカーとして君臨し，鉄の団結を誇った経世会の落日を象徴していた。そして，橋本龍太郎も翌年の日歯連闇献金事件によって派閥会長を辞任し，政界引退に追い込まれ，再び復帰することなく2006年に病没した。

　経世会の分裂後，自民党の他派閥で中国とのパイプをもっていた政治家も小泉政権下で次々と姿を消していった。加藤紘一は2000年の「加藤の乱」で影響力を失い，2002年3月に秘書の逮捕を受けて宏池会会長を辞任した。山﨑も2003年9月に自民党副総裁に棚上げされて実権を失った後，同年11月の衆議院議員総選挙で落選した。小泉政権期において，かつての親中国派の流れを汲む有力派閥領袖は，政治の第一線から姿を消したのである。

7　機能不全に陥るバッファー・システム

　2000年代に入り，中国の経済発展と相まって，日本と中国との貿易額は拡大し，人的交流も増加の一途をたどった。だが，両国間の交流拡大は新たな摩擦を生じさせ，インターネットの普及を背景とする煽情的なナショナリズムは，両国の政府当局者への強い圧力となった。日中関係の相互依存が深まる一方で，小泉政権下では首脳レベルでの交流がほとんど途絶し，「政冷経熱」と

呼ばれる状況が続いた。2005年4月に中国各地で起きた大規模な反日暴動は，小泉政権下での両国関係の悪化の頂点であった。

そもそも，日中関係に限らず，異なる歴史の記憶をもつ国民同士の「和解」は容易ではない。1980年代においても教科書問題や靖国参拝といった歴史問題は両国を揺さぶり続けた。国交正常化以来，潜在的な対立が存在する中，田中派＝経世会による二重権力構造は日中両国の対立抑制に寄与してきた。しかし，1990年代の政治改革の中で派閥は弱体化の一途をたどり，小泉政権下で日中関係におけるバッファー・システムは機能不全に陥ったのである。

2006年9月の小泉政権が退陣した後，後継政権を組閣した安倍晋三首相は，8月15日の靖国参拝を控え，最初の外遊先に中国を選択した。日中総合政策対話を舞台に中国側の協議を担当したのは，安倍の命を受けた谷内正太郎外務事務次官であり，カウンターパートは戴秉国外交副部長であった（田中 2007：312-314）。

注目すべきは，安倍政権は「民間」の友好団体や自民党有力者ではなく，公式ルートによる日中協議を重視した点である。こうした安倍政権の対中外交のあり方は，バッファー・システムの構成要素であった非公式ルートの影響力の低下を如実に示していた。「戦略的互恵関係」を掲げた第1次安倍政権は，小泉政権で冷え込んだ日中関係を改善させることに成功した。続く福田康夫政権も日中互恵協力の推進に努め，両国関係にも好転の兆しが見られた。

だが，これらの政権は日中関係を安定軌道に乗せるには国内基盤が脆弱であった。2007年7月の参議院議員選挙で自民党は大敗し，「ねじれ国会」が常態化する中で，安定した政権運営も行えないまま内閣の交代が続いた。そして，2009年8月30日の衆議院議員総選挙で大敗した自民党は下野し，民主党への政権交代を迎えることになる。しかし，経世会の分裂後，安定した日中関係を構築できる強力な政治主体は，自民党にも民主党にも現れなかった。冷戦終結後の20年間で，「利益の体系」を通じて日中関係を安定させてきた派閥政治は事実上消滅した。同時に非公式ルートを担ってきた国交正常化以来の人脈も次世代に引き継がれず先細りとなった。日中両国はこれまでの関係調整メカニズムに代わる新たなバッファー・システムを構築できないまま，2012年9月11日の尖閣国有化の日を迎えたのである。

第Ⅲ部　２国間関係——バッファー・システムの変化

──────────────────────────────◀ 注

1) 日本の対中 ODA に関して，原文書を用いた歴史研究は今後の課題であるが，現時点での包括的な研究として以下を参照（関山 2008；徐 2011）。
2) 日中国交正常化交渉に関する近年の外交史研究としては以下を参照（井上 2010：8章；服部 2011）。
3) 日中平和友好条約の締結に至る 1970 年代の日本の対中外交を概観する研究として以下を参照（永野 1983；若月 2006）。
4) 自民党における「田中支配」については多くの文献が存在するが，差し当たり以下を参照（田崎 2000；薬師寺 2014）。
5) 廖承志と「廖班」に関する共同研究として以下を参照（王 2013）。
6) 「チャイナ・スクール」は，ジャーナリズムにおいて否定的な意味合いで使われ始め，しばしば「親中国」という政治的立場をも含意することから，歴史分析にはなじまない用語である。しかし，1990 年代以降，「チャイナ・スクール」という用語は広く流布し，外交官自身も用いることが少なくない。本章では冷戦後の日本外交を対象とした点を鑑み，「チャイナ・スクール」という用語を政治的含意なしに用いる。
7) 日中民間人会議の参加者については以下を参照。「第 2 回日中民間人会議　基調報告，問題提起，発言」1984 年 6 月 26 日-29 日。
8) この時期，中国側に経世会の内部情勢を提供していたのは，田中の秘書を長く務めた早坂茂三であった。田中が倒れた後，早坂は真紀子との確執もあって田中事務所を退去し，政治評論家に転じていた。孫平化のメモからは，日中協会事務局長であった白西紳一郎を通じて早坂が孫と密接な関係を保っていたことがうかがえる（孫 2012a：72, 394-395）。
9) 対中利権の実態については多くが不明であるが，ジャーナリストの著作として以下を参照（青木 2003）。
10) 自民党分裂の政治過程については以下を参照（田崎 2000：1-4 章）。
11) 経世会は自民党下野後，「平成政治研究会」，さらに「平成研究会」と名称を変更しているが，本章では混乱を避けるために「経世会」と表記を統一している。
12) 靖国参拝問題と遺族会については以下も参照（Smith 2015: Ch.3）。
13) 代表的論客として中嶋嶺雄や岡崎久彦が挙げられる。彼らの主張の概略は以下を参照（岡崎・中嶋 1996）。
14) 首脳会談の前日まで続けられた事務レベル協議では激しい対立が見られた。高圧的な姿勢で「72 年の中日共同声明の精神に反する」と述べた王毅外交部アジア司長に対して，条約課事務官時代に日中共同声明の作成作業に直接関与した丹波實外務審議官は激高して，「お前がそんなことを言うのは 10 年早い」と啖呵を切り，王に分厚い条約集を投げつけたという（読売新聞政治部 2006：224-225）。

──────────────────────────────◁ 引用・参考文献

青木直人 2003『中国 ODA 6 兆円の闇——誰のための，何のための「援助」なのか!?』祥伝社。
秋山昌廣 2002『日米の戦略対話が始まった——安保再定義の舞台裏』亜紀書房。

第10章　日中関係

天児慧・園田茂人編 1998『日中交流の四半世紀』東洋経済新報社。
五百旗頭真・宮城大蔵編 2013『橋本龍太郎外交回顧録』岩波書店。
井上正也 2010『日中国交正常化の政治史』名古屋大学出版会。
江口伸吾 2012「橋本首相のユーラシア外交と江沢民主席の来日　一九九七-九八年」高原明生・服部龍二編『日中関係史 1972-2012 I 政治』東京大学出版会。
江藤名保子 2012「第一次教科書問題　一九七九-八二年」高原明生・服部龍二編『日中関係史 1972-2012 I 政治』東京大学出版会。
老川祥一 2012『政治家の胸中──肉声でたどる政治史の現場』藤原書店。
王雪萍編 2013『戦後日中関係と廖承志──中国の知日派（ジャパンハンズ）と対日政策』慶應義塾大学出版会。
岡崎久彦・中嶋嶺雄 1996『日本にアジア戦略はあるのか──幻想の中国・有事の極東』PHP研究所。
加茂具樹「小泉内閣とナショナリズムの高揚　二〇〇一-〇二年」高原明生・服部龍二編『日中関係史 1972-2012 I 政治』東京大学出版会。
国正武重 2014『伊東正義──総理のイスを蹴飛ばした男：自民党政治の「終わり」の始まり』岩波書店。
倉重篤郎 2013『小泉政権・一九八〇日』上，行研。
経済産業調査室（岩城成幸）2005「対中国ODA（政府開発援助）見直し論議」『調査と情報』468号。
江新鳳 2009「中日防衛交流」歩平編／高原明生監訳『中日関係史 1978-2008』東京大学出版社。
国分良成 2013「『1972年体制』から『戦略的互恵』へ──対中外交」国分良成編『岩波講座　日本の外交』3巻，岩波書店。
小嶋華津子 2012「光華寮問題　一九八七-八八年」高原明生・服部龍二編『日中関係史 1972-2012 I 政治』東京大学出版会。
後藤田正晴 1988『政治とは何か』講談社。
後藤田正晴 1989『内閣官房長官』講談社。
後藤田正晴 1998『情と理──後藤田正晴回顧録』下，講談社。
佐藤嘉恭 2012「国際情勢の変化に鋭敏な総理」「政治家橋本龍太郎」編集委員会編『61人が書き残す政治家橋本龍太郎』文藝春秋企画出版部。
信田智人 2004『官邸外交──政治リーダーシップの行方』朝日新聞社。
清水美和 2003『中国はなぜ「反日」になったか』文藝春秋。
徐顕芬 2011『日本の対中ODA外交──利益・パワー・価値のダイナミズム』勁草書房。
城山英巳 2009『中国共産党「天皇工作」秘録』文藝春秋。
杉浦康之 2012「天皇訪中──一九九一-九二年」高原明生・服部龍二編『日中関係史 1972-2012 I 政治』東京大学出版会。
関山健 2008『日中の経済関係はこう変わった──対中国円借款30年の軌跡』高文研。
孫平化／武吉次朗訳 2012a『中日友好随想録──孫平化が記録する中日関係』上，日本経済新聞出版社。
孫平化／武吉次朗訳 2012b『中日友好随想録──孫平化が記録する中日関係』下，日本経済新聞出版社。

第Ⅲ部 2国間関係――バッファー・システムの変化

高橋浩之 2002「回顧2002年（下）瀋陽事件が火を付けたチャイナスクールたたき」『世界週報』83巻50号。
竹中治堅 2006『首相支配――日本政治の変貌』中央公論新社。
田崎史郎 2000『竹下派死闘の七十日』文藝春秋。
田中明彦 2007『アジアのなかの日本』NTT出版。
田中均 2009『外交の力』日本経済新聞出版社。
田中真紀子 1992「父角栄二十年目の北京」『中央公論』107巻12号。
陳巍・王新生 2009「村山，橋本両内閣と中日関係」歩平編集代表／高原明生監訳『中日関係史 1978-2008』。
唐家璇／加藤千洋監訳 2011『唐家璇外交回顧録 勁雨煦風』岩波書店。
仲衛 1992『加藤紘一・全人像』行研。
永野信利 1983『天皇と鄧小平の握手――実録・日中交渉秘史』行政問題研究所。
野中尚人 2008『自民党政治の終わり』筑摩書房。
波多野澄雄 2011『国家と歴史――戦後日本の歴史問題』中央公論新社。
服部龍二 2011『日中国交正常化――田中角栄，大平正芳，官僚たちの挑戦』中央公論新社。
服部龍二 2012「中曽根・胡耀邦関係と歴史問題 一九八三-九六年」高原明生・服部龍二編『日中関係史 1972-2012 Ⅰ 政治』東京大学出版会。
服部龍二 2015『外交ドキュメント 歴史認識』岩波書店。
花岡信昭・小林静雄 1987『竹下登・全人像』行研。
防衛省防衛研究所戦史部編 2010『西元徹也オーラル・ヒストリー――元統合幕僚会議長』下，防衛省防衛研究所。
御厨貴・渡邉昭夫インタビュー・構成 2002『首相官邸の決断――内閣官房副長官石原信雄の2600日』中央公論新社（初版は1997年）。
御厨貴・牧原出編 2012『聞き書 野中広務回顧録』岩波書店。
三宅康之 2012「六・四（第二次天安門）事件 一九八九-九一年」高原明生・服部龍二編『日中関係史 1972-2012 Ⅰ 政治』東京大学出版会。
薬師寺克行 2014『現代日本政治史――政治改革と政権交代』有斐閣。
楊振亜 2007『出使東瀛』上海辞書出版社。
読売新聞政治部編 2006『外交を喧嘩にした男――小泉外交二〇〇〇日の真実』新潮社。
若月秀和 2006『「全方位外交」の時代――冷戦変容期の日本とアジア 1971-80年』日本経済評論社。
若宮啓文 2014『戦後70年 保守のアジア観』朝日新聞出版。
Smith, Sheila A. 2015. *Intimate Rivals: Japanese domestic politics and a rising China*, Columbia University Press.

第 11 章

日 韓 関 係

非対称的な相互補完から対称的な競合へ

木 宮 正 史

1 日韓関係の現在

　2015年の日韓関係は，1965年の日韓国交正常化から50年を画する記念すべき年であるにもかかわらず，それを祝福するような雰囲気にはなかった。1998年10月，金大中大統領が来日し，日本の国会で戦後日本の平和憲法に基づく歴史を高く評価する演説を行い，多くの日本国民に感動を与えた。そして，小渕恵三首相との間で日韓パートナーシップ宣言を発表し，「日韓新時代」を画した。さらに，日韓自由貿易協定（FTA）に関する共同研究に着手し，その成果を受けて，2003年にはFTA交渉が開始された。日韓FTAへの取り組みは，すでに発効した米韓FTAや中韓FTAよりも先行していたのである。

　ところが，それをピークとし，その後の日韓関係は，小泉純一郎首相の靖国神社参拝や領土問題に起因した盧武鉉政権の「外交戦争も辞さず」という姿勢，2011年8月の憲法裁判所決定による慰安婦問題の「再浮上」とそれをきっかけとする2012年8月の李明博大統領の「竹島上陸」によって日韓関係は悪化し続けた。日韓関係の紐帯として期待されたFTAをめぐる交渉も，当初は，日韓それぞれの比較劣位にある産業を保護しなければならないという国内事情に起因して停滞したが，政治状況の悪化が追い打ちをかけ，交渉の原動力が失われてしまった。日韓FTA交渉は，「政治の荒波」に翻弄されることで座礁してしまった格好である。

第Ⅲ部　2国間関係──バッファー・システムの変化

　日本の安倍晋三政権，韓国の朴槿恵政権の登場は，祖父岸信介と父朴正熙との関係を想起させることで，日韓関係の改善が期待された。しかし，韓国から見ると，韓国への配慮を全く示さない「右傾化」した安倍政権，日本から見ると，第三国を訪問するたびに「日本は正しい歴史認識をもつべきだ」と「告げ口外交」を展開する朴槿恵政権，こうした首脳に対する相互イメージの極端な悪化が日韓関係の緊張をより一層高めることになった。現状では，「日本が韓国のためにいろいろしてきたにもかかわらず，韓国はそれを全く感謝しようともせず，相変わらず反日姿勢をとり続けるばかりだ。韓国に対してはどんなに配慮しても効果がないのだから，もはや何も配慮する必要はない」という「韓国を諦める日本」と，「日本はいつまでたっても歴史を反省しようとせず，韓国への謝罪も全くない。そんな日本と協力することなどできない」という「日本を諦める韓国」との間で，相互に相手の価値を「貶め合う」ことを競い合う状況が展開されているといっても過言ではない（木宮　2014b：24）。

　1980年代までの冷戦期の日韓関係は，韓国にとって日本との経済協力の死活的重要性が日韓関係の悪化にブレーキをかけていた。言い換えれば，経済協力が日韓間の摩擦がエスカレートするのを抑制するバッファー機能を果たしてきた。ところが，現状では，日韓関係が悪化したにもかかわらず，日韓双方にとっての経済的重要性がそれに歯止めをかける機能を十分には果たしていない。日韓FTAが必要だから日韓関係を悪化させないようにしなければならないという考慮はほとんど働かない。それだけでなく，韓国は米韓FTAや中韓FTAを優先し，日本が積極的に取り組む環太平洋経済連携（TPP）交渉への参加には慎重であった。このようにTPPへの対応をめぐって日韓は対照的な姿勢を示した。[2]

　なぜ，経済協力の必要性がバッファー機能を提供することができなくなったのか。「韓国にとって日本との経済協力の必要性が低下したので，対日関係の悪化をそれほど気にしなくなった」ということだけであれば，韓国の変化はある程度説明できるかもしれない。しかし，昨今の日韓関係の悪化には，韓国の変化だけでなく日本の変化も重大な原因を提供する。とすると，そうした説明だけでは不十分である。

第 11 章　日韓関係

2　日韓摩擦の諸類型

　昨今の日韓関係を観察すると，いろいろな局面で摩擦が恒常的に生じている。では，なぜ，日韓間には摩擦が遍在するのか。植民地支配という日韓が共有する歴史的経験に起因して，韓国では「反共」のみならず「反日」が実質的な「国是」となっていたように，戦後日韓関係が置かれた初期条件は「マイナスからの出発」であった。しかし，日韓はそうした対立だけに執着するわけにはいかない状況でもあった。冷戦体制下，アメリカを盟主とする反共自由主義陣営に日韓がともに組み入れられたからだ。日本は「反共の防波堤」である韓国への梃子入れが自国の安全保障にとって必要だと認識した。韓国は南北分断体制において北朝鮮との体制競争に「勝ち抜く」ためにも日本との協力が必要だと認識した（木宮 2015b：80）。日米韓の「三者三様」の思惑から，1950 年代から 60 年代にかけて日韓国交正常化交渉が行われ，65 年には日韓国交正常化が達成された。日韓関係において摩擦が絶えないのは，互いに非常に不利な条件下で大きな成果をあげることが期待されたために，そのストレスが大きかったからだと考えられる。

● 歴史摩擦

　では，こうした摩擦はどのような形態で出現するのか。摩擦の原因を提供するのが，両者が共有する歴史的経験である。歴史摩擦は，文字通り，共有する歴史の評価，解釈をめぐって日韓の間で，もしくは日韓を横断して存在する摩擦である。具体的には，①1910 年の「併合」に至る条約の法的効力をどのように見るのか，②1910 年から 45 年までの日本の植民地支配が朝鮮半島にもたらした影響をどのように考えるのか，③1965 年の日韓国交正常化をどのように評価するのか，④1965 年以降の日韓関係をどのように評価するのか，以上の問題をめぐる摩擦である。

　第 1 に「併合」に至る条約の法的効力に関して，日韓政府の公式見解は乖離したままである。韓国政府の意思に反して強制的に，しかも手続き的な瑕疵を伴って締結された併合条約は「違法無効」であり，そもそも植民地支配は法的

253

には成立せず，日本の植民地支配は「強占」であったと主張する韓国政府に対して，併合条約は法的な効果を伴って成立し，その結果，35年間にわたり植民地支配が行われたと日本政府は主張する。この問題は，1965年日韓基本条約においても，日韓双方がそれぞれの立場で解釈できるようにする「already null and void（もはや無効）」という曖昧な文言で妥協された。[3]

　第2に植民地支配の「帰結」に関しては，韓国社会の大多数の認識は，日本の支配は韓国社会を搾取したものであり，その結果，韓国社会は停滞したというものであった。ところが，近年，韓国の内外で，植民地期の韓国社会の近代化，工業化など「発展」と見られるべき側面が存在したことを重視するべきであるという有力な批判が登場する。「植民地近代化論」「植民地工業化論」と呼ばれる見方である。[4] これは，日本の植民地支配の肯定的評価を強調する歴史解釈とは元来異なるものであるが，日韓双方では，そのように「歪曲」されて理解されることもあった。

　第3に日韓国交正常化の評価に関して，植民地支配の清算問題は日韓請求権協定に基づいて「完全かつ最終的に解決した」という点に関して，日韓両政府は一致する。しかし，韓国社会の一部はそれを批判し，日本の植民地支配に対する謝罪や清算が不十分であるという見方を提示した。こうした見方は，冷戦期には，韓国政府によって一定の範囲に封印されたが，冷戦が終焉し韓国社会が民主化されるのに伴い，顕在化するようになった。その象徴的な問題が従軍慰安婦問題であった。この問題は，日韓両社会を横断し，さらには国際社会に対しても重大な問題を提起した。韓国政府も，2005年盧武鉉政権が，1965年の日韓請求権協定によって解決されていない問題として，在韓被爆者問題，在サハリン韓国人問題とともに，従軍慰安婦問題を挙げた。この問題は，1990年代，いったん，「女性のためのアジア平和国民基金（アジア女性基金）」という方式による取り組みが行われた。日本政府は法的には65年の請求権協定によって解決済みであるという立場に基づき，政府が主体として補償することはできないので，民間募金に政府支出を加えた基金という形式での取り組みを模索した。しかし，韓国政府，社会は，日本政府が自らの責任を認めないものだとそれを批判し，基金による解決には批判的な姿勢に終始した。[5]

　ところが，2011年8月，慰安婦問題に関する韓国政府の対日交渉の不作為

を違憲だとした韓国憲法裁判所の決定によって,この問題に関する韓国政府の対日強硬姿勢が促進された。それに対して,日本国内では,慰安婦募集の強制性に関する「証言」が虚偽であることが暴かれ,それに依拠した朝日新聞の報道が問題視されるだけでなく,アジア女性基金の根拠となった「河野談話」に対する再検証を安倍政権が行った。安倍首相は,少なくとも首相就任以後は,「河野談話」や「村山談話」の継承に言及し,「戦後70年の内閣総理大臣談話」でもその立場を明言した。その後も,慰安婦問題をめぐる日韓の政府間,社会間の摩擦は政治争点化されてきたが,2015年末,劇的に慰安婦問題に関する日韓政府間合意が成立することで,いったんは政治争点化が回避される方向に向かった。ただし,それに対する韓国社会の不満は残存しており,その帰趨は依然として不透明である。

第4に国交正常化以後の歴史認識に関しては,日本は侵略による植民地支配を反省しているのかどうか,そのための謝罪をするのかどうかを韓国社会が持続的に問題視した。しかし,日本では,今まで過去の歴史に対して何度も謝罪したにもかかわらず,何も謝罪していないという韓国に対して,結局「日本が何をしたところで韓国はそれを受け止める気が毛頭ないのだ」と日本社会が「謝罪疲れ」を示し始めている。

● 経済摩擦

日韓経済関係は,一見,歴史とは無関係のように見えるが,歴史摩擦と無関係ではなかった。日韓国交正常化に対する韓国の反対運動は,韓国経済の対日従属への警戒を反対理由として掲げた[6]。また,国交正常化以後の経済関係に関して,日韓間で顕著な違いが見られたのは,韓国の対日貿易赤字をどのように評価するのかという問題であった。韓国が工業製品の輸出増大を牽引役として経済を発展させればさせるほど,韓国の対日貿易赤字は増大した。これは,製品加工に必要な機械,部品,原資材を対日輸入に依存せざるをえない韓国の産業構造に起因したわけだが,韓国社会の一部では,「韓国の経済発展による果実が日本によって吸い取られているだけだ」という批判が提起された[7]。そして,韓国の対日貿易赤字の増大を抑制するために,韓国の輸入相手先の多角化を政府主導で図る政策が1978年に採用された。さらに,1980年代に入ると,韓国

第Ⅲ部　2国間関係——バッファー・システムの変化

政府は対日貿易赤字を抑制する切り札として日本からの技術移転を要求した。その背景には，「日本は植民地支配によって韓国を搾取したのだから，その補償として技術を移転するのは当然だ」というような「歴史」と関連づけた論理が存在した。

　その後，韓国の持続的な経済発展の結果，日韓経済関係が，それまでの垂直的な分業関係から水平的な分業関係へ，さらには競合関係へと変容した。さらに，韓国の貿易や対外投資に占める中国の比重が飛躍的に高まるのに比して，日本の比重が相対的に低下することによって，日韓の経済摩擦が表面化することは少なくなった。

　しかし，今後，歴史摩擦と連携した経済摩擦が発生しないとは言い切れない。1997年末のアジア通貨危機を韓国が回避できなかったのは，本来韓国を支援するべき「日本が韓国を助けてくれなかった」からだという議論もあった（「팔짱 낀 일본〈手をこまねく日本〉」『朝鮮日報』1997年12月27日）。また，日韓経済関係が水平化することは，競合的な関係になることをも意味するわけで，共通市場をめぐって日韓が競争するという場面は，世界の至るところで展開されている。そうした中，韓国から見ると「歴史修正主義者」である安倍晋三政権がアベノミクスによって「円安ウォン高」を誘導することで，韓国経済に不利に作用しているという認識があり，歴史摩擦と経済摩擦とが連携する可能性が皆無とはいえないからである。

　2015年に，戦後70周年，日韓国交正常化50周年を迎えたが，日本では，この間，韓国をはじめとしたアジア諸国の経済発展のために日本が果たしてきた貢献を強調する作業が展開されている[8]。それに対して，韓国のマスメディアでは，それを反駁（はんばく）するかのように，「韓国の経済発展に関する日本の貢献はそれほどでもなかった」，むしろ，「日本こそ朝鮮戦争による特需を踏み台にして経済を発展させてきた」と主張した（파산위기 몰렸던 日도요타 "6・25는 구제의 신과 다름없었다"〈破産危機に追い込まれた日本トヨタ「6・25は救済の神以外の何ものでもなかった」〉『朝鮮日報』2015年3月28日）。日韓経済関係が競争段階に突入したことは既成事実であるが，その結果，「歴史」が参照されなくなると断言するには，まだ判断を留保する必要がある。

　経済協力をめぐる交渉過程での摩擦も，ある種の経済摩擦と位置づけられる。

第 11 章　日韓関係

韓国が日本からの経済協力を獲得するために，何らかの対日カードを利用して交渉を展開してきた。韓国としては日本の経済協力を獲得するためには，日韓関係を良好に維持することが必要であり，韓国のほうから摩擦を拡大させることは回避するべきだという自制が働いていた。しかし，場合によっては，日本からの譲歩を引き出すために，摩擦が有効に働く場合もある。通常時は，良好な日韓関係が日本からの経済協力を確保するためには必要であるが，新たに日本からのまとまった経済協力を獲得しようとする場合には，それと関連した摩擦の存在が促進剤になる場合もある。その場合に，「歴史」とともに対日カードとして利用されるのが「安全保障（安保）」であった。

● **安保摩擦**

安全保障要因は，日韓ともに自国防衛のために対米同盟を共有するように，基本的には日韓関係の紐帯である。しかし，冷戦体制下，韓国が「反共の防波堤」として日本の安全保障「費用」を自ら負担しているにもかかわらず，日本は応分の負担をせずに「安保タダ乗り」ではないのかという不満を韓国社会は抱いてきた。ただし，日本の軍事力や軍事的役割の増大を警戒しなければならないという，「歴史」を参照した警戒感も根強かったため，その間でジレンマを抱えていた。したがって，日本の貢献はあくまで経済的負担に限定されるべきだというのが韓国政府の一貫した姿勢でもあった。それに対して，日本政府は，憲法上の制約や野党の反対などもあり，安保と関連した協力に関しては積極的にはできないという立場であった。こうした日本政府の消極姿勢と「日本のより積極的な経済協力を要求する」韓国政府との間で，安保摩擦が発生した。

日韓国交正常化以後，朴正煕政権下での日韓関係では，こうした安保摩擦は恒常的に存在した。実質的に，1965年の日韓国交正常化に至る交渉で，請求権問題が経済協力として論じられるようになったときに，韓国側が提示したのも，こうした安保をめぐる経済協力の論理であった。さらに，それ以後の日韓経済協力に関しても，韓国が提示したのは「日本の安保のために韓国は貢献しているのだから，日本は韓国に積極的な経済協力をするべきだ」という論理であり，日本としても，それにある程度は応えてきた。そうした要求が摩擦として顕在化したのが，朴正煕政権の後継政権であった全斗煥政権下における40

257

億ドル規模の日韓安全保障経済協力（安保経協）であった。朴正熙大統領の殺害後の政治的混乱の中から登場した全斗煥政権は日本に対して大規模な経済協力を安保の論理に基づいて要求したのだが，日本の鈴木善幸政権は当初，その金額の大きさ，および安保論理を前面に出した経済協力には難色を示した。結果的に，この交渉は，中曾根康弘政権との間で40億ドルの安保経協として合意されることになった。[10]

しかし，近年の安保摩擦は，その様相を異にする。「日本の軍事力拡大，それに基づく影響力の増大を韓国が警戒する」という図式である。これは，一方で「日本に侵略され植民地支配された」という韓国の「歴史」に起因するものであるが，他方で日韓を取り巻く国際環境の変化，日韓関係の構造変化に起因するものでもある。1990年代に入り，北朝鮮の核ミサイル開発という新たな状況が出現し，アメリカとの同盟関係を共有する日韓は，それへの対応を迫られた。それが，1999年に成立した日米韓3国調整グループ（TCOG）という枠組みである。しかし，その後，こうした日韓の安保協力の制度化は進展しなかった。2012年6月，軍事情報包括保護協定（GSOMIA）が締結直前で韓国側からキャンセルされたように，日韓安保協力に対する韓国の警戒感が強かったからである。さらに，2014年以後，安倍政権下における日本の集団的自衛権行使を一部許容する憲法解釈の変更，それに基づく「安保法制」の制定という一連の動きに対して，対米同盟を共有するはずの韓国政府，社会は，「歴史を反省しない」日本の軍事的役割の増大に対して依然として警戒姿勢を堅持している。

● **経済摩擦から歴史摩擦，安保摩擦へ**

日韓間において経済摩擦は減少しているように見える。それは日韓経済が水平的な関係へと変容していくのに伴い，ルールの非共有から帰結される摩擦ではなく，むしろ，共通ルール下における競争関係へと変質したからである。しかし，その反面，歴史摩擦と安保摩擦が前面に出るようになった。従来，安保摩擦や歴史摩擦が，日韓間における経済協力をめぐる問題に「変換」されることによって，妥協が可能な形で「解決」されてきたが，日韓関係の構造変容や日韓を取り巻く東アジア国際政治の構造変容は，こうした歴史摩擦や安保摩擦

を経済協力に「変換」することによって「解決」するという方法を困難にしているからである。

3 日韓バッファー・システム

そのメカニズムと実態

　日韓摩擦はどのように「管理」されてきたのか。今日も依然として摩擦の存在が可視的になっているように，日韓摩擦はなくなってはいない。しかし，摩擦が常に顕在化し，対立が展開されてきたわけではない。その意味で，摩擦がエスカレートするのを抑制する何らかのメカニズムが働いてきたと考えられる。

　日韓関係における重要なメカニズムは，大別して次の2点に求められる。第1に，日韓の共通性である。基本的な価値観，ルール，利益を共有しているからこそ，そうした共通性に基盤を置いて，相互の葛藤を「管理」することが可能となる。第2に日韓の非対称性である。たとえ，相互協力を通した利益総量の絶対的な増大が可能であるとしても，対称的な競合関係の場合，その利益総量が相対的にどのように配分されるのかに敏感になり，なかなか妥協が成立せず，摩擦をエスカレートさせることになる。逆に，非対称的で相互補完的な関係であると，一方で相互の相対的な利益増大やコスト負担に敏感ではなく，むしろ，摩擦管理を通した相互協力のほうに優先順位を置くことになる。このように，「共通性」と「非対称性」という一見相異なる条件が摩擦のエスカレーションを抑制するバッファーだと見ることができる[11]。

● **日韓の共通性**

　では，日韓関係では，こうしたバッファー・システムがどのように機能してきたのか。第1に，日韓の共通性を担保してきたのは，何よりも，冷戦体制下，反共自由主義陣営の盟主としてのアメリカの存在であり，そうした対米同盟関係の共有であった。この共通性には，冷戦体制下における反共自由主義陣営をともに担うというイデオロギー的な側面，日韓がともに経済発展を通した政治的安定を確保する必要があり，そのためには日韓が経済協力を増進する必要があるという利益の側面がある。

第Ⅲ部　2国間関係──バッファー・システムの変化

　日韓には，植民地支配という歴史的経験の共有や隣接性という面で，「自然的な分業関係」が成立する条件が存在したが，逆に，その「復元」を阻止するという韓国の政治的意思も存在した。そうした相異なる政治力学が作用する中で，日韓国交正常化交渉の開始を仲介し，その後も交渉を促進する役割を担ったのはアメリカであった。アメリカは日韓両政府への影響力を行使することで，国交正常化交渉に前向きかつ積極的に取り組むことを求めたのである[12]。また，朝鮮戦争において，韓国防衛と韓国主導の朝鮮半島統一のためにアメリカが主導的役割を果たしたわけだが，その出撃基地になったのは在日米軍基地であり，日韓はアメリカを媒介とした事実上の同盟関係を構築していた。また，密約という形ではあったが，朝鮮半島有事において在日米軍の出撃をほぼ無条件に認めることで，日米安保条約の事前協議が実質的に骨抜きにされたことからもわかるように，米韓相互防衛条約と日米安保条約とが事実上，駐韓米軍と在日米軍との連携という形で連結されることになった（木宮 2015b：79）。そもそも，戦後の日韓関係は，アメリカを中心とした連合国によるサンフランシスコ平和条約の枠組みの中で展開されることになったために，日韓交渉におけるアメリカの「有権解釈」的な役割が大きくならざるをえなかった[13]。

　以上のように，アメリカの仲介によって国交を正常化した日韓は，アメリカを中心とする世界資本主義体制に組み込まれ，資本主義という価値観を共有した分業関係を形成する。これも，日韓の共通性を担保するものであった。ただし，日韓が垂直的な分業関係にあり，韓国が政府主導の経済開発を指向したために，日韓の経済関係が市場原理だけで動いたわけではなかった。韓国は開発途上国としての立場から，時に先進国優位の国際分業体制に異議を申し立てることもあった。また，韓国政府が産業政策を積極的に実施することで，労働集約的な軽工業中心から重化学工業中心へと産業構造を高度化させた。そうしたダイナミズムが日韓の経済摩擦を時にもたらすこともあった。

● 日韓の非対称性

　第2に，日韓の非対称性は，いろいろな意味を内包する。何よりも，パワーにおける非対称性を指摘することができる。日本にとって韓国との経済協力を通して韓国の経済発展を支援することは，冷戦体制下において反共自由主義陣

第11章　日韓関係

営の強化に貢献することによって自国の国益に合致するという認識はもっていたが,「韓国が日本に追いつく」ことによって日本に不利になって跳ね返ってくるという認識はほとんどなかった。それだけ,日韓のパワーの格差が大きかったからだといえる。

　ただし,パワーの非対称性があるからといって,日韓交渉において,日本が常に優位な立場から自らの要求を貫徹し,韓国がそれを受け入れたというわけではなかった。交渉の枠組みを形成する点では日本のパワーの優位は際立っていたが,その中での交渉に関しては,日本の優位さは限定されており,韓国の要求も相当程度反映されることにはなった。[14]

　しかも,そうした非対称性をより一層際立たせたのは,日韓関係における質的な非対称性であった（木宮 2015b：77）。日本にとって韓国の重要性の中身は,地政学的にも,さらに,冷戦体制下における「反共の防波堤」としても,韓国の存在が日本の安全保障にとって重要であるということであった。明治期には,そうした地政学的重要性に関する認識が,他の列強の影響下に置かれないようにするために朝鮮半島を植民地として支配するという選択につながったわけである。

　それに対して,韓国は,自らの安全保障のために在日米軍の存在は重要であると認識していたが,日本の存在自体が重要であるという認識はあまりなかった。むしろ,過去の侵略や植民地支配の経験があるために,軍事的な脅威として日本を認識しており,日本が朝鮮半島有事にかかわるということに関する拒否反応のほうが強かった。ところが,南北分断体制下における北朝鮮との体制競争に「勝利」するためには,日本との経済協力,言い換えれば,韓国の経済発展のために必要なリソースを日本との関係を通して獲得することが重要であるという認識は強かった。

　日本は,韓国との関係よりも韓国の存在が重要であり,韓国は,日本の存在よりも日本との関係が重要であるという意味での非対称性が存在した。その結果,日本からすると,日韓関係が良好なのかそうでないのかという問題にそれほど敏感になる必要はないことになる。韓国がある程度発展を達成し,政治的安定を確保してくれればよいのであって,日韓関係を良好なものにしようとする特別なインセンティブは働かない。他方で,韓国からすると,日本との関係

において何を獲得するかが重要であって，そのためには，摩擦が必要以上にエスカレートしない範囲で，日本からの譲歩を引き出すことが重要だと考えられていた。

さらに，日韓の非対称性には，相互関心の非対称性という点も指摘することができる。確かに，日本にとって「反共の防波堤」として韓国の重要性をどんなに強調してもしすぎることはないが，日本外交に占める韓国の比重は死活的に重要だというわけでは必ずしもなかった。それに対して，韓国外交における日本の比重は，アメリカに次ぐ2番目であり，死活的に重要であった。

以上のように，ルールや利益を共有していることを前提とした日韓関係の非対称性が，摩擦がエスカレートすることを抑制する相互の「敏感さ」と「鈍感さ」を提供することになる。ただし，こうした構造的な条件が自動的に日韓摩擦を抑制するわけではない。こうした条件を有効に利用することができる主体の存在が必要となる。日韓関係においても，日韓が共有する歴史に起因した日本語を「共通語」とするような，日韓を横断する人的ネットワークが存在したことが，こうした構造的条件の下でバッファー・システムを機能させるのに寄与したのである。ただし，こうした人的ネットワークは，世代交代によって日本語の運用能力をもつ人材の再生産が難しくなるとともに，先細りすることを余儀なくされるという意味で，持続性のあるものではなかった。

4 バッファー・システムの現状

その機能と機能不全

では，バッファー・システムは，現在，どのように機能しているのか。歴史摩擦，安保摩擦が経済協力の問題に「変換」されずに顕在化することで，日韓間における摩擦が恒常化している。では，なぜ，「変換」され難くなっているのか。水平化（パワーの均衡化）・均質化（市場民主主義という基本的価値観の共有）・多層化多様化（政治経済領域だけではない社会文化領域を含めた，中央政府，財界同士の関係から地方政府，市民社会を含めた関係）・双方向化（ヒト，モノ，情報，価値などが日本から韓国へ一方的に流通するのではなく，それに劣らず韓国から日本へも双方向的に流通する関係）という日韓の構造変容，中国の大国化という日韓を

第11章　日韓関係

取り巻く東アジアの構造変容（木宮 2015a：3-4）が，ルールや利益の共有，非対称性に基づく相互補完関係という2つのメカニズムに動揺を及ぼすからである。

● ルールや利益の共有がもたらす複雑な力学

　ルールや利益の共有という条件が，急激に弱くなったわけではない。冷戦の終焉によって，アメリカを中心とする反共自由主義陣営の構成員としてイデオロギーや利益の共有が重要ではなくなったのは確かである。また，特にアジアにおいては中国の大国化とともに，アメリカの影響力が相対的に低下している。アメリカは「リバランス戦略」に伴って，アジア回帰を指向することで中国の大国化に対応しようとしてはいるが，従来のようなアメリカの一極集中が弱まっているという現実は否定できない。しかし，だからといって，日韓にとって対米関係の重要性が冷戦の終焉前後で劇的に低下したといえるかどうか。そうではないだろう。

　日本の場合は，冷戦の終焉の前後で対米関係の重要性がむしろ高まったのではないかと考えられる。冷戦期に，日本は冷戦体制下の反共自由主義陣営に組み込まれたが，平和憲法の制約によって日米安保条約は「片務的」なものであったし，国内には日米安保体制を批判する革新勢力も少なからず存在した。しかし，ポスト冷戦期には，日米安保条約は日本防衛からアジア太平洋地域の安定化へと，その機能を転換させることで，日米同盟自体がグローバルな機能を果たすようになった。日本としても，中国の大国化に対応するために，従来以上に日米同盟の重要性が高まるので，こうした日米安保の機能転換に積極的に呼応することになる。

　韓国の場合は，若干複雑である。一方で，北朝鮮の核ミサイル開発が既成事実化する中で，朝鮮半島有事における米韓同盟の重要性は依然として高い。他方で，特に経済関係における中国との関係が深化するとともに，中国の北朝鮮への影響力の行使に期待して，韓国外交における中国の重要性が飛躍的に高まっている。ただし，韓国外交における対米関係と対中関係とはゼロサム的ではない。対中関係が重要になればなるほど，中国への依存との均衡を図るためにも対米同盟関係の重要性をさらに高めようと考えるからである。[16]

263

第Ⅲ部　2 国間関係——バッファー・システムの変化

　一部には，韓国は経済だけでなく，対北朝鮮関係を含んで地政学的には中国のほうに傾斜することが予想され，それに伴って対米同盟関係も希薄にならざるをえないという予測もある。韓国の念願である韓国主導の朝鮮半島統一を実現するためには，中国の「承認」が必要であり，そのために米韓同盟が障害になる場合にはその廃棄もやむをえないと考えるかもしれない。そうなると，対米同盟の共有という日韓の共通性は縮小もしくは消滅することになる。しかし，韓国が米韓同盟からの離脱を自ら選択することは現実的には考えにくく，対米同盟の共有という日韓の共通性は持続すると考えるべきだろう。

　では，日韓にとって対米同盟の重要性が高まることは，冷戦期と同様に対米同盟が日韓の共通性をより一層高めることになるのだろうか。一方で，依然として対米同盟の共有は日韓の共通性を維持することにつながることは確かだろう。実際に，歴史摩擦に起因する日韓の緊張を，同盟国であるアメリカは懸念し，日米韓首脳会談の開催などを通して，日韓の緊張が同盟機能を阻害することがないように気を使っている。また，日韓両政府も，こうしたアメリカの意向を気にして，日韓関係が限界を超えて悪化しないように自制している。

　しかし，他方で，対米同盟の共有が日韓の「競争心」をより一層駆り立てることで，日韓関係の悪循環を招来しているのも事実だ。米韓相互防衛条約とそれに基づく駐韓米軍は朝鮮半島有事，具体的には北朝鮮の侵略に対応するためのものである。それに対して，日米安保条約とそれに基づく在日米軍は，日本防衛のみならずアジア太平洋全体を視野に入れており，性格を異にする。したがって本来であれば相互補完的な関係にある。しかし，韓国から見ると，それを受け入れながらも，同盟関係において常に「韓国が日本の後塵を拝してきたのではないか」という不満が存在した。

　一方で，朝鮮半島統一に関する中国の影響力を念頭に置くと，米韓同盟が障害にならないようにする必要があり，そのためには米韓同盟の機能を朝鮮半島有事に限定しておいたほうがよいという考慮が働く。他方で，米韓同盟関係をさらに深化させるためには，日米同盟のようなグローバル化の方向に進めるほうがよいという考慮も働く。韓国にとっては1970年代後半，カーター政権下で駐韓米軍の撤退が決定されることによってアメリカから「見捨てられ」そうになった懸念を払拭するためにも，米韓同盟関係の機能転換が必要ではない

かということになる。そうなると，少なくとも韓国から見ると，米韓同盟と日米同盟が相互補完的であるとばかりはいえず，むしろ相互競争的な関係であると認識されることになる。特に，歴史摩擦に起因した日韓関係の緊張増大は，韓国に米韓同盟のグローバル化を指向させる誘因となる。

　日韓関係の水平化は，その国際政治経済観に関する日韓の共通性を高めることになる。小国かつ開発途上国であった韓国がもっていた国際政治経済観と日本のそれとは乖離があったが，韓国の先進国化は，その国際政治経済観に変化をもたらし，日本のそれと類似するようになる。日韓関係の均質化も，市場経済と民主主義という共通の価値観を共有することを意味するわけで，そうしたルールの共有という側面が強調されることになる。近年になって，日韓の経済摩擦が顕在化しなくなったことは，市場経済に関するルールの共有が進むことで，経済問題の政治化が回避されるようになったからである。日韓関係の多様化・多層化，双方向化に関しても，相互交流が活発になることによって，相互の共有する部分が増大することにつながる。このように，日韓関係の構造変容は，日韓の共通性を増大させる効果をもつ。

● 非対称性に基づく相互補完関係から対称性に基づく相互競合関係へ

　では，もう一つの日韓の非対称性に関してはどうか。近年の日韓関係の構造変化は，日韓の非対称性という条件を稀薄にする[17]。

　第1に，日韓関係の水平化は，日韓双方に，相対的な力関係に関する認識を強く植え付けることになる。垂直的な関係の下では，日本は韓国に対して「寛大な姿勢」で対応することができた。しかし，水平的な関係の下では，日本は従来の余裕がなくなり，逆に韓国の行動に対して先進国としての相応な責任を要求することになる。にもかかわらず，韓国がそれに応じない場合には，韓国に対する「苛立ち」を高めることになる。それに対して，韓国は，従来，主張し難かった諸要求を，今こそ日本に対して要求することができると考える。言い換えれば，水平化された力関係に応じた「新たな」日韓関係を日本に対して求める。しかし，これは，日本から見ると，従来の日韓関係で決まったことを覆す現状変更的行動として映る。

　第2に，日韓関係の均質化は，特に，日韓双方が民主主義体制を共有するこ

とによって，国内における諸要求を抑圧したり調整したりすることが困難になる。そしていったん摩擦が生じた場合に，政府がそれを統制することがますます難しくなる。従来，日本ではそれほど韓国への関心が高くなかったので，日韓関係が政治的争点になることはあまりなかった。しかし，関心が相対的に上昇することで政治的争点になりやすくなり，しかも，そうなってしまった場合に，政府による統制が従来とは違って困難になる。韓国は日本に対する関心がこれまでも高かったので，元来日韓関係が政治的争点になりやすかった。ただし，権威主義体制下の韓国では，政府の統制が相当程度効果的であった。ところが，韓国が民主化されることによって，そうした統制が困難になった。

　さらに，問題をより一層複雑にするのは，価値観の共有を前提としながらも，その解釈をめぐって日韓間の乖離，対立が目立ってきているということである。2015年4月，日本政府は，国会の政府施政方針演説や外務省のウェブサイトの記述で，韓国に関して「価値観を共有する」という，従来の立場を「削除」した。これは直接的には，朴槿恵大統領に対する名誉棄損罪に問われたサンケイ新聞ソウル支局長の出国禁止措置への「抗議」を念頭に置いたものであった。ただ，それだけではなく，本来であれば価値観を異にする中国への接近を示す韓国への批判を込めたものだと考えられる。他方で，韓国から見ると，従軍慰安婦問題など普遍的人権にかかわる問題に対する日本の消極的な取り組みは，とても価値観を共有するとは言い難いということになる。このように民主主義や人権という価値観を日韓はともに共有しながらも，日韓間の争点に関して，相手の行動がそれに合致していないという相互批判を展開する。

　第3に，日韓関係の多様化・多層化も，同様に，日韓間の情報流通経路が多元化することよって，特に韓国政府による一元的な統制が困難になり，摩擦のエスカレーションを容易にする。従来は，日本社会における韓国への関心の低さに起因して，日本に流入する韓国の情報が限定されていたし，韓国では政府による情報統制が機能していたので，摩擦のエスカレーションがある程度抑えられた。しかし，相互交流が活発化することで摩擦原因が増大するのに比して，それを抑制するメカニズムは弱くなるリスクを抱える。本来であれば，相互交流の活発化によって日韓を横断する人的ネットワークがさらに活性化されれば，摩擦のエスカレーションを管理する機能を果たすことができるはずである。に

もかかわらず，日韓の政治家同士の人的ネットワークは，以前と比較しても，さらに市民社会のネットワークと比較しても，非常に脆弱なものになったため，そうした機能を果たしえなくなっている。

　第4に，日韓の双方向化が摩擦のエスカレーションに対する抑制を困難にする最も大きな原因を提供する。従来韓国で日本に対して何が報道されようが，どんなことが行われていようが，日本社会にはそれほど伝えられることはなかったし，関心をもたれることもなかった。単純に，「韓国は反日感情が根強い」という程度の知識はあったが，それは漠然としたものであった。ところが，韓国での言説や具体的な行動がインターネットなどを通じて，ほぼリアルタイムで，日本語で日本にも伝えられるようになった。そうすることによって，韓国で起こっていることに対する日本社会の感受性が飛躍的に高まることになる。その結果，「韓国は日本に反感をもっている」，さらには，「日本を『貶めようとしている』」という感覚が現実味をもって受け止められるようになる。したがって，韓国に対して日本が貢献してきたことが韓国で何ら評価されていないことに対する「諦観」が日本社会に浸透する。

　ところが，韓国では，そうした日本社会の変化に対して「鈍感」である。韓国社会から見ると，日本への見方や対応が変わっていないにもかかわらず，日本社会の対応だけが急に変わって日本が「反撃」するようになったように受け止められる。そして，それに答えを提供するのが日本の「右傾化」という非常に便利な言葉である。このようにして，日韓双方とも，関係悪化の原因を提供し，関係悪化の責任をとるべきは，相手のほうだということになり，摩擦のエスカレーションを自分のほうから抑制しようとはせず，放置するか，場合によっては自ら拡大させることになる。

　このように，日韓の構造変容は，従来の非対称的な日韓関係を対称的なものに変えることになる。それによって，摩擦の受け止め方に対する日韓の感受性の落差を縮め，一方だけの反応ではなく双方の反応を誘発することで摩擦をエスカレートさせるとともに，それを抑制するための責任を相手に転嫁することによって摩擦が放置されてしまうことになる。

第Ⅲ部　2国間関係——バッファー・システムの変化

● 共有と対称性との組み合わせ

　日韓を取り巻く東アジアの構造変容、日韓関係の構造変容は、ルールや利益の共有を前提とした非対称性に基づく相互補完関係という、従来、日韓間の摩擦のエスカレーションを抑制したメカニズムにも重大な変化をもたらすことになる。第1に、歴史摩擦や安保摩擦を、利益配分を媒介とした調整が可能な経済協力に「変換」するという、従来行われていたことが困難になり、相互調整が困難で、ゼロサム的な解決が指向されやすい歴史摩擦や安保摩擦自体に取り組まない限り、摩擦のエスカレーションを抑制することが困難になるということである。日韓FTAが相互利益であると認識されたとしても、それが歴史摩擦や安保摩擦のエスカレーションを抑制することができないだけでなく、歴史摩擦や安保摩擦が存在することが、日韓FTAという経済協力を困難にしているのが現状である。

　第2に、これは逆説的であるが、従来日韓の非対称性を前提として日韓間のバッファー・システムを提供してきたルールや利益の共有というメカニズムが、日韓の対称化のもとでは、自動的にバッファー機能を果たさなくなる。むしろ、本来共有するはずの利益やルールをめぐって、どちらがより多くの利益を獲得するのか、もしくは、どちらがルールの解釈を主導するのかをめぐる競合関係をより一層激化させることになる。日韓FTA交渉が開始されたにもかかわらず、それが合意に至らない状況下で、TPPを優先する日本と、米韓FTAや中韓FTAを優先する韓国との間の戦略の違いは、こうした競合関係を示している。

5　バッファー・システムの「再構築」に向けて

　以上のように、日韓関係の構造変容、日韓を取り巻く東アジア国際政治の構造変容が既成事実となっているだけに、日韓のバッファー・システムを従来のような形で復元することは困難である。では、日韓バッファー・システムは今後、機能不全に陥るしかないのだろうか。一方で、冷戦期の日韓関係は、中国に対抗するために日韓が協力しなければならないという非常に特殊な状況であった。中国が大国化するという「通常」に回帰すると、対称化された日韓が、

中国の大国化を利用して，その有限利益をどちらがどれだけ多く獲得するのかという競合関係に関心を向けるようになることで，摩擦が顕在化しやすくなる。しかし，ルールや利益の共有という点では，それほど大きな動揺はなく，対称化に伴う競合関係が顕著になってきただけだということであれば，それほど悲観的にばかり考える必要はない。

　問題は，対称化に伴う競合関係によって特徴づけられる日韓関係に，日韓両政府，社会がどのように適応するのかということである。従来の，非対称性に基づく相互補完関係に相当程度慣れ切ってきた日韓両政府，社会にとって，新たな関係に適応し直すことはそれほど容易なことではない。今，こうした変化の過渡期であるだけに，日韓ともに，自らにとって都合のよい部分だけを「つまみ食い」して恣意的に使い分けることが目の前で展開されている。また，元来，植民地支配の歴史的経験という「マイナスからの出発」であるだけに，より一層，こうした傾向が加速されがちである。

　そうした「誘惑」を克服するためには何が必要であるのか。バッファー・システムが機能するための条件について，維持される部分と変容する部分を明確に分け，維持される部分を活かしつつ，変容する部分を補塡するなどの対応に取り組むことが重要である。そのためには，もう一度，過去における「成功体験」のもつ意味を再評価し，それを再現するために，新たな条件変化にどのように取り組むのかを考えることが必要ではないだろうか。条件が変化したからバッファー・システムが機能しなくなったと「諦める」のではなく，新たな条件変化の中でそうしたシステムに代わるものを模索する取り組みが求められるのである。

◀ 注

1）　この時期の日韓関係については，（木宮 2012）を参照されたい。
2）　ただし，日韓の経済関係が極端な形で悪化しているわけではなく，経済に関しては，以前のように「経済に歴史が介入する」関係ではなく，ビジネスライクな関係に「進化」してきているともいえる。
3）　この文言での決着に関する日韓交渉に関しては（吉澤 2011）を参照されたい。
4）　この問題に関する日韓を横断する議論に関しては（中村・安 1993）を参照されたい。また，日韓以外での議論に関しては（エッカート 2004）を参照されたい。

5) アジア女性基金の活動，および，それに対する韓国政府の評価に関しては（村山・和田 2014）を参照されたい。
6) この時期の韓国国内の議論に関しては，（渋谷 1973）が詳しい。
7) この時期の一連の日韓経済摩擦に関する日本側当事者の認識に関しては，（松本 1986）を参照されたい。
8) 日本外務省のウェブサイト「日本の平和国家としての歩み」(http://www.mofa.go.jp/mofaj/p_pd/pds/page22_002004.html) を参照されたい。
9) 請求権問題に関する政治決着を担った日本の大平正芳外相が韓国の金鍾泌(キムジョンピル)中央情報部長との間で行われた交渉に関する回想（大平正芳回想録刊行委員会 1983：222-223）を参照されたい。
10) 安保経協をめぐる日韓交渉に関しては（小此木 2001）を参照されたい。
11) この点については，国際関係における国家間の協力がなぜ困難であるのかを説明したグレコの議論（Grieco 1990）を参照されたい。この議論は，国家は単に自己の利益だけを追求するのではなく，自己の利益と他者，特に競争相手の利益との差（相対利得〈relative gains〉）にも関心を向けざるをえないことに注目する。日韓関係が非対称である場合には，特に日本は韓国との相対利得に敏感ではなかったが，日韓関係が次第に対称化するにしたがって，たとえ日本の利益になったとしても，韓国がより一層利益を増大させることによって，日韓のパワーの差が縮まることに敏感になり，協力には消極的になる。同様に，韓国も日本との相対利得に敏感となるために協力に消極的になりやすい。
12) 日韓国交正常化交渉に関するアメリカの役割に関しては（李 1994a），（李 1994b）を参照されたい。
13) 戦後の日韓関係がアメリカに媒介された「分業関係」として形成された歴史的経緯に関しては（李 1996）（宋 2015）を参照されたい。
14) 日韓国交正常化交渉における，こうした日韓の政治力学については（木宮 2011）を参照されたい。
15) 日韓の人的ネットワークについては（崔 2015）を参照されたい。
16) 米中関係への韓国の対応に関しては（木宮 2014a）を参照されたい。
17) 以下の分析は（木宮 2015a）を補完修正したものである。

◁ 引用・参考文献

エッカート，カーター・J.／小谷まさ代訳 2004『日本帝国の申し子――高敞の金一族と韓国資本主義の植民地起源 1876-1945』草思社．
大平正芳回想録刊行委員会編 1983『大平正芳回想録』鹿島出版会．
小此木政夫 2001「新冷戦下の日米韓体制――日韓経済協力交渉と三国戦略協調の形成」小此木政夫・文正仁編『市場・国家・国際体制』慶応義塾大学出版会．
木宮正史 2011「韓国の対日導入資金の最大化と最適化」李鍾元・木宮正史・浅野豊美編『歴史としての日韓国交正常化Ⅰ　東アジア冷戦編』法政大学出版局．
木宮正史 2012「岐路に立つ日韓関係：摩擦を超えた「進化」に向けて」『ニッポンドットコム』(http://www.nippon.com/ja/in-depth/a01301/).

木宮正史 2014a「米中関係と朝鮮半島」日本国際問題研究所『国際問題』628 号，15-23 頁．

木宮正史 2014b「「競争」し合う日韓のナショナリズム──ナショナリズムを「鍛え直す」ために」『生活経済政策』（生活経済政策研究所）211 号，21-25 頁．

木宮正史 2015a「構造変容し漂流する日韓関係」木宮正史・李元德編『日韓関係史 1965-2015 Ⅰ 政治』東京大学出版会．

木宮正史 2015b「日本の安全保障と朝鮮半島」木宮正史編著『朝鮮半島と東アジア』（シリーズ日本の安全保障 第 6 巻）岩波書店．

渋谷仙太郎編 1973『南朝鮮の反日論──日本の新膨張主義批判』サイマル出版会．

宋炳巻 2015『東アジア地域主義と韓日米関係』クレイン．

崔喜植 2015「日韓政策コミュニティの生成と変化」木宮正史・李元德編著『日韓関係史 1965-2015 Ⅰ 政治』，東京大学出版会．

中村哲・安秉直 編 1993『近代朝鮮工業化の研究』日本評論社．

松本厚治 1986『日韓経済摩擦──韓国エコノミストとの論争』東洋経済新報社．

村山富市・和田春樹編 2014『デジタル記念館 慰安婦問題とアジア女性基金』青灯社．

吉澤文寿 2011「日韓国交正常化交渉における基本関係交渉」李鍾元・木宮正史・浅野豊美編『歴史としての日韓国交正常化Ⅱ 脱植民地化編』法政大学出版局．

李鍾元 1994a「韓日会談とアメリカ」日本国際政治学会『国際政治 1950 年代の国際政治』105 号，163-181 頁．

李鍾元 1994b「韓日国交正常化の成立とアメリカ 1960-65 年」近代日本研究会編『年報近代日本研究 16 戦後外交の形成』山川出版社，272-305 頁．

李鍾元 1996『東アジア冷戦と韓米日関係』東京大学出版会．

Grieco, Joseph M. 1990, *Cooperation among Nations: Europe, America, and Non-Tariff Barriers to Trade*, Cornell University Press.

事項索引

◢ アルファベット

ACFTA →ASEAN・中国自由貿易協定
AEC →ASEAN経済共同体
AFTA →ASEAN自由貿易地域
AIIB →アジア・インフラ投資銀行
APEC →アジア太平洋経済協力
ARF →ASEAN地域フォーラム
ASEAN →東南アジア諸国連合
CEPA →経済・貿易緊密化取り決め
CEPEA →東アジア包括的経済連携
EAFTA →東アジア自由貿易協定／圏
EAS →東アジア・サミット
ECFA →海峡両岸経済協力枠組み協定
EFTA →欧州自由貿易連合
EVSL →早期自主的分野別自由化
FTA →自由貿易協定
FTAAP →アジア太平洋自由貿易圏
G20 →主要20カ国首脳グループ
GATT →関税と貿易に関する一般協定
GCC →湾岸協力理事会
GSOMIA →軍事情報包括保護協定
ISDS →国家と投資家の間の紛争解決制度
NAFTA →北米自由貿易協定
NIEs →新興工業経済群
NSA →国家安全保障局
ODA →政府開発援助
RCEP →東アジア地域包括的経済連携
SACU →南部アフリカ関税同盟
TAA →貿易調整支援制度
TPA →貿易促進権限
TPP →環太平洋経済連携
TTIP →環大西洋貿易・投資連携
USTR →合衆国通商代表部
WTO →世界貿易機関
——プラス 2, 8

◢ あ 行

アジア・インフラ投資銀行(AIIB) 84, 93, 115
アジア太平洋経済協力(APEC) 6, 10, 84, 87, 99, 118, 127, 150, 151, 170, 184
アジア太平洋自由貿易圏(FTAAP) 10, 67, 84, 105, 118, 120, 170, 219
アジア太平洋地域主義戦略 150-152
アジア通貨危機 140
アーリー・ハーベスト 8, 102, 187
安全保障 4, 12, 25, 26, 56, 60, 65, 71, 116, 119, 159, 160, 164, 169, 178, 180, 185, 192, 215-217, 219, 257, 261
　地域的—— 65
安保タダ乗り 257
安保摩擦 257, 258
エゴセントリック(個人優先的) 29, 67, 70
欧州自由貿易連合(EFTA) 131, 136

◢ か 行

海峡両岸経済協力枠組み協定(ECFA) 102, 108
外国投資規制 159
開発主義 126
合衆国通商代表部(USTR) 64, 78, 129, 202, 214
関税と貿易に関する一般協定(GATT) 2, 5, 24, 99, 127, 147, 150, 212
環大西洋貿易・投資連携(TTIP) 3, 118
環太平洋経済連携(TPP) 1, 5, 10, 11, 21, 28, 53, 62, 63, 75, 83, 87, 94, 116-118, 120, 139, 141, 146, 165-169, 185, 189, 200, 202, 218, 219, 252, 268
教科書問題 232
共通ルール 166, 168, 169
共和党 83-85, 89, 91, 93
グローバル・インバランス 85
軍事情報包括保護協定(GSOMIA) 258
経済的利益 21-23, 29, 54, 56, 58, 158, 162
経済・貿易緊密化取り決め(CEPA) 100
経済摩擦
　日米—— 199, 202, 211, 214-217
　日韓—— 256, 258
経世会 227, 234-237, 240-242, 244-247
——支配 235, 237
言説制度論 45
宏池会 229, 239, 246

273

国家安全保障局(NSA)　79
国家資本主義　10, 86, 113, 119
国家と投資家の間の紛争解決制度(ISDS)
　137
コーポラティズム　39, 44

⊿ さ　行

叫び声・ため息逆説　211, 212, 215
資本主義の多様性論　47
資本の移動可能性　42, 46
自民党　63-65, 70
社会保障　4, 12, 26, 28, 38, 39, 44, 47, 56, 60,
　62, 71, 93, 160, 169
ジャパン・コーカス　209
従軍慰安婦問題　254
自由貿易協定(FTA)　1, 2, 5, 7, 21, 28, 53, 56,
　62, 78, 99, 102, 103, 106, 115, 134, 141, 146,
　152, 154, 168, 169, 173, 174, 187, 189
　広域——　8-11, 25, 27, 61, 84, 103, 146, 154,
　　166, 169, 201, 202, 218, 219
　豪中——　162, 163, 164, 169
　豪米——　159, 169
　中韓——　117, 268
　21世紀型の——　10
　日韓——　252, 268
　米韓——　82, 125, 136-138, 268
主要20カ国首脳グループ(G20)　87, 110
少子高齢化　26, 28, 56, 60, 119
食の安全　59, 69
植民地支配　241, 254, 260
新興工業経済群(NIEs)　148
人的ネットワーク　203, 210, 262, 266, 267
進歩派　136, 138
人民外交　228, 229
推進勢力　22
ストルパー＝サミュエルソン・モデル　22,
　41, 43
スパゲティ・ボウル(問題)　9, 10, 25, 30, 61,
　85, 141, 154, 189
政府開発援助(ODA)　231, 235, 245
世界貿易機関(WTO)　2, 6, 7, 24, 80, 99, 100,
　102, 115, 129, 131, 141, 151, 168, 217
セクター説　22
1972年体制　240
「全産業保護」政策　146
早期自主的分野別自由化(EVSL)　128, 129,
　151

相互依存論　27
ソシオトロピック(社会志向的)　30, 43, 67,
　70
ソフト・バランシング　27

⊿ た　行

大統領経済諮問委員会　216
田中支配　230, 231, 234, 235
田中派　227, 229, 240, 247
知的財産権　82, 86
知日派　225, 230, 231, 242, 243
チャイナ・スクール　225, 231, 232, 235, 239,
　245
中国人労働者入国問題　163-165
中進国の罠　114
2レベル・ゲーム　38
ティーパーティ　89, 91, 93
東南アジア諸国連合(ASEAN)　80, 100, 128,
　136, 148, 173, 175, 193
　——イニシアチブ計画　188
　——経済共同体(AEC)　173, 175-178, 180-
　　183, 193
　——憲章　179, 180, 184
　——自由貿易地域(AFTA)　176
　——政治安全保障共同体の青写真　184
　——地域フォーラム(ARF)　184
　——・中国自由貿易協定(ACFTA)　100
　——＋3　184, 201
　——＋6　84, 201
同盟　65

⊿ な　行

内在的関税政策理論　40, 46
内政不干渉　181
南部アフリカ関税同盟(SACU)　101, 102
日米安全保障条約　239, 263, 264
日米議員交流プログラム　203
日韓安全保障経済協力(安保経協)　258
日韓共同宣言　241
日韓国交正常化　253, 254, 257, 260
日中国交正常化　226, 229
日中平和友好条約　230
農林族議員　58, 59

⊿ は　行

バッファー・システム　13, 31, 200, 210, 213-
　216, 218, 219, 227, 231, 234, 247, 259, 262,

274

268, 269
ハード・バランシング　27
バンコク協定　99
反対勢力　22
東アジア・サミット(EAS)　9, 10, 61, 184, 200
東アジア自由貿易協定／圏(EAFTA)　8-11, 61, 84, 109, 201
東アジア地域包括的経済連携(RCEP)　3, 62, 84, 103, 104, 117, 118, 141, 146, 165-170, 173, 185, 188-190, 193
東アジア包括的経済連携(CEPEA)　8-11, 53, 109, 61, 84, 200, 201
開かれた地域主義　128
ファクター説(階級説)　22
福祉国家　39, 44, 47
米韓同盟　117, 264, 265
米州自由貿易協定(FTAA)　78
ヘクシャー＝オリーンの定理　41
貿易促進権限(TPA)　75, 78, 93, 94
貿易調整支援制度(TAA)　93, 94
北米自由貿易協定(NAFTA)　6, 83, 91, 107, 150
ポケットブック的(家計簿的)　29
ボゴール宣言　151

◢ ま 行

マニラ行動計画　151

南シナ海　187, 191, 192
民主党(アメリカ)　83-85, 89, 91, 93
民主党(日本)　63, 65

◢ や 行

靖国問題　232, 238, 243
輸出第一主義　126

◢ ら 行

ラウンド　2, 24
　ウルグアイ・——　127, 128, 134, 150, 151
　ドーハ・——　24, 128
利益集団　82, 139, 140, 174
　——政治　39, 44, 54, 133
リカード＝ヴァイナー・モデル　22, 42, 43
リバランス(戦略)　4, 66, 75, 86, 94, 219, 263
リーマン・ショック　113-115, 132, 155
廖斑　231, 243
歴史認識　255
歴史摩擦　253, 256, 258, 265
労働の移動可能性　46
ロビイング　209, 211

◢ わ 行

湾岸協力理事会(GCC)　101, 102, 153

人名索引

⊿ あ 行

愛知和男　208
青木幹雄　246
麻生太郎　58
阿南惟茂　236
安倍晋三　4, 13, 58, 63-68, 71, 247, 252, 255, 256
甘利明　64
アルト（James E. Alt）　42
池田勇人　228
石橋湛山　228
伊東正義　233, 234, 236, 239
李明博　130, 132, 135-137, 251
宇都宮徳馬　228
宇野宗佑　235
エスピン・アンデルセン（Gøsta Esping-Andersen）　39, 44, 47
王家瑞　244
汪洋　114
大平正芳　31, 214, 227-231, 233, 234
岡崎嘉平太　233
小沢一郎　63, 235, 236, 239
オバマ（Barack H. Obama）　4, 64, 75-77, 82-87, 93, 94, 116, 202, 219
小渕恵三　53, 208, 241, 242, 245, 251
小和田恆　236
温家宝　100, 110

⊿ か 行

海部俊樹　234, 235
梶山静六　239
カストロ（Joaquin Castro）　209
カーター（James E. Carter, Jr.）　264
加藤紘一　208, 239, 246
金丸信　234-236
カルダー（Kent E. Calder）　199
菅直人　58, 63, 71
岸信介　228
ギボンズ（Sam Gibbons）　208
金大中　57, 125, 127-134, 138, 140, 141, 241, 251
金泳三　126-130, 132-134, 138, 140
木村一三　233
ギャレット（Geoffrey Garrett）　28
キャンベル（John C. Campbel）　213
ギリガン（Michael Gilligan）　42
今上天皇　235
グッドマン（Roger Goodman）　28
クリントン（William J. Clinton）　78, 83, 91, 199, 216, 217, 239
ゴア（Joanne Gowa）　27
小泉純一郎　55, 58, 227, 243-247, 251
江沢民　97, 99, 106, 112, 113, 115, 226, 241, 244, 246
河野一郎　229
古賀誠　244
胡錦濤　98, 100, 102, 103, 106, 109, 110, 113, 115
後藤田正晴　232-234, 242
胡耀邦　232, 233

⊿ さ 行

佐藤栄作　229
サリナス（Carlos Salinas de Gortari）　80
椎名素夫　208
周恩来　226
習近平　13, 98, 103-106, 109, 111, 115, 119
朱鎔基　99, 100, 112, 244
昭和天皇　235
鈴木善幸　232, 258
銭其琛　245
曽慶紅　246
ソリス（Mireya Solis）　61
孫平化　225, 231, 242

⊿ た 行

タイソン（Laura D'Andrea Tyson）　216
戴秉国　247
高碕達之助　228
田川誠一　228
タクシン（Thaksin Shinawatra）　59
竹下登　234, 241, 242
武見敬三　242

276

人名索引

田中角栄　225, 227, 229, 230, 234, 236
田中真紀子　225, 226, 243, 245
谷野作太郎　236
ダレス(John Foster Dulles)　214
遅浩田　238
趙紫陽　233
全斗煥　257, 258
デスラー(I. M. Destler)　215
唐家璇　243
鄧小平　115, 233

⊿ な 行

中尾栄一　208
中曽根康弘　214, 232-234, 236, 238, 243, 258
永野茂門　237
中山太郎　242
二階堂進　232
ニューネス(Devin Nunes)　209
野田毅　244
野田佳彦　58, 63, 71
野中広務　246
盧武鉉　125, 129-131, 135-137, 139-141, 251, 254

⊿ は 行

朴槿恵　13, 132, 141, 252, 266
朴正煕　252, 257, 258
橋本恕　232, 236
橋本龍太郎　217, 233, 238-241, 243, 245, 246
パスター(Robert A. Pastor)　211
羽田孜　236, 237
パットナム(Robert D. Putnam)　38, 139
鳩山由紀夫　58, 63, 201
ハワード(John Howard)　160
ピアソン(Paul Pierson)　44
フォックス(Vicente Fox Quesada)　58
福田赳夫　229, 230, 236
福田康夫　58, 247
藤井孝男　246
藤山愛一郎　229
ブッシュ, G.(George H. W. Bush)　78, 83, 215
ブッシュ, G. W.(George W. Bush)　26, 62, 78, 80, 83, 84, 160
古井喜實　228, 233
フレイ(Eduardo Frei Ruiz-Tagle)　134
ブレマー(Ian Bremmer)　86
フロマン(Michael Froman)　4
ペンペル(T. J. Pempel)　187
細川護熙　199, 236
ホードレイ(Stephen Hoadley)　97

⊿ ま 行

松村謙三　228
マンスフィールド(Edward D. Mansfield)　27
三木武夫　229
宮澤喜一　232, 236
村山富市　237, 239
森喜朗　246

⊿ や 行

谷内正太郎　247
山﨑拓　244, 246
ヤン(Jian Yang)　121
俞建華　10

⊿ ら 行

リカード(David Ricardo)　38, 76
李克強　103, 110, 116
リスト(Friedrich List)　38
李鵬　226
劉暁波　110
廖承志　230
レイヴェンヒル(John Ravenhill)　174
レーガン(Ronald W. Reagan)　6, 78, 214
ロウィ(Theodore J. Lowi)　39, 44
ロス(William Roth)　208

⊿ わ 行

渡辺美智雄　236

FTA・TPP の政治学──貿易自由化と安全保障・社会保障
The Politics of FTAs and the TPP: Securitization of Trade Policy ?

2016 年 6 月 20 日　初版第 1 刷発行
2017 年 2 月 25 日　初版第 2 刷発行

編者	大矢根　聡 大西　裕
発行者	江草　貞治
発行所	株式会社　有斐閣

郵便番号 101-0051
東京都千代田区神田神保町 2-17
電話　(03) 3264-1315 〔編集〕
　　　(03) 3265-6811 〔営業〕
http://www.yuhikaku.co.jp/

印刷・株式会社理想社／製本・大口製本印刷株式会社
© 2016, Satoshi Oyane and Yutaka Onishi. Printed in Japan
落丁・乱丁本はお取替えいたします。

★定価はカバーに表示してあります。
ISBN 978-4-641-14915-1

JCOPY　本書の無断複写 (コピー) は、著作権法上での例外を除き、禁じられています。複写される場合は、そのつど事前に、(社) 出版者著作権管理機構 (電話03-3513-6969、FAX03-3513-6979、e-mail:info@jcopy.or.jp) の許諾を得てください。